老子研读

董平 著

中华书局
ZHONGHUA BOOK COMPANY

图书在版编目(CIP)数据

老子研读/董平著. —北京:中华书局,2015.7(2022.5 重印)
ISBN 978-7-101-10983-2

Ⅰ.老… Ⅱ.董… Ⅲ.①道家②《老子》-研究 Ⅳ.B223.05

中国版本图书馆 CIP 数据核字(2015)第 111212 号

书　　名	老子研读
著　　者	董　平
责任编辑	陈　虎　余　瑾
出版发行	中华书局
	(北京市丰台区太平桥西里 38 号　100073)
	http://www.zhbc.com.cn
	E-mail:zhbc@zhbc.com.cn
印　　刷	三河市中晟雅豪印务有限公司
版　　次	2015 年 7 月第 1 版
	2022 年 5 月第 2 次印刷
规　　格	开本/700×1000 毫米　1/16
	印张 18½　插页 2　字数 270 千字
印　　数	6001-10000 册
国际书号	ISBN 978-7-101-10983-2
定　　价	36.00 元

目　录

导　论

一、关于老子这个人

　　作为先秦道家学派的"创始人"以及《老子》(也称《道德经》)这部书的作者,老子对中国古典文化的整体发展,对古代的政治理念、作为宗教之道教的形成与发展,以及民族文化之深层的文化—心理结构,都产生了莫大的历史影响。但关于老子这个人本身的生活事迹,我们其实并不占有太多的可靠资料。这一情况并不是今天才有的问题,其实司马迁在撰写《史记》的时候,关于老子这个人的具体情况就已经语焉不详了。《史记》卷六十三《老子列传》记载了三个人:李耳、老莱子、太史儋,也说明在司马迁看来,这三个人都可能是"老子"。《老子列传》记"李耳"说:

　　　　老子者,楚苦县厉乡曲仁里人也,姓李氏,名耳,字聃,周守藏室之史也。孔子适周,将问礼于老子。老子曰:"子所言者,其人与骨皆已朽矣,独其言在耳。且君子得其时则驾,不得其时则蓬累而行。吾闻之,良贾深藏若虚,君子盛德容貌若愚。去子之骄气与多欲,态色与淫志,是皆无益于子之身。吾所以告子,若是而已。"孔子去,谓弟子曰:"鸟,吾知其能飞;鱼,吾知其能游;兽,吾知其能走。走者可以为罔,游者可以为纶,飞者可以为矰。至于龙,吾不能知,其乘风云而上天。吾今日见老子,其犹龙邪!"老子修道德,其学以自隐无名为务。居周久之,见周之衰,乃遂去。至关,关令尹喜曰:"子将隐矣,强为我著书。"于是老子乃著书上下篇,言道德之意五千余言而去,莫知其所终。

记"老莱子"说：

> 或曰：老莱子亦楚人也，著书十五篇，言道家之用，与孔子同时云。盖老子百有六十余岁，或言二百余岁，以其修道而养寿也。

记"太史儋"说：

> 自孔子死之后百二十九年，而史记周太史儋见秦献公曰："始秦与周合，合五百岁而离，离七十岁而霸王者出焉。"或曰儋即老子，或曰非也，世莫知其然否。老子，隐君子也。①

《史记》记载这三位可能的"老子"，都可谓言辞恍惚，语焉不详，实在无法提供多少真实有效的可靠信息。汉世以后，由于道教的渐趋发达，关于"老子"其人遂更增添出许多附会与神话，渐由"隐君子"而成为一个"传说"中的人物，其历史的真实面目就愈加地扑朔迷离，以至于很难分辨了。

但中国学术向有通过考证而求取事实的传统。秦汉以来，人们对《老子》一书的研究不断，对"老子"其人的研究便也不断。清代汪中（1745—1794年，字容甫）撰《老子考异》，认为著书"言道德之意五千余言"的"老子"应为太史儋，更唤起了人们关于"老子"其人其书这一问题的浓厚兴趣。现代以来，一时学者之选如梁启超、钱穆、罗根泽、唐兰、顾颉刚、黄方刚、郭沫若、吕思勉等等，都对这一问题纷纷发表意见，真可谓众说纷纭、莫衷一是。如钱穆先生的考证认为，先秦能称为"老子"的有三个人：一是老莱子，二是太史儋，三是楚国人詹何。老莱子即是《论语》中的"荷蓧丈人"，所谓孔子见老子，也即是孔子在周游列国的途中遇见了原本为"芸草老人"的老莱子而已（按：若照此说，就并无"孔子问礼于老子"之事）；而所谓"老子"姓李名耳，实则李耳即是离耳，"李"、"莱"音近，也即是老莱子。太史儋是周王室的史官，生活于周烈王时，曾西入秦见秦献公。詹何则为

---

① 以上引文见《史记·老子韩非列传》，北京：中华书局，1963年，第2140—2142页。

楚国人，生活于战国时代。至于《老子》一书，钱穆先生认为如果一定要为《老子》确定一个作者，"则詹何或庶其近之"。正因有此判断，所以他认为《老子》一书成书甚晚，"据其书思想议论及其文体风格，盖断在孔子后。当自庄周之学既盛，乃始有之"，而又在荀子之前①。这样就又引出了关于《老子》一书之时代的争论，此点我们留待下文再说。

"老子"这个人究竟是谁？这实在是一个令人困惑的问题。虽然学术界曾就这一问题进行过相当热烈的讨论，但终究没有得出一致的意见。就今天而言，学术界大致的观点，便仍然主要根据《史记》的记述，认为老子名李耳，亦曰老聃，曾担任过周朝的"守藏室之史"，孔子曾向他请教过礼。而随着西周制度的解体，天下大乱，他便引身退去，西出函谷关，"莫知其所终"。把守函谷关的关令尹喜在老子出关之前，勉强让他写下"言道德之意五千余言"，此即为《老子》一书或《道德经》的来历。

据《史记》以及其他史料的记载，与老子相关的一个重要事件，也算是中国文化史上的一个重大"公案"，就是"孔子问礼于老子"。关于这一事件的观点，学术界同样聚讼纷纭。钱穆先生因主《老子》一书晚出，而孔子所见不过一南方"芸草之老人"而已，所以力主此事非真。在《孔子与南宫敬叔适周问礼老子辨》一文中，钱穆先生经过仔细考证后认为："孔子见老聃问礼，不徒其年难定，抑且其地无据，其人无征，其事不信。至其书五千言，亦断非春秋时书。"②南宋叶适在《习学记言》中说："司马迁记孔子见老聃，叹其犹龙……以庄周言考之，谓关尹、老聃，古之博大真人，亦言孔子赞其为龙，则是为黄老学者借孔子以重其师之辞也。二说皆涂引巷授，非有明据。……然则教孔子者必非著书之老子，而为此书者，必非礼家所谓老聃，妄人讹而合之尔。"③可见叶适也不信有《史记》所载的"孔子见老子"之事，但他的怀疑主要是以《老子》一书所呈现的思想面貌与孔子之学的重大差异为基础的。所以在他看来，即便有所谓孔子见老子之事，那么孔

① 详见钱穆：《先秦诸子系年·老子杂辨》，石家庄：河北教育出版社，2002年，第234—260页。
② 钱穆：《先秦诸子系年》，第39页。
③ 叶适：《习学记言》卷十五《老子》，上海：上海古籍出版社，1992年，第128—129页。

子所见的老子也一定不是著《老子》一书的老子；著《老子》一书的老子，也一定不是孔子曾经问礼的老子。钱穆先生考证《老子》一书的作者乃为詹何而非老聃，某种意义上倒与叶适之见相暗合。

不过学术界相信有孔子问礼于老子之事的同样也大有人在。事实上，古代儒家文献也有孔子关于礼的见解"闻诸老聃"的记载。如《礼记·曾子问》：

> 曾子问曰："古者师行，必以迁庙主行乎？"孔子曰："天子巡守，以迁庙主行，载于齐车，言必有尊也。……吾闻诸老聃曰：'天子崩，国君薨，则祝取群庙之主而藏诸祖庙，礼也。卒哭成事，而后主各返其庙。君去其国，大宰取群庙之主以从，礼也。祫祭于祖，则祝迎四庙之主，主出庙入庙，必跸。'老聃云。"①

> 曾子问曰："葬引至于堩，日有食之，则有变乎？且不乎？"孔子曰："昔者吾从老聃助葬于巷党，及堩，日有食之。老聃曰：'丘止柩就道右，止哭以听变。'既明反，而后行，曰：'礼也。'反葬而丘问之曰：'夫柩不可以反者也。日有食之，不知其已之迟数，则岂如行哉？'老聃曰：'诸侯朝天子，见日而行，逮日而舍奠。大夫使，见日而行，逮日而舍。夫柩不蚤出，不莫宿。见星而行者，唯罪人与奔父母之丧者乎！日有食之，安知其不见星也？且君子行礼，不以人之亲痁患。'吾闻诸老聃云。"②

《孔子家语·观周》谓孔子与南宫敬叔俱适周，"孔子问礼于老聃，访乐于苌弘，历郊社之所，考明堂之则，察庙朝之度"③，又记"孔子见老聃而问"曰：

> 孔子见老聃而问焉。曰："甚矣，道之于今难行也！吾比执道，而

---

① 朱彬：《礼记训纂》，北京：中华书局，1996年，第298页。
② 同上书，第309—310页。
③ 杨朝明、宋立林主编：《孔子家语通解》，济南：齐鲁书社，2009年，第125页。

今委质以求当世之君，而弗受也。道于今难行也。"老子曰："夫说者流于辩，听者乱于辞。如此二者，则道不可以忘也！"①

《庄子》中也有关于孔子见老子的记载：

> 孔子西藏书于周室。子路谋曰："由闻周之征藏史有老聃者，免而归居。夫子欲藏书，则试往因焉。"孔子曰："善。"往见老聃，而老聃不许，于是繙十二经以说。老聃中其说……②

> 孔子行年五十有一而不闻道，乃南之沛见老聃。老聃曰："子来乎？吾闻子，北方之贤者也，子亦得道乎？"孔子曰："未得也。"③

> 孔子见老聃归，三日不谈。弟子问曰："夫子见老聃，亦将何规哉？"孔子曰："吾乃今于是乎见龙！龙，合而成体，散而成章，乘云气而养乎阴阳。予口张而不能嚼，予又何规老聃哉！"④

《史记》除《老子列传》以外，《孔子世家》载：

> 鲁南宫敬叔言鲁君曰："请与孔子适周。"鲁君与之一乘车、两马、一竖子俱，适周问礼，盖见老子云。辞去，而老子送之曰："吾闻富贵者送人以财，仁人者送人以言。吾不能富贵，窃仁人之号，送子以言，曰：'聪明深察而近于死者，好议人者也；博辩广大危其身者，发人之恶者也。为人子者毋以有己，为人臣者毋以有己。'"孔子自周反于鲁，弟子稍益进焉。⑤

---

① 《孔子家语通解》，第129页。按："如此"，王肃注本作"知此"。
② 郭庆藩：《庄子集释》，北京：中华书局，1961年，第477—478页。
③ 同上书，第516页。
④ 同上书，第525页。
⑤ 司马迁：《史记》，第1909页。

又《仲尼弟子列传》：

> 孔子之所严事，于周则老子；于卫，蘧伯玉；于齐，晏平仲；于楚，老莱子；于郑，子产；于鲁，孟公绰。数称臧文仲、柳下惠、铜鞮伯华、介山子然，孔子皆后之，不并世。[①]

上面所引的材料，既有出自儒家的，也有出自道家的，也有出于《史记》的，似乎不同的文献传统都在不同程度上肯定了孔子见老子之事实的存在。虽然其内容差异很大，其中既涉及问"礼"，也涉及问"道"，也有类似于《老子列传》的孔子对于老子的赞叹，但孔子曾经向老子请教过礼之类问题，我个人以为应当作为一个事实而加以肯定，只不过孔子究竟在何时拜访老子而向他请教，则古史失载，今天已经无法详考了。孔子原以博学多闻而著称，其"学而不厌"，竟至于"发愤忘食，乐以忘忧"，那么他向曾做过"周守藏室之史"的老子去请教周礼，似应在情理之中。如若孔子曾见老子，那么老子即是与孔子同时代的人，尽管他们在年龄上有较大差距，很可能当孔子还是个青年的时候，老子就已经是位历尽沧桑的老人了（一说老子比孔子大二十岁左右）。

　　不过我们虽然可以认同有"孔子问礼于老子"之事，但若由此而得出儒家源出于道家的结论，则显然是过于鲁莽的。我一向所坚持的观点是，西周王政制度的崩解乃是春秋诸子所共同面临的基本时代语境，重建制度的秩序而"超出混战"，则是自春秋以至战国诸子思想的共同关切，虽诸子的思想面貌各不相同，但其中是存在着文化内涵上的内在统一性的。"道"的寻求是贯穿于春秋诸子思潮之中的一个公共话题。面对着以"礼"为典范的王政制度的行将全面崩解，孔子对这一制度仍抱持着热烈的向往与殷切的期盼，因为在他看来，礼的制度体现了生活本身的完美秩序，是蕴含了三代以来的文明理想与高度的人道价值的，而现实的人则不能脱离人道价值的世界而获得其生活的意义，所以他主动选择了教育，试图

---

① 《史记》，第 2186 页。

通过个体身心秩序的建构来实现社会公共生活秩序的重建以及人道价值的回归。他是以现实政治的严厉批判者,人道文明传统的历史继承者、传递者与启迪者的角色而进入历史的。但老子不同,或许他对西周王政时期通过制度来体现的公共秩序有更为清晰的记忆,因而对"礼崩乐坏"的社会现实便有更加痛切的感受,但现实社会对于大道的背离,犹颓阳之西下,犹江河之混混,已然无法挽救,所以他选择了隐退,选择了与真理同归,他是以一个真理的体悟者、社会政治的关切者与批判者,同时又是现实世界的隐退者的多重身份而进入历史的。他们进入历史的不同姿态,实质上也即是儒、道两家的思想所展开的不同意义与价值境域。子贡曰:"夫子焉不学? 而亦何常师之有!"[①]孔子博学而不耻下问,却又学无常师,所以其问礼于老子,乃为其学无常师提供了一个显著例证,却全然不足以改变其思想结构之整体取向与老子的重大差异。"吾道一以贯之",孔子虽博学于文、好古敏求、学无常师,但一切所学都成为其"一以贯之"之道的思想元素而已。

的确,《老子》一书所呈现出来的基本思想面貌,与以孔子为典范的儒学在学术取向以及思想旨趣上的差异是显而易见的。不过同样显而易见的是,这种思想旨趣上的重大差异并不足以否定孔子见老子本身作为一个事件的存在,尽管关于这一事件的意义解读在不同时代、不同学派的学者那里可能是非常不同的。司马迁在《老子列传》中说:"世之学老子者则绌儒学,儒学亦绌老子。'道不同不相为谋',岂谓是邪?"历史上儒、道二家之相绌是一个由来已久的绵长故事,并且在今天也同样有其深远影响。虽说"道不同不相为谋",但究实说来,天下只一道而已。儒、道二家所呈现出来的思想面貌及其理论境域的差异尽管是重大的,但这种差异性,原始要终,实在于儒、道二家的典范思想家们关于"道"这一中国文化之本根概念的理解与领悟切入了不同的维度,"道"自身的实在状态及其实在性被表达的领域因此也获得了不同维度的呈现,"道"所展开的意义世界便也因此而各有千秋。然"道"作为宇宙一切万物之所从出的本原性内涵,

---

① 《论语·子张》。

在儒、道二家那里其实是同一的。

二、关于《老子》这部书

如果略去历来关于老子的各种史料考证以及不同学者的意见分歧，那么关于老子这个人其实是没有太多的话好说的，但若说到《老子》这部书，却好像有不少的话可以说。这里我们先就这部书谈一些"外围"的问题。

1、关于《老子》成书的年代问题

如前所述，如果按照司马迁在《史记》中的记载，孔子曾见老子并问礼，老子见周世之衰而出函谷关，因尹喜的留难而强为"著书上下篇，言道德之意五千余言"，那么《老子》一书便成于孔子之前，约当春秋晚期。司马迁这一记载的要点在于两点：一是肯定有李耳或老聃这个人，二是肯定他就是《老子》一书的作者。在肯定这两点的前提之下，那么说《老子》一书成于春秋晚期、早于孔子似乎就是当然没有问题的。但自宋代以后，《老子》一书的时代问题似乎愈来愈成为一个问题，主张《老子》晚出，成于战国中期甚至汉初黄老之学兴起之后的观点开始出现，围绕这一问题而产生的不同意见也一直争讼不息。不过在今天看来，这一问题似乎已经在某种程度上得到解决。1973 年 12 月湖南长沙马王堆三号汉墓出土了帛书《老子》甲、乙本。据考证，甲本的抄写年代，"可能在（汉）高帝时期，即公元前二〇六至一九五年间"，乙本的抄写年代，"可能在文帝时期，即公元前一七九至一六九年间"①。1993 年，湖北荆门郭店出土了大量竹简，其中有三种《老子》的节抄本，这些抄本的抄写年代要早于墓葬的年代（公元前 278 年）应当是可以肯定的。帛书本、竹书本的发现，至少可以说明：第一，《老子》一书不可能成于汉代；第二，在战国中晚期《老子》一书即已经流行。结合先秦其他文献对《老子》的引用，那么《老子》一书成于春

---

① 《马王堆汉墓帛书（一）·出版前言》，北京：文物出版社，1980 年，第 1 页。

秋晚期而早于孔子的观点是可以接受的,但在其流传过程之中,其中会羼入一些战国时期的观念则是可以理解的。后世观念的羼入,并不足以改变《老子》一书的基本成书年代。

2、关于《老子》一书的基本性质问题

所谓《老子》一书的"性质",是指这部书的主旨究竟是讲什么?司马迁谓老子著"言道德之意五千余言",那么也即是说,《老子》一书的基本性质就是"言道德之意"。如果把"道德之意"理解为"哲学",那么《老子》是一部哲学著作,这一点原本是清楚明白的。在魏晋玄学时期,《老子》是"三玄"之一,王弼注《老子》,特重其玄旨的发挥,显然是把它视为一部深含玄理的哲学著作的。但在唐朝元和四年(809 年),王真著《道德经论兵要义述》四卷,特发《老子》"未尝有一章不属意于兵"的高论,由此而引出了关于《老子》是否为"兵书"的争论。在给皇帝的"叙表"中,王真认为,"兵者,凶器也;争者,人之所甚恶"。若是"逆德"之人而轻于用兵,兵即是险危之道,所以善用兵的人必须具有"上德、上仁、上义、上礼",老子正是为了预防后代人君之轻用其兵,"由是特建五千之言,故先举大道至德、修身理国之要、无为之事、不言之教,皆数十章,之后方始正言其兵。原夫深哀微旨,未尝有一章不属意于兵也。何者?伏惟道君降于殷之末代,征伐出于诸侯,当其时,王已失众正之道也久矣,且不得指斥而言,故极论冲虚不争之道、柔弱自卑之德以戒之。夫争者,兵战之源,祸乱之本也。圣人先欲堙其源,绝其本,故经中首尾重叠,唯以不争为要也。夫唯不争,则兵革何由而兴?战阵何因而列?故道君叮咛深诫,其有旨哉!其有旨哉"[①]!既然"未尝有一章不属意于兵",那么《老子》一书的"性质"无疑就是"兵书"了。此后言《老子》者,将它与兵事联系到一起的现象,就并不鲜见了。如朱熹在谈《老子》时,认为老子"只是欲得退步占奸,不要与事物接","故为其学者多流于术数,如申、韩之徒皆是也。其后兵家亦祖其说,如

---

① 王真:《道德经论兵要义述》卷首《叙表》,《老子集成》本。

《阴符经》之类是也"①。朱熹的这一观点，在近代则有章太炎先生与之呼应："老聃为柱下史，多识故事，约《金版》、《六韬》之旨，著五千言，以为后世阴谋者法。其治天下同其术，甚异于儒者矣。"②虽朱熹、太炎先生都指出了《老子》为兵家所推崇，但实际上都是在批判的意义上来讨论这一现象的，更没有明确讲《老子》一书即是"兵书"。王夫之在《宋论》中同样对《老子》的论兵之说及其为兵家所师法的现象进行了批判：

> 老氏之言曰："以正治国，以奇用兵。"言兵者师之，为乱而已矣。……以奇用兵而利者有之矣。正不足而以奇济之，可以暂试，不可以常用；可以脱险，不可以制胜；可乘疲寇而速平，不可御强敌而徐效。如其用之，抑必有可正而后可奇也。舍正用奇，而恃奇以为万全之策，此古今画地指天之妄人，误人家国者所以积也。③

> 用兵者，正而已矣。……老氏者，持机械变诈以微幸之祖也。师之者，速毙而已矣。④

事情原本是十分清楚的，《老子》中虽有谈兵的内容，但主要是对战争取批判态度，是老子对社会进行批判的一个方面，与《孙子》之专论用兵之道，其性质是完全不同的。唐朝王真所担任的原是武职，他趋附当时崇尚《老子》的风气而附会其说，以为"未尝有一章不属意于兵"，借以引起皇帝对于兵事的重视，大概也情有可原。而后世凡注意到《老子》言兵内容的，则大抵取批判态度，并没有从正面肯定其为"兵书"。稍有例外的或许算是魏源。魏源曾著《老子本义》、《孙子集注》，在《孙子集注序》中，魏源说："《老子》，其言兵之书乎！'天下莫柔弱于水，而攻坚强者莫之能先'，吾于

① 黎靖德编：《朱子语类》卷一二五，北京：中华书局，1986年，第2996页。
② 章太炎：《儒道》，《訄书》（重订本），《章太炎全集》第三册，上海：上海人民出版社，1984年，第138页。标点略有不同。
③ 王夫之：《宋论》卷六《神宗》，《船山全书》第十一册，长沙：岳麓书社，2011年，第168页。
④ 同上书，第170页。

老子研读

斯见兵之形;《孙武》,其言道之书乎!'百战百胜,非善之善者也;不战而屈人之兵,善之善者也。故善用兵者,无勇名,无勇功。'吾于斯见兵之精。"①主张《老子》为"兵书"的人似乎都把这段话作为魏源肯定《老子》为"言兵之书"的明证。《老子》为"言道之书"、《孙子》为"言兵之书",这是显明的普通常识,但在魏源看来,《老子》言道而及于兵形,《孙子》言兵而不失于道,所以谓"《老子》言兵之书"、"《孙子》言道之书",这实在是一种特殊的修辞方式,难道魏源真会认为《老子》与《孙子》二书的性质是可以全然相对调的?他同时还说:"《易》,其言兵之书乎!'亢之为言也,知进而不知退,知存而不知亡,知得而不知丧',所以动而有悔也,吾于斯见兵之情。"②然则我们便果真相信《易》也是"兵书"?

令人困惑的是,关于《老子》是否为兵书,这一原本并没有争论必要的问题,却成了今天关于《老子》研究一个不可回避的问题。现代以来,明确讲《老子》是一部兵书的,首先是郭沫若。在《中国史稿》中,郭沫若说:"《道德经》是一部政治哲学著作,又是一部兵书。"③1974年,翟青在《学习与批判》发表《〈老子〉是一部兵书》④,再次将《老子》一书的性质问题引向了讨论的高潮。翟青的观点是:"《老子》一书共八十一章,直接谈兵的有十几章,哲理喻兵的有近二十章,其他各章也都贯穿了对军事战略思想的发挥。"所以"《老子》是一部兵书"。他的进一步根据是:"唐朝有个叫王真的,认为'五千言'的《老子》未尝有一章不属意于兵也。明清之际的王夫之,在谈到《老子》一书历史地位的时候,也特别强调它尤为'言兵者师之'。近代的章太炎,也认为《老子》五千言是'约《金版》、《六韬》之旨',强调它概括了古代兵书的要旨。从唐朝的王真到明朝末年的王夫之,一直到资产阶级革命家章太炎,都把《老子》看成是一部兵书。"翟青在这里所提及的几个人,他们的观点我们上文都有引用,除了王真确把《老子》视为"兵书"以外,其他人不仅未必如此,如王夫之,翟青更是歪曲了他的意思。然而令人不解的是,"《老子》是一部兵书"的观点以及翟青先生为论证这

一观点所采取的论证方法,在学术界仍有不断的回响。2002 年,有学者撰文认为:

> 在《老子》一书中,确有许多篇章是讲用兵之道的,既有战争论的思想,也有用兵的战略与战术问题。所以,自古至今,有不少学者都把它视作一部兵书。《隋书·经籍志》兵家类著录中,就有"《老子兵书》一卷"。唐宪宗朝议郎王真在其《道德经论兵要义述·叙表》中,指出《老子》五千言"未尝有一章不属于言兵也"。……北宋著名学者苏辙在其《老子解》卷二中,亦指出:"……此几于用智也,与管仲、孙武何异?"也是把《老子》一书视作与管仲、孙武无异的兵书。南宋郑樵在其《通志略》中,再一次将《老子》著录于兵家。清初哲学家王夫之认为,《老子》既言兵,理应为"言兵者师之"、"言兵者之祖"。中国近代魏源亦把《老子》视为"兵家之言"、"言兵之书",而加以推崇和发挥。……近代资产阶级革命家章太炎在《訄书·儒道第三》中,认为《老子》一书简要地概括了古代兵书之要旨,指出:"老聃为柱下史,多识掌故,约《金版》、《六韬》之旨,著五千言,以为后世阴谋者法。"《老子》既然讲兵家韬晦谋略,它为后世兵家所法,是理所当然的。自唐代王真至近代章太炎,把《老子》视为一部兵书,几成定论。①

本文的作者是学术界富有影响的学者,因此他的观点是值得我们加以认真对待的。不过我仍然要大胆地指出,上面所引述的这段话中,有不少说法是似是而非的。

(1)《隋书·经籍志》的确著录了《老子兵书》一卷,但其内容无由详考,若据王应麟《玉海》卷一百四十《兵制·兵法》的记载,那么恐怕也即是《老子》中与兵有关内容的摘抄,这是不足以说明《老子》本身即是"兵书"的。

(2)王真之说,前面已经讲过,他的原话是"未尝有一章不属意于兵",

---

① 《老子与兵家》,《中华文化论坛》(成都),2002 年第 1 期。

而不是"未尝有一章不属于言兵",此意不同。苏辙的话,见于对"将欲歙之,必固张之"一章(第三十六章)的解说,苏氏原话是:"未尝与之而遽夺,则势有所不极,理有所不足。势不极则取之难,理不足则物不服。然此几于用智也,与管仲、孙武何异? 圣人之于世俗,其迹固有相似者也。圣人乘理,而世俗用智。乘理如医药,巧于应病;用智如商贾,巧于射利。"首先要明确:"几于用智"是苏氏所批评的,而不是他所肯定的。苏氏的意思很清楚:势极而取之,似是"几于用智"而与管仲、孙武无异,但这不过是圣人(老子)与世俗(管、孙)之间在"迹"上的相似而已,其本质是不同的。苏氏的这话,如何能够拿来当作对《老子》一书即是"兵书"的肯定? 如何就变成了苏氏"也是把《老子》一书视作与管仲、孙武无异的兵书"的证明?

(3)南宋郑樵撰《通志》,却没有《通志略》。各类书籍的著录见于《通志》的《艺文略》,即卷六十三至卷七十。《老子》及其相关研究作品著录于卷六十七《艺文略五》,属于"道家"类,"兵家"类的著作著录于卷六十八。说"郑樵在其《通志略》中再一次将《老子》著录于兵家",是完全子虚乌有的事。

(4)我们前面已经引过王夫之的原话,他说老氏之言,"言兵者师之,为乱而已矣"。王夫之的这句话,怎么竟然能够被理解为"王夫之认为《老子》既言兵,理应为'言兵者师之'、'言兵者之祖'"?

(5)魏源、章太炎的观点,前面也已经引用并讨论过,这里不再多说了。

基于这样的一些"证据",而得出"自唐代王真至近代章太炎,把《老子》视为一部兵书,几成定论"的"结论",其可靠性究竟有多大,实在是可以不言自明的了。该文又说:"七十年代初,翟青先生撰写《〈老子〉是一部兵书》……肯定《老子》是一部兵书的看法是很精辟的。"其实翟青先生的"精辟"之见,原是建立在对于资料某种程度上的断章取义甚至曲解的基础上的。

基于以上关于"《老子》是一部兵书"观点的基本考察,那么我们的观点就很明确:《老子》不是一部兵书,因为凡言《老子》是一部兵书者,他们所立论的基础、所举出的证据,只要翻检其原文,大抵经不起推敲。事实上，始倡《老子》为兵书之说的王真，在明代时就受到了焦竑的批评："《老子》，明道之书也。而唐王真也者，至以为谭兵而作，岂其'佳兵'、'善战'之言亦有以启之欤？余曰：《老子》非言兵也，明致柔也。"[①]《四库全书总目》则说："老子《道德经》五千言，备举大道至德、修身理国之要，数十章后，乃言及于用兵。其旨微，其言博。……而（王）真所著《要义》，独于论兵之法经悉言之。夫真以朝议郎出领汉州军事，久列戎行，而考其谈兵意指，顾深求乎老子之说。"[②]四库馆臣的说法，辞似闪烁，而其意实明。《老子》"备举大道至德、修身理国之要"，是非言兵之书也；"数十章后，乃言及于用兵"，则非"未尝有一章不属意于兵"也；"其旨微，其言博"，则未必皆为言兵而设辞也；王真"久列戎行"，"顾深求乎老子之说"，则指其求之过深而未免失乎穿凿也。显而易见的是，说《老子》一书中包含着有关用兵的军事内容，与说《老子》是一部兵书，完全是两回事。其中包含着论兵的内容，是《老子》一书在内容上的局部现象，是老子在"德"的意义上所展开的诸多内容的一个方面而已，因此是不足以改变全书的基本性质的。就全书的基本性质而言，《老子》是一部"言道德之意"的书，是"明道之书"，也即是一部以"道德"为基本论述对象的哲学著作。至于"道德"之意，下文再及。

3、关于《道经》、《德经》以及分章的问题

《老子》又称《道德经》，但这一名称是后起的。《老子》被称为"经"，按照古书的记载，是起于汉景帝的时候。《广弘明集·吴主孙权论叙佛道三宗》记载三国时的阚泽对吴主说："如许成子、原阳子、庄子、老子等百家子书，皆修身自玩，放畅山谷，纵佚其心，学归澹泊，事乖人伦长幼之节，亦非安俗化民之风。至汉景帝，以《黄子》、《老子》义体尤深，改子为经，始立道学，敕令朝野悉讽诵之。"[③]不过这一关于汉景帝时将《老子》"改子为经，始立道学"的记载，其可靠性有些令人怀疑。一是因为这一记载未见于正

---

① 焦竑：《老子翼·序》，上海：华东师范大学出版社，2011年，第1页。

② 《四库全书总目·道德经论兵要义四卷》，北京：中华书局，1965年，第1866页上、中。

③ 《弘明集·广弘明集》，上海：上海古籍出版社，1991年，第102页中。

史;二是因为"经史子集"的四部分类法,是到了唐代才最终确立的。西汉时刘向、刘歆父子校书中秘,撰《七略》,有辑略、六艺略、诸子略、诗赋略、兵书略、术数略、方技略,其中辑略为总序,所有图书皆分别隶属于"六艺"等六略,尚无"经"、"子"之名。晋代秘书监荀勖撰《中经新簿》,始有"甲乙丙丁"四部之分,至《隋书·经籍志》始对应"甲乙丙丁"而确立"经史子集"之名。以"经"而地位优越于"子",这一观念应是在四部分类确立之后才有的。汉武帝时经学成立,"经"的地位优越,但不与"子"之类的名称相对,而是与"传"相对。景帝时虽崇尚黄老之学,但正史中的记载并未见有把《老子》"改子为经"之说。

但阚泽原是博学通儒,其时代又去汉代不远,其说应当必有所本。我主要是怀疑"改子为经"这一说法的准确性。恐怕不是"改子为经",而是即《老子》一书而称之为"经",虽称之为"经",但必不称为"道德经",而很可能就称为"老子经"或"老经",这两个名称在古籍中是的确都曾出现过的。据《汉书·艺文志》的记载,汉代解说《老子》的著作,有邻氏《老子经传》四篇、傅氏《老子经说》三十七篇、徐氏《老子经说》六篇、刘向《说老子》四篇,从这些书名可知,称"老子经"是可能的,但不会称"道德经"。

从古书著录的有关情况来看,我们大抵可以得出一个基本观念,即"道德经"的名称是起于汉代道教兴起之后的。《史记》、《汉书》、《三国志》等都只称《老子》,没有出现"道德经"的名称。世传汉代河上公注《道德经》,然陆德明《经典释文》谓作"《老子章句》四篇以授文帝",其书也著录为《河上公章句》四卷,不称《道德经》。又严遵著《道德指归论》六卷,然《经典释文》及新旧《唐书》均著录为《老子指归》(一作十四卷)。《三国志·魏志·钟会传》谓王弼"好论儒道,辞才逸辩,注《易》及《老子》"[1],也不称其注《道德经》。《道德经》这一名称,大概要到三国两晋间才出现。世传葛玄撰《老子道德经序决》,其中提到河上公"常读老子《道德经》",葛洪《神仙传》卷八也有相同的记载,《晋书·王羲之传》说:"山阴有一道士,养好鹅,羲之往观焉,意甚悦,固求市之。道士云:'为写《道德经》,当举群

---

① 《三国志》卷二十八《钟会传》,北京:中华书局,1959年,第795页。

相赠耳。'羲之欣然写毕,笼鹅而归,甚以为乐。"①这些记载大概可以说明两点:一是称《老子》为《道德经》是源起于道教的;二是很可能就是在东晋时代,随着道教的长足发展,《老子》才被称为《道德经》。至《隋书·经籍志》,就大量著录"道德经"了。

《史记》谓老子"著书上下篇,言道德之意五千余言",那么也就是说,至少在司马迁的时代,《老子》的传本就已经有了"上、下篇"的区分,只是何者为"上"、何者为"下",过去往往见解不一。今本《老子》共八十一章,第一章至第三十七章为"上经",称为"道经";第三十八章至第八十一章为"下经",称为"德经",所以便合称为"道德经"。《韩非子》有《解老》、《喻老》二篇,从中可以明显看出其次序与今本不同,乃是"德经"在前,"道经"在后,严遵本也是如此。1973年长沙马王堆出土帛书《老子》两种,均为"德经"在前,"道经"在后,这样也就可以清楚地晓得,《老子》原本的面貌,其次序与今本不同,是"德经"居前而"道经"居后的。

除了"道经"、"德经"的问题以外,还有个无法讲清楚的"分章"的来源问题。因《老子》曾经过刘向的校雠,所以学术界便怀疑是不是最初的分章即来源于刘向。《汉书·艺文志》著录刘向《说老子》四篇,然今皆不传。《老子》传本众多,而分章也并不统一。焦竑曾说:"今世所传老子《道德经》,或总为上、下二篇,或分八十一章,或七十二章,本既各异,说亦不同,盖莫得而考也。"②而朱得之著《老子通义》,在其"凡例"中也明确指出:"分章莫究其始。至唐玄宗改定章句,是旧有分章而不定者。是以有五十五(韩非)、六十四(孔颖达)、六十八(吴草庐)、七十二(庄君平)、八十一(刘向诸人,或谓河上公)之异,又有不分章(如王辅嗣、司马君实)者。"朱得之本人则"以意逆志",定之为六十四章③。这些都说明一点,即《老子》的分章,不仅没有一定之数,而且古来分歧多样,以至于吕思勉先生干脆说:"《老子》原书本无'道经'、'德经'之分,分章更系诸家随意所为。读者但

---

① 《晋书》卷八十《王羲之传》,北京:中华书局,1974年,第2100页。
② 焦竑:《老子翼·附录》,第203页。
③ 见朱得之:《老子通义凡例》,《老子通义》卷首,《老子集成》本。

当涵咏本文,自求条理,若一拘泥前人章句,则又滋纠纷矣。"①马王堆帛书甲、乙本均不分章,在某种意义上证明了吕思勉先生之论断的正确性。至于各章又各有篇题,如"体道第一"、"养身第二"、"安民第三"之类,虽依托为"河上公",实不知为之者是谁,但其更为后起,则应毫无疑问。

三、关于《老子》一书的思想

在大致了解《老子》这部书的一些基本情况,并明确它为"明道"之书之后,我们现在就《老子》这部书的基本思想来做一些简要的讨论。

1、道与德:本原性实在及其"散在"

《老子》的最重要概念无疑是"道"。但我们必须首先指出:道的观念并不是老庄道家所特有的,更不可凡见"道"字即以为是道家之说。实际上,"道"是积古流传的一份公共文化遗产,代表着三代以来中国文化在漫长历史过程中所形成的基本文化观念与核心价值理念。当春秋之世,西周以来的政治统一时代解体,诸子兴起,不同的学者遂从其各自的学术传统出发,结合其时代特征,而无不以"道"为论,皆以阐发其各自对于"道"的理解,试图使天下重归于道,正所谓"天下同归而殊途,一致而百虑"②。《庄子·天下》说:"天下大乱,贤圣不明,道德不一,天下多得一察焉以自好。譬如耳目鼻口,皆有所明,不能相通。犹百家众技也,皆有所长,时有所用。虽然,不该不徧,一曲之士也。判天地之美,析万物之理,察古人之全,寡能备于天地之美,称神明之容。是故内圣外王之道,闇而不明,郁而不发。天下之人各为其所欲焉以自为方。悲夫,百家往而不反,必不合矣!后世之学者,不幸不见天地之纯,古人之大体,道术将为天下裂。"③按《天下》的观点,上古之道为"一",为"徧",为"全",为能"备天地之美,称神明之容",为"天地之纯"之"大体",而诸子之起,"多得一察焉以自好","天

①　吕思勉:《经子解题·老子》,上海:华东师范大学出版社,1995年,第113页。
②　《周易·系辞下》。
③　郭庆藩:《庄子集释》,第1069页。

地之美"因为之判,"万物之理"因为之析,天地纯全大体之道因为之裂。正所谓"朴散而为器",诸子之论说纷纭,本质上皆为"一曲之士",是"道"为天下裂的结果。当然,正因为不同的诸子学派本质上都以"道"为其自身的阐释对象,所以虽诸子并起,面貌各异,但有"同归"、"一致"存焉,体现了中国文化之整体的统一性,是为差异性中的同一性;虽共以"道"为阐释对象,以"道"的实现为共同目的,但"殊途"、"百虑"存焉,体现了思想体系之表达形式的丰富性与多样性,是为统一性中的差异性。

老子是道家之学的开创者。就今日之文本留存来看,关于"道"这一概念的揭示,就其完整性、系统性、深刻性、全面性而言,则以《老子》一书为最集中而又最早。就这一意义来说,则老子及其后继者庄子等人独能专享"道家"之名,也自有其所本。《老子》一书的基本思想,盖以道为宇宙一切万物所从产生的"本根"或本初原始,以道自身的本原性运动为宇宙整体之运动的本质原因。宇宙全体既为道本身之存在与运动所展开的现象之通体,就必将随着道的运动而朝向其自身本质的回归。因此,宇宙的全体就是一个以道为其存在本质,又以道为其运行枢极的和谐统一体。老子最特别的地方,实在于关于道的本原性,也是其本然性的自身运动的"方向性"规定:"反者道之动。"也即是说,道的运动"方向"是永恒地朝向其自身本质的回归的。非常有趣的是,这一点恰好与儒家的"刚健笃实,辉光日新"、"天行健"之说形成某种意义上的显著对比。正因为"道之动"是永恒回溯的,所以凡由道所引导而产生出来的一切万物都必然地朝向其原始生成点的回复,这一回复的全部过程,在一切个体存在物那里即体现为其个体生命的整全过程,而就宇宙现象之全体而言,这一包含着无数个体生命之生、存、毁、亡的生命全体,则是无限量、无止境的。正由于对"道之动"的这一特殊洞见,老子在哲学上遂表现出整体上为阴柔的、顺化的、退却的、内省的基本性格。

在老子那里,"道"作为自在的实在者本身是无法用语言来确切界定或描述的。因为在通常意义上,语言所可以描述的对象,只能是现象的具体形式,而作为现象的形式,就至少存在着三方面基本要素:一是具有空间上的广延性,二是具有一定的质量规定,三是表现出一定的物理特征。

具备这三方面要素的东西,同时就具有在空间一时间过程中存在的相对的连续性与变化性。一切现象的存在形式都是"形而下"的,都是变动迁流而不可能恒久的,但"道"的自身实在是永恒的。"道"产生一切万物,但它自身并不呈现为现象意义上的"物";它引导一切万物的变化,但它自身并不随万物的变化而消亡。正因为如此,把任何表示属性的语词施加于"道"本身,实质上都是不恰当的,因为它是不受任何名言的制约的。称之为"道",也只不过是一种迫不得已的语言运用方式而已。"道"自身不具有现象性,因此也不具有空间形式上的广延性、确定的质量规定或任何可测量的物理特征,它只能是纯粹存在本身。因它为纯粹存在,所以是终极真实者;因它不具有现象性,所以是无限者;因它不因变化而改变其自身的存在状态,所以它是恒久者。"道"即是无限的、永恒的、终极真实的宇宙一切万物之存在的本初原始者。

"本原"本身必定是"有",而不能是纯粹"无"。所以老子说:"道之为物,惟恍惟惚。惚兮恍兮,其中有象;恍兮惚兮,其中有物;窈兮冥兮,其中有精。其精甚真,其中有信。"无论是"恍惚"还是"窈冥",其意义都与朦胧幽昧、模糊不清相联系,所以道自身的实在状态是无法直接诉诸人们的官能知觉的;但在恍惚窈冥之中,则有"象"、有"物"、有"精"、有"信",无论做何种解释,"象"、"物"、"精"、"信"都是"有"而非"无"。不过必须给予特别关注的是,这种"有"是仅仅就道自身存在的真实性而言的,而不是具体性的、有方分的、可诉诸官能感觉的"有"。在这一意义上,道即是"有"与"无"的统一。无限的实在者本身实现了实在的无限。因此它不可以用"道是什么"或"什么是道"这种言语方式来给予直接指称或界定。在这一意义上,"道"的自身实在是超越于语言的描述能力的,因为语言的描述或界定即意味着有限性的强加。

这一无形无象、无名无色的实在者本身,即是"天下之母",是天地之所以创化、万物之所以蓄育的本原性根据。所以老子说:"有物混成,先天地生。寂兮寥兮,独立而不改,周行而不殆,可以为天下母。吾不知其名,字之曰道,强为之名曰大。"作为无限者的"道",其本身的存在是浑然一体的,它无声无臭,无形无相,而又为"天下母",是为存在的最高真实;它"独立不改"而又"周行不殆",以"无常"而体现"真常",以"真常"而现为"无常";这样的存在者本身,按老子的见解,是不可以命名的,所以说"吾不知其名";但若不加命名,则无限者本身的实在就无法进入语言,从而为人们所领会与把握,所以仍然需要给它一个名称。"道"只不过是一种迫不得已的命名而已。就其原始而言,可以称之为"朴";就其"浑成"而言,可以称之为"大";就其"独立"而言,可以称之为"一",凡此等等,皆为标志无限者自身之真实存在的假名而已,实在是不可拘执的。

　　显而易见的是,"道"是形而上者,是宇宙全体的原始,是一切现象物获得其自身当前存在样式的终极根据,并且也因此而必然为一切现象所最终回归的"居所",所以我们才称它是一切现象的"本体"。本体的存在必是"自在",自在的状态则是"自为",自为的方式则是"自然"。"自在"即是不为任何他种存在而在,"自为"即是不为任何他种目的而为,"自然"即是其自身存在状态的本然。所以"道"虽"周行不殆",但在其本原意义的领会上,必称之为"无为",否则"道"即丧失其"独立而不改"的存在之绝对性了。正因为"道"的自在、自为是其本身的存在方式,是毫无矫揉造作的纯粹的自身本然状态,所以"自然"便即是"无为",是没有除其自身本然存在状态以外的任何别的原因、意图与目的。然而,正因有"道"的"无为"之在,才有了宇宙一切万物,才有了现象世界的无穷丰富性,所以"无为"的同时即是"无不为"。"道常无为而无不为",是老子关于形而上之本体的自身存在与现象世界之无限多样性之间某种本质联系的阐明。现象是因有得于道的本质而获得其存在的,正所谓"朴散则为器"。"朴"为道,"器"为现象,而所谓"散",并不是指"道"本身的消散,而是指"道"在其自在而无为的自然存在方式之下所实现的其自身本质的弥散,这一弥散的结果即是"器"的形成,因此"器"的全体即是"道"的"弥散性"体现。在这一意义上,任何现象都是"道"的"分离体",而不是完全意义上的具有独立性的"个体"。但与此同时,必须给予充分强调的是,"道"的"散"或者分离,绝不意味着其自身存在之整全性的破坏,它本身仍然是完整的"一",这一点至关重要。正由于现象为"道"之同质的异在或"他在",因而现象最终统一于"道"本身,并为"道"所主导;出于同样的原因,虽然任何现象并不具有存在的绝对性,但因其本质与"道"同一,所以现象的存在为真实而非虚幻。

从现象本身来考察,一切现象既然都是作为本原性实在之道的"散在",那么也就是说,任何现象都必然是因"有得于道"才获得它自己的当前存在的。"有得于道"即是"德",即古所谓"德者得也"。"德者,得也",这一关于"德"的解释是古书通义,与哪家哪派没有关系。如《礼记·乐记》说:"礼乐皆得,谓之有德。德者,得也。"①王弼注"上德不德"章说:"德者,得也。……何以得? 德由乎道也。"而《管子·心术上》的一段话,则恐怕是先秦文献中关于这一意义最为精妙的阐释:"德者,道之舍。物得以生,生知得以职道之精,故德者,得也。得也者,其谓所得以然也。以无为之谓道,舍之之谓德。故道之与德无间。故言之者不别也。"②"德者,道之舍",这一解释最为美妙。"舍"有二义:一为居室之"舍",二为"施与"或"给予"之"舍"。在前者的意义上,物之所以生,是因为有道"居住"在物中而成为物之性,是即所谓"德"。因此就物而言,"德"即是"道"在物的存在。在"施与"的意义上,"舍"即是指道的普遍的施与性活动,它把自己的本质普遍地"施与"天下一切万物,一切万物皆因道之普遍的施与而获得了道的本质,因有得于道的本质而成就其自身之"所以然",所以称之为"德"。简单地说,就道的自身之本然的实在性而言谓之道,就万物皆因"道之舍"而有得于道并因此而成就其自身之本然的存在,即谓之德。所以道既是独一的,又是无限多样地普遍存在于一切万物的,是通过一切万物之"德"的无限多样性来表达其自身的独一性的。"德"的无穷多样性原是"道"之本原性的"散在",所以一切多样性总束于道的唯一性,所以"道之与德无间","言之者不别也"。正由于"道"、"德"之体是同一的,所以所谓本体与现象、形上与形下,在存在的本原性意义上,便是全然相互涵摄、浑然通体融彻的。

万物有得于道而谓之德,德即是"性"。《管子》说"物得以生","生"即

---

① 朱彬:《礼记训纂》,第 562 页。
② 戴望:《管子校正》,《诸子集成》第五册,北京:中华书局,1954 年,第 220—221 页。

性也。告子说"生之谓性",原本也是有其理由的。物有得于道而成就"物之性",人有得于道便成就"人之性";道之在物而谓之理,道之在人便谓之性。《中庸》说"天命之谓性",是专就人必有得于道才获得其生命本质这一意义而言。《韩非子·解老》也说:"德也者,人之所以建生也。"①"建生",既是"建立生命",也是"建立本性",这两层意义其实是一致的。正因为人与物在生命存在的本原性上是同一的,"德"与"道"是浑然无间的,所以人与物才既是分离的又是统一的,是相互资取、相互借鉴而获得其存在之共相的浑然一体的。人们可以通过"人之性"的了解来实现对于"物之理"的把握,所以荀子就说:"凡以知人之性也,可以知物之理也。"②人们同样可以通过天地万物之理的洞察而反观人之性的自然本真,所以庄子说:"天地有大美而不言,四时有明法而不议,万物有成理而不说。圣人者,原天地之美而达万物之理。是故至人无为,大圣不作,观于天地之谓也。"③古人常说"人与天下万物为一体",这不是所谓不分物我的"幼稚病",而是突破了自我存在之有限性而洞达于宇宙全体之生命共相本质之后才可能实现的一种无限阔大的生命境界。

　　这样我们才真正有了关于宇宙全体的统一性观念。"道"的自在及其"无为"引导出了纷纭错杂的全部现象,所以世界虽万象纷呈,而本质上则是以道为其本质的和谐统一体;另一方面,现象的多样性及其嬗变的原因并不在于现象本身,而在于"道"的无为之在,所以一切现象的变化云为便即是"道"之在的整体显相。基于这一宇宙的整体统一观念,通过现象的否定或排除,人们是有可能实现对于现象的本原或实相,也即是道体本身的体悟的。"致虚极,守静笃。万物并作,吾以观复。夫物芸芸,各复归其根。"无论一切现象之物如何变化纷纭,最终都必然回归于其所从产生的

①　王先慎:《韩非子集解》,《诸子集成》第五册,北京:中华书局,1954年,第103页。
②　这句话今天通常被标点为:"凡以知,人之性也;可以知,物之理也。"这样标点的"好处"似乎是可以说明荀子肯定了"物之理"的"可以知",是"朴素唯物主义"的。但实际上,这样标点是错误的,实与荀子思想不相契合,"凡以知"单独成句在语法上也是不通的。唐朝杨倞对这句的注释是:"以知人之性推之,则可知物理也。"王先谦《荀子集解》(中华书局《诸子集成》第二册)对杨倞的这一注解也完全予以保留。
③　郭庆藩:《庄子集释》,第735页。

根本原始,是即所谓"复",也即是"归根"。一切万物皆"各复归其根",也即是由"德"而回归于"道",所以复归也即是"自然"。这一复归的路向,其实在儒、道二家那里都是一致的。而复归的可能性,则正在于"道"与"德"的本然无间。在某种意义上,一切的"德"便都是"道"的有限显相。虽然"显相"非实相,但显相只能是实相的显相,也只有通过显相才有可能反观实相。通过显相的直观,老子深刻地领悟到了"道"之"自然"而又必然的运动法则:"反者道之动。""反"即是"复"。一切现象之所以必然是"各复归其根"的,正在于"道"自身的"反动"。因此按着老子的领悟,"道"的自身运动所展开的"轨迹",就并不是线性的、单向度的一维性进展,而是反复周环的:"大曰逝,逝曰远,远曰反。"正是"道"的"逝—远—反"的回归性运动,决定了现象物存在的基本状态。事物由柔弱而强盛,既强盛则必趋于衰弱。强盛则接近于死亡,所以说"刚强者死之徒";柔弱则包含着发强的无限可能性,所以说"柔弱者生之徒"。与其强盛而遭受毁灭,不如守弱而得以恒久,所以说"弱者道之用"。"反者道之动,弱者道之用",这一观点在老子的整个思想体系中都是极为重要的,它既是老子的宇宙观与自然观的核心,也是理解老子的社会历史观、政治观与人生观的关键环节。

　　如果说儒家从"天行健"的自然发现中参悟出了积极进取的人生意蕴,那么老子则在"反者道之动"的自然理法当中体悟到了"见素抱朴"、"冲虚自守"的合理性。他既反对在事物进程中任何人为之私意的渗入,也反对对于任何价值的偏执。因为现象世界之中的任何价值,都仅仅是相对的,是在某种特定的关系情境之中才得以呈现出来的,而事物本身之所相对的关系却并不是一成不变的,而是不仅随时而转移,而且还随着关系对象的变动而变动,因此任何相对价值,在事实上都存在着向其相对面的"价值逆转",按老子的考察,这种"价值逆转"不仅在事实上是普遍存在的,而且甚至是具有某种必然性的,因为主导这种"价值逆转"的本因正是道体自身的"反动"。一切在特定关系之中才得以显现的存在物,必然包含着其自身之存在状态及其价值的"逆转",是为老子所深刻洞察的现象世界的实然状态,体现了其独特的观审维度与生命智慧。只有不羡慕暂时的强盛与荣耀,而自甘于柔弱与谦卑,才有可能在道的"反动"过程中占据有利地位。因此当"反者道之动"被作为生活的指导原则的时候,老子就表现出了以静观变、以退为进、以弱胜强、以曲求全的生活态度。"不自见,故明;不自是,故彰;不自伐,故有功;不自矜,故能长。夫唯不争,故天下莫能与之争。古之所谓'曲则全'者,岂虚言哉! 诚全而归之。"退避的生活态度旨在求得自身生命的完整发展,使之得以善始善终,在生命的自然进程中享有生活,而不在于通过各种人为手段去争得生活的荣耀,因为在老子看来,任何"有为"都是与生命自身的本然状态相违逆的,而违逆即等同于自戕。老子由此而确立起了独特的幸福观:"祸莫大于不知足,咎莫大于欲得。故知足之足,常足矣。"惟"知足者"方能"常足常乐"。幸福并不依凭于物质基础,而是生命基于最高实在者的领悟而安享于其自身之在的恬淡愉悦。

2、无为而治:道在政治领域的价值转换

守弱处卑的生活态度、"知足者常足常乐"的幸福观念,向政治层面的转化即是"无为而治"。"无为"并不是无所作为、放任自流,而是"以辅万物之自然而不敢为"。"辅万物之自然",即是强调不以任何人为的力量与方式去破坏道的自然秩序与和谐。对于"自然"的强调,使老子反对社会公共生活之中公共价值的预设与张扬,认为"绝圣弃智,民利百倍;绝仁弃义,民复孝慈;绝巧弃利,盗贼无有"。反对公共生活法则的建立以及技术上的创造发明给生活所带来的便利,认为"天下多忌讳,而民弥贫;民多利器,国家滋昏;人多伎巧,奇物滋起;法令滋彰,盗贼多有"。从老子的这些观点之中,我们其实更应当看到他对社会转型时期所出现的各种弊端的批判,甚至在某种意义上提出了物质文明的发展限度问题。依据"道"这一最高实在及其自体运行的"自然"状态与秩序来对现实社会的各种"人为"弊病进行批判,这一精神是贯穿于《老子》全书的。

正是在对社会现实进行批判的意义上,老子深切地体现出了关切世务的济世情怀。如果说孔子有着入世的、济世的情怀,恐怕大家都不会反对,但如果说老子也有着同样的,并且热情分毫不减的入世与济世情怀,恐怕大家就会有不同意见。我本人实际上就持这样的观点,即认为老子

的入世与济世的情怀实在是丝毫都不减于孔子,只不过他采取了与孔子不同的入世与济世的进路方式罢了。孔子儒学的要点,是基于周代礼乐文明制度的历史传承,而确认以礼乐为表现形态的制度文明之下所实现出来的秩序与和谐,乃是人在社会中的生活所应有的、合乎天道之本然与人道之当然的一种理想状态,这种状态毫无疑问同时是合乎人本身的生活目的的。但在无法改变现实社会之"礼崩乐坏"的情况之下,孔子遂把自己的全部精力转向社会个体之身心秩序的重建,这一身心秩序是以"仁"为核心而以"忠恕"为现实形态的。"礼崩乐坏"的社会现状,同样是老子所面对的基本事实,所以老子也与孔子一样,表现出了强烈的对于现实世界之"无道"的批判。但若细加追究,我们就会发现,在"礼崩乐坏"之历史根源的追溯上,以及现实世界之战争频仍、欲望炽盛、霸权横行等原因的追溯上,孔子是将其归结为制度文明的消解以及由此而产生的人道价值的堕落;老子则将其归结为文明本身的弊病,是由于物质文明的过度发展而产生的弊端。正因此故,孔子便悽悽惶惶而东奔西走,试图通过个体身心秩序的建立而重建社会的制度文明;老子则要求从物质的欲望以及物质的繁荣之中撤退回来,而回归于道的原始素朴与天真。

所以按照我的观点,如果我们要给老子的哲学一个"定性",那么我仍然更愿意在整体上把它界定为"政治哲学",因为"道"在政治上的普遍实现仍然是老子最为关切的基本问题。"道"的"自然"或"无为",在老子那里,便即是政治的"应当"原理,同时也是个体生活之"当然的"最高原理。然而比较有趣的是,老子并不希望把"道"转换为社会政治的制度建构,或者把"道"的原理现实地体现为社会生活的政治制度与民众生活的公共法则,而是更希望把它转换为统治者本人的政治技术。正是在这一点上,儒、道两家可谓是完全不同的。孔子继承周代的制度文明精神,最急切地想要把天道的普遍原理转换为社会共同体所共同遵循的制度规范,也即是"礼";而老子则不然,乃要求统治者基于"道"的原理的体认而实现"道之用",在统治者那里,"道之用"即成为统治的技术,或"主术"。"礼"作为社会共同体的政治制度与公共生活规范,是具有遍行于共同体全体成员的普遍性的,也即是具有制度上的公开性与公共性的。而统治者的统治技术,也即是"主术",则显然并不具有公开性,同时也不具有公共性。所以非常有趣的是,尽管儒、道两家都期望理想政治的最后境界是"无为而治",但在儒家那里,"无为而治"是要求通过"礼"的公共性来实现的,是社会共同体中的全体成员都能自觉地遵循"礼"的制度规范,或者说人人都实现了自觉的自我管理,因而在共同体之全局的共相上体现出了生活各方面的秩序性,所以也就并不需要统治者来做多余的管理事务了;而在老子那里,"无为而治"却是统治者以"无为"为手段而实现出来的"治",并且这种"治"是必然指向类似于"小国寡民"的原始浑朴、自然天成的生活秩序之建构的。就其理论的深层内涵而言,儒家的"有为"最终转为"无为",而老子的"无为"最终反而成为统治者之"有为"。这恐怕也算是某种意义上的"价值逆转",或者说是理论与实践效果之间的"二律背反"?

3、老学的继承:庄子与韩非

《老子》一书在汉初迎来了中国重新进入统一时代之后的第一期研究高潮,"黄老之学"的兴盛,使老子的思想站到了时代的前列,而成为一时之显学。在道教确立之后,《老子》被称为《道德经》,是道教核心的基础性经典之一。在魏晋玄学时期,《老子》与《易》、《庄》并称"三玄",不仅启迪了人们幽邃的玄思,而且成为一时文人之思想解放的依托。佛教传入中国之后,《老》、《庄》一起成为这一外来思想之最初的接引者。凡此等等,都可见《老子》一书在中国历史上深刻而绵远的影响。脱离了《老子》思想的任何一部关于中国的思想史、哲学史、文化史、文艺史,都是不完全的。不过显而易见的是,在这里要完整展开这一话题是不可能的,我这里只就先秦时期老子学说对其两位后继者的影响略作简单提示。

老子学说在先秦时期的主要继承者,是庄子与韩非。司马迁在《史记》中以老、庄、申、韩同传,确实能够体现他"通古今之变"的卓越见解。但庄子与韩非子对老子思想之继承与发展的维度各不相同。

如上面所讲过的,基于充分而完整的对于道体自身的本根原始性及其自体存在与运动方式的揭示,老子实质上要求人们实现对于道体的领悟,从而能够切实地把握道在经验世界中的呈现方式,最终使个体的经验活动高度契合于道而获得其终极的合理性。因此在现实性上，道体的领悟实质上就转换为个体处理日常事务的某种独特态度：对于君主而言，这一态度即表现为辅万物之自然而不敢为，由此而实现他所理想的政治的最高境界——无为而治；对于普通人而言，这一态度则表现为以清净自守，以卑弱自处，不敢戕贼自我之"德"，从而使自己原本于道的"德"能够得到其本然的充分呈现。毫无疑问，这两种态度的实质是一致的，只不过是随着个体"角色"的不同而使体道的价值在不同的维度上获得呈现而已。这两种态度所展开的个体体道之价值的不同维度，或者说道的终极价值在现实世界中得以实现的两种境域，恰好分别为庄子与韩非子所充分继承，并通过其各自的思想整合而获得充分发展，在中国思想史上发挥着不可替代的深远影响。

先说庄子。我们现在通常都"老庄"连言，以为先秦道家学派典范思想家，这固然是不错的，不过我们同时还应当充分注意到老、庄之不同。如果说老子哲学中的浓厚政治倾向最终导致老子不得不考虑把道转换为一种政治技术，一种统治者个人的"主术"的话，那么恰好在这一点上，充分显示出庄子与老子的重大差异。庄子接过了老子关于道的全部论述，却在最大程度上解构了老子思想中的"主术"，而把道的哲学转换为一种纯粹关乎个体生命的哲学。如果老子的哲学仍然是"政治哲学"的话，那么庄子的哲学便是"生命哲学"。在庄子那里，曾为老子所充分阐明的"道"的世界，成为其哲学的一种基本的"预设性"前提，他所真实关注的是在这样一种道的世界图景当中，我们作为个体的普通人应当如何来关怀、关切、处理自己的生命事务。在浩瀚无限、悠久无疆的道的世界当中，极度渺小如沧海之粟、极度短暂如白驹过隙的个体生命，应当如何建立其生命意义的基础，从而实现生命原本所应有的价值？庄子最后终于意识到这样一点，即在无限强大的、无限广袤的、无限恒久的"道"的自身存在面前，个体的人无论如何都是无法实现对它的超越的，因为它是引领着宇宙全体的无限运动、陶冶着天地之间一切万物的"大宗师"。庄子最终实现了与"道"的妥协，他把自己的全部生命都毫无保留地托付给了"道"，在安时处顺之中回归到了生命价值的本原性基点，并终于与这一本原融会同一。庄子是先秦诸子之中唯一在道的无限性背景之下对生命的价值、死亡的意义做过深刻思考的哲学家,他的思想之中总是时时透出一种洞达了生命本质的不自由而又要实现自由的情怀,从而使他的思想具有了一种浓厚的悲剧意蕴。与"道"的妥协,使生命的悲剧性意义最终化解,而转换成一种幽默、诙谐、旷放、达生的潇洒与闲适,这正是庄子的独特智慧。他以不超越而实现了超越,以与道体的同一而实现了个体有限性的内在超越,并因此而转换了个体生命之意义与价值的终极境域。正是在与道体的同一之中,一切人为的偏见、边见与价值藩篱皆被堕黜,而呈现出了万物一齐的一往平等;一切个体的有限性皆被突破,而呈现出了万物一体的存在境域的无限浩大;一切事物相对性的羁縻皆被消解,而呈现出了无往而不通达的逍遥与自由。以道观物的境界,即是对道的世界本身存在的真实还原;而在能以道观物的人那里,则全部世界即是充满了生命之无限欢欣的生机盎然的世界。庄子的哲学,不仅极大地拓展与丰富了中国古代的思想空间,而且还为文学与艺术提供了最为浓郁而又清通玄远的审美意趣。

再说韩非子。韩非子是春秋战国时代的最后一位思想家,他的思想来源也不只是老子,但事实上他对老子的学说有甚深领会,并将之整合到他以"法"、"术"、"势"三者为核心架构的思想体系之中,以为其思想的理论基础。只不过在韩非那里,除了承认其为"万物之始"的抽象意义以外,"道"作为宇宙万物之生命本质的本原性内涵,几乎被消解殆尽;而在老子那里虽然存在但还不至于那么明显、那么公开的把"道"转变为"术"的倾向,却获得了充分显扬与体系化,甚至被转变为纯粹的"主术"了。在某种意义上,《韩非子》一书几乎可称之为中国古代关于政治技术的"百科全书"。

韩非子是"中央集权"制度的构想者。《扬权》说:"事在四方,要在中央,圣人执要,四方来效。虚而待之,彼自以之。"①君主处于"中央",执其圜中,则"四方"尽在掌握,是为"无为";臣使于四方,民事于四方,则是"无

① 王先慎:《韩非子集解》,第30页。

不为"。经过这样的创造性解释，老子的"无为而无不为"便成为韩非子关于政治的基本原理。"法"成为君主之"无为"的手段，"术"成为其潜御群臣的权谋，"势"则是其"术"的权力保证。韩非法家思想的完整体系，实质上是以老子关于道的论述为其哲学基础的。

从庄子与韩非子对后世的影响，便约略可见老子思想在整个中国古代思想史上之影响力的绵长与深远。司马迁说："老子所贵道，虚无，因应变化于无为，故著书辞称微妙难识。庄子散道德，放论，要亦归之自然。申子卑卑，施之于名实。韩子引绳墨，切事情，明是非，其极惨礉少恩。皆原于道德之意，而老子深远矣。"①太史公的这段话，颇见深刻。老子之后，若无庄子，则老子之"道"恐将隐晦不明，人们关于生命之本怀的关切或许还无法达到那样一种深邃的程度，并展示出那样一种广大浩博的无限自由之境；若无韩非，则老子基于"道之用"在政治领域的展开而触及的"术"，便恐怕同样将隐晦不明，而无法达到如《韩非子》一书所呈现的那种清晰的体系化程度。

四、关于《老子》的历代注解

老子思想之深邃、立论之高妙，正所谓言约而旨深，自庄子、韩非之后，研究者代不乏人，而形成了历史悠久的《老子》文本的解释历史，正是在这一文本的解释历史过程之中，《老子》一书成为一个"思想史的文本"。

但汉代以后直至现在，究竟有多少关于《老子》一书的注解、阐释、研究的作品，这恐怕是一个没有人能够讲得清楚的问题，总之是可以用传本众多、解释多样、观点分歧、纷纭庞杂一类的"大而化之"的词语来形容。高明先生曾说："《老子道德经》世传今本种类很多，据元杜道坚《道德玄经原旨》张与材《序》云：'《道德》八十一章，注者三千余家。'此说未免有些夸大。一九二七年王重民著《老子考》，收录敦煌写本、道观碑本和历代木刻与排印本，共存目四百五十余种；一九六五年严灵峰辑《无求备斋老子集

---

① 司马迁：《史记·老子韩非列传》，北京：中华书局，1982 年，第 2156 页。

成》，初编影印一百四十种，续编影印一百九十八种，补编影印十八种，总计三百五十六种，将其所集，辑于一书。《老子》传本虽多，时代不古，多属魏晋以后，汉代传本几乎绝迹。《汉志》载邻氏《老子经传》、傅氏《老子经说》、徐氏《老子经说》与刘向《说老子》四书，皆亡佚。"[1]从高明先生的这段话，我们就约略可以晓得古来《老子》的注本究竟有多么繁夥，这还不包括上世纪70年代以来不断涌现的各种注解。坦率地说，一个人大概很难把这些作品都统读一遍，而要做到所谓"穷尽"，更是不可能的。我下面所述的关于《老子》历代注解的内容，主要也是"抄袭"前辈学者的。

《老子》众多的注解与释义，构成了《老子》一书独特的文本解释史，也即是老子的哲学思想被不断再阐释而发生意义演绎与衍生的独特历史。《韩非子》中有《解老》、《喻老》两篇，虽然它们不是对于《老子》文本的完整解释，而且在更大程度上是韩非子（暂且这样认为）关于《老子》某些篇章的学习心得，但代表了这一文本解释历史的开端。

今世所传谓汉代的《老子》注本，以"河上公本"与"严遵本"最为重要，但这两个本子的真实性与可靠性实在都是非常值得怀疑的。"河上公本"最早的著录见于《隋书·经籍志》："《老子道德经》二卷，周柱下史李耳撰，汉文帝时河上公注。梁有战国时河上丈人注《老子经》二卷。"由于这里有汉文帝时的"河上公"，又有"战国时河上丈人"，所以《四库提要》就说："则两河上公各一人，两《老子注》各一书，战国时河上公书在隋已亡，今所传者实汉河上公书耳。"[2]但这一观点引起了学者的非议。1948年，王明先生撰《老子河上公章句考》一文，对"河上公"、"河上丈人"以及托之名下的《老子注》进行了详细考证。王明先生认为："战国之末，当有'河上丈人'，但并未为《老子注》，汉文帝时，实无河上公其人，更无所谓《老子章句》，今所传《老子河上公章句》，盖后汉人所依托耳。"[3]事实上，南宋晚期的范应元早就指出了"河上公本"为"汉儒所为"："余幼时闻前修曰：河上公注乃

　① 高明：《帛书老子校注·序》，北京：中华书局，1996年，第1页。
　② 《四库全书总目·老子注二卷》，北京：中华书局，1965年，第1242页中。
　③ 王明：《老子河上公章句考》，国立北京大学五十周年纪念论文集，北京大学出版部，1948年，第8页。收入《老子集成》。

汉儒所为,托是名以借重耳,不可执此本以为真河上公所注也。当时结庵于陕河之滨,授与汉文帝者,止是分章句而已,何尝有注来?反观晦庵序《参同契》,曰'空同道士邹䜣',其意谓邹本春秋邾子之国,䜣即熹也。余不觉辗然曰:后之不知空同道士乃晦庵隐其名以序《参同契》,亦犹今之不知河上公乃汉儒借是名以注《道德经》也。"① 王卡先生则认为:"《河上公章句》应成书于西汉之后,魏晋之前,大约在东汉中后期。"② 但高明先生根据马王堆帛书本进行校勘,则认为所谓"河上公本"是更晚出的:"今据帛书《老子》甲、乙本勘校,书中讹误尤多,不仅非汉人所为,而且晚于王弼。"③《河上公章句》虽然来历有疑,其解释也多附会牵强之处,但它代表了用《老子》来发挥演绎养生长寿之说的一个环节,在道教思想的发展史上有其特殊地位。

严遵的《道德指归论》六卷,古来疑问颇多。该书的记载最早见于晋代常璩的《华阳国志》:"严遵,字君平,成都人也。雅性澹泊,学业加妙,专精《大易》,耽于《老》《庄》,著《指归》,为道书之宗。"《隋书·经籍志》载:"《道德指归》十一卷,严遵注。"唐代的"谷神子"在《序》中说:"严君平者,蜀郡成都人也,姓庄氏,故称庄子。东汉章、和之间,班固作《汉书》,避明帝讳,更之为严。……君平生西汉中叶,王莽篡汉,遂隐遁炀和,盖上世之真人也。其所著有《道德指归论》若干卷,陈、隋之际,已逸其半。今所存者,止《论德篇》,因猎其讹舛,定为六卷。"④ 可见该书在唐代就"已逸其半"了。但《旧唐书·经籍志下》谓:"《老子指归》十四卷,严遵志。"同时又著录:"《老子指归》十三卷,冯廓撰。"宋代晁公武《郡斋读书志》则说:"《老子指归》十三卷,右汉严遵君平撰,谷神子注。""谷神子"既说严遵的《道德指归论》"陈、隋之际已逸其半","定为六卷",而后代的著录又有十四卷、十三卷的不同,并没有说它"已逸其半",更有意思的是冯廓也撰有"《老子指归》十三卷",此后如《新唐书》、《宋史》、《通志》等记载,就不再提及冯廓的

① 范应元:《老子道德经古本集注·跋》,上海:华东师范大学出版社,2010 年,第 137 页。
② 王卡:《老子道德经河上公章句·前言》,北京:中华书局,1993 年,第 3 页。
③ 高明:《帛书老子校注·序》,第 2 页。
④ 谷神子:《道德指归论序》,《道德指归论》卷首,文渊阁四库全书本。

"《老子指归》十三卷",这就不得不令人生疑了。今世所传《道德指归论》确乎只有六卷,但其本来面貌究竟如何,与冯廓的十三卷是什么关系,已经无法详考了。而这位冯廓,宋代晁公武、元代马端临都怀疑他就是"谷神子"。《文献通考》卷二百十一"《老子指归》十三卷"下说:"按《唐志》有严遵《指归》四十卷(这恐怕是'十四'的误倒,四库馆臣早已指出这一点),冯廓注《指归》十三卷。此本卷数与廓注题谷神子,而不显名姓,疑即廓也。"明代曹学佺著《蜀中广记》,也完全采取马端临之说,而他撰《元羽外编序》,遂称"近刻严君平《道德指归论》,乃吴中所伪作"①。正由于有这许多讲不清楚的问题,《四库全书总目提要》、《四库简明目录》等认为曹学佺之说不为无见,遂干脆将《道德指归论》列入"伪书"。不过现在的情况似乎又有了转变,高明先生说:"自帛书《老子》出土之后,发现《指归》中有些经句虽异于今本,则同帛书《老子》相近,说明严书原并不伪。……书虽不伪,但其中经文多被后人窜改,而同河上本合流,原来面目已失,而名存实亡。"②不过愚见以为,所谓严遵的《道德指归论》,其历史上的疑点实在并没有消除,它未必出于汉代的严遵,而即出于唐代的"谷神子"冯廓也未可知也。不管如何,把今本《道德指归论》当作"相当古老的一本解老的书"来对待,恐怕是有问题的。

以上二书,传统认为是汉代的作品,是相当古老的,所以我们多费点笔墨,以说明古来的传本,来源复杂,未必尽都可信,而所谓"辨章学术,考镜源流",实在也是大不容易的事。汉代以后所传《老子》文本,实以王弼注本最为盛行。

王弼的《老子注》,按照《四库全书总目提要》的叙述,今传世的本子也是很有一番曲折的。该本最早见于《隋书·经籍志》的著录:"《老子道德经》二卷,王弼注。"唐代陆德明著《经典释文》,以王弼本为根据而为《老子道德经音义》。陆德明为《释文》,通常的体例是"摘字为音",但对《孝经》与《老子》二书不同,他说:"唯《孝经》童蒙始学,《老子》众本多乖,是以二

① 《四库全书总目·道德指归论》,北京:中华书局,1965年,第1242页下。
② 高明:《帛书老子校注·序》,第1页。

老子研读

书特纪全句。"①这里透出一个消息:《老子》一书"众本多乖",说明在唐代的时候,《老子》的传本就已经相当众多并且文字上互有歧异,而陆德明之所以用王弼本为依据,就应当是他比较众本之后的选择。但王弼本到宋时已经稀见,钱曾《读书敏求记》就认为王弼注已经不传。今本来源于明代万历年间的张之象刻本,卷末有北宋政和五年(1115年)晁说之的跋,以及南宋乾道六年(1170年)熊克的跋。从这两个跋可知,王弼本的原貌是不分"道经"、"德经"的,而只分上、下篇,这又可以说明在王弼的时候,《老子》并没有被称为"道德经",但陆德明《老子音义》则分"道经"、"德经",反而是后人对《经典释文》进行改动的结果,这点《四库提要》已经辨明。而关于这一出于明代张之象的刻本本身的可靠性,《四库提要》已经做过考证:"钱曾《读书敏求记》谓弼注《老子》已不传,然明万历中华亭张之象实有刻本。证以《经典释文》及《永乐大典》所载,一一相符。《列子·天瑞》引'谷神不死'六句,张湛皆引弼注以释之,虽增损数字,而文亦无异,知非依托。(钱)曾盖偶未见也。"如此则显而易见,张之象的刻本是可信的。王弼原是玄学名家,深于义理,对《老子》"玄义"的阐释与发挥,对后世实有莫大的深远影响。楼宇烈先生《王弼集校释》本(中华书局,1980年),堪称精当。

前辈学者都认为,《老子》的文本虽然众多庞杂,但若究其要,大抵都由"河上公本"与"王弼本"衍生出来,因此在某种意义上,"河上本"与"王弼本"就分别成了两个不同文本系统的"源头"。朱谦之先生认为河上本"近民间系统",而王弼本则"属文人系统"②。高明先生也认为:"王注本文笔晓畅,流传在文人学者与士大夫阶层;河上公注本通俗简要,流行于道流学子与平民百姓之间。"③高明先生还认为:"自玄宗开元御注本出,始创异本勘合之风,玄宗御注本即依违王弼、河上之间。兹后各家注释《老子》,无不选择'善本','善本'来源无非效法御注,即异本勘合,择善而取,美其名曰'校定'。傅奕校定之《古本老子》即其中一例。唐宋以后,各种

导
论

① 陆德明:《经典释文》卷一《条例》,文渊阁四库全书本。
② 朱谦之:《老子校释·序文》,北京:中华书局,1984年,第1页。
③ 高明:《帛书老子校注·序》,第3页。

版本展转传抄，彼此承讹袭谬，互相窜改，其结果经文内容皆同流合一，大同小异，区别仅限于衍文脱句或虚词用字。"①从版本文字异同的校雠、勘核而言，高明先生的这一观点是正确的。我们同时还注意到这样一个基本事实，即唐代以后的众多版本，虽然就文本依据而言，或依违于河上本、王弼本二者之间，异文对勘，择善而从，似无新意，但若从解释的基本路数或取向来看，大抵却有两种显著区别：一是注重《老子》思想内涵及其义理的阐释与发挥，少有虚诞难测之论，是为"哲学的"路数或取向；一是注重对道教玄理的解释与发挥，多有宗教的、术数的甚至虚诞难稽之说的夹杂，是为"宗教的"路数或取向。若究其源，大抵前者仍导源于王弼，而后者则导源于河上公。这两种解释取向，基本上构成了历史上关于《老子》的两大解释体系。我个人比较看重"哲学的"解释路向，所以大抵认为在众多的《老子》注释之中，以下几种是应当给予特别重视的。

1、苏辙《道德经注》。苏辙（1039—1112年），字子由，博学而境界宏阔，为人淡泊沉静，《宋史》本传称他"性沉静简洁，为文汪洋澹泊，似其为人，不愿人知之，而秀杰之气终不可掩，其高处殆与兄轼相迫"。他所著的《道德经注》（也称《老子解》），特别重视《老子》文本之义理的阐释，探玄抉微，往往见解独特，而其著作的目的，则是以《道德经》而会通儒佛，实倡三教统一。苏辙认为《中庸》所谓"喜怒哀乐之未发谓之中"的"中"，即是佛性，"盖中者，佛性之异名，而和者，六度万行之总目也。致中极和而天地万物生于其间，此非佛法何以当之"②？这是显而易见的主张儒释道三教的统一。《四库提要》早就指出："苏氏之学本出入于二氏之间。故得力于二氏者特深，而其发挥二氏者亦足以自畅其说。是书大旨主于佛老同源，而又引《中庸》之说以相比附。"《四库提要》对苏辙的混同三教似有微词，但实际上这正是本书的特色。苏辙所处的时代，正是理学初起之时，这一诠释路向在思想史上便有某种特别的意义。苏辙此注，每成一章，便示与僧人道全，道全则叹曰："皆佛说也。"这在某种意义上可以说明其会通儒

---

① 高明：《帛书老子校注·序》，第3页。
② 苏辙：《道德真经注·跋》，上海：华东师范大学出版社，2010年，第93页。

释道是取得相当成功的,这一点同样获得了其兄苏轼的高度赞赏。苏轼称其书:"使战国有此书,则无商鞅、韩非;使汉初有此书,则孔、老为一;使晋宋间有此书,则佛、老不为二。不意老年见此奇特!"①从思想史发展的意义来说,苏辙的注解呈现了一个相当宏大的思想空间,也为后代注家所重视。

2、范应元《老子道德经古本集注》。史料对范应元的生平行历没有记载,但从他的弟子褚伯秀《南华真经义海纂微》的跋大抵可知其姓氏籍贯为人。褚伯秀说:"淳祐丙午岁,幸遇西蜀无隐范先生游京,获侍讲席几二载","师讳应元,字善甫,蜀之顺庆人。学通内外,识究天人,静重端方,动必中礼,经所谓不言而饮人以和,与人并立而使人化者是也。江湖宿德稔知其人,不复赘述"②。由此我们可以知道这样几点:范应元,字善甫,号无隐,四川顺庆(今南充)人。博学多能而与人为善,当年在"江湖"中是享有很高声誉的。"淳祐丙午"是理宗淳祐六年(1246 年),褚氏侍范应元"几二载",后撰《南华真经义海纂微》,"凡七载而毕业",此时范应元已经去世,那么我们可以知晓范氏是生活在理宗时代的,大概在淳祐、宝祐间去世。顺便指出:《四库全书总目提要》把范应元误成了"范元应"。

范应元的所谓"集注",其实所集前人注解并不多,主要有傅奕、河上公、王弼、苏辙数家,其注解本于其心得者居多。诚如他自己所说:"注《道德经》者,古今数百人,所见各殊,得失互有,年代深迥,史亦阙疑,可择其真,勿泥其迹。夫道,一而已矣。"③这里大抵就包含着这样的意思:古今注家众多,互有得失,若拘其迹,则纷纭无已;若回归于道体,则原无纷纭,所以悬置得失之见的纷杂是必要的。就文本而言,"余解此经,一从古本,盖书坊刊行者,其稍异处皆后人臆说,不得老氏之意矣"④。所谓"古本",盖为傅奕本,传为得之于项羽妾冢。范氏多非河上本,以为汉后人伪托,而以此"古本"为善,则是他在当时试图在文本上会归于一的一种尝试。至于诠解方式,则范氏说:"能于静室焚香,精心研味,反照内参,寻本源之真

① 苏辙:《道德真经注・跋二》,第 95 页。
② 褚伯秀:《南华真经义海纂微》书末跋,文渊阁四库全书本。
③④ 范应元:《老子道德经古本集注・跋》,第 137 页。

处，一旦玄通，自得长久自然之道体，其居尘出尘，而生育无穷，则修身齐家治国平天下，厥效遂著，圣贤地位不患不到。"①可见他主张对于《老子》文本的内涵当"反照内参，寻本源之真处"，以求"一旦玄通"而自得其义理之真际。既得其义理之真际，洞达于"自然之道体"，则老子之说便原与儒家修齐治平之论不相违异，于中可见范应元之基本的诠释路向，实与苏辙大体相同。

3、林希逸《老子鬳斋口义》。林希逸（1193—1271 年），字肃翁，号鬳斋，又号竹溪，福清（今属福建）人。南宋理宗端平二年（1235 年）进士，景定间（1260—1264 年）官司农少卿，官至中书舍人。《老子口义》是其《三子口义》（老、庄、列）中的一种。林希逸是位非常博学的学者，既长于三礼之学，又颇负诗名，且又长于义理，对佛教也深有领悟。据《武林梵志》卷八，他曾为断桥妙伦和尚撰塔铭，于中可见其深于禅理。他对《老子》的解释，虽然不似他的《庄子口义》那么著名，但也时时可见其义理领会的精深。他在《老子鬳斋口义发题》中，首先对主要的传世文本进行了批评："河上公分为八十一章，乃曰上经法天，天数奇，其章三十七；下经法地，地数偶，其章四十四。严遵又分为七十二，曰阴道八，阳道九，以八乘九得七十二，上篇四十，下篇三十二，初非本旨；乃至逐章为之名，皆非也。唐玄宗改定章句，以上篇言道，下篇言德，尤非也。今传本多有异同，或因一字而尽失其一章之意，识真愈难矣。"这一文本批判已经可以说明林氏对待《老子》文本的切实态度。他对《老子》全书宗旨的观点是："大抵老子之书，其言皆借物以明道，或因时世习尚就以谕之。而读者未得其所以言，故晦翁以为老子劳攘，西山谓其间有阴谋之言。"这一见解实在比后世以为《老子》兵书之论不知高出凡几。他同时也深刻地认识到诸家对于《老子》一书的解释大都不能摆脱成见，对苏辙的注解既给予充分肯定，而对其混同佛说则予以批评："盖此书为道家所宗，道家者流过为崇尚其言，易至于诞，既不足以明其书，而吾儒又指以异端，幸其可非而非之，亦不复为之参究。前后注解虽多，往往皆病于此。独颖滨（苏辙）起而明之，可谓得其近似，

①　范应元：《老子道德经古本集注·跋》，第138页。

而文义语脉未能尽通，其间窒碍亦不少，且谓其多与佛书合，此却不然。"这可见林希逸对待前贤研究成果的诚恳质实态度。一切文本的解释，最终还是要落实到心领神会，方才真实有得，所以又说："若研究推寻，得其初意，真所谓千载而下知其解者，且暮遇之也。"然则解老的过程，其实也即是心与古人相接的过程；非心能与古相接，而实天下之道之理，亘古一如而已。

4、吴澄《道德真经注》。吴澄（1249—1333 年），字幼清，又字伯清，号草庐，抚州（今属江西）崇宁人。他是元代的著名学者，深于经学，《易》、《书》、《仪礼》、《礼记》、《春秋》皆有"纂言"。元代又是理学发展的一个重要时期，吴澄之学，则可谓始由朱熹而入，终又出于朱熹而入于象山。吴澄著《道德真经注》的缘起，据《四库提要》的叙述是这样的："据澄年谱称，大德十一年，澄辞疾归。自京南下，留清都观，与门人论及《老》《庄》《太玄》等书，因为正厥讹伪而著其说。"① 也就是说，吴澄著书的目的，是为了纠正人们关于《老子》一书的各种讹误，不论是文本上的还是义理解释上的。如关于《老子》的分章，他认为有的分八十一章，有的分七十二章，都有问题，有的当分而没有分，有的不当分而又分，所以他"大抵以意为之，不必于古有所考"，乃定之为六十八章。这一点虽然受到了《四库提要》的批评，认为他"好窜改古经"，但同时也体现了他学须本之于心的读书态度。就思想的方面而言，《四库提要》又说："澄学出象山，以尊德性为本，故此注所言，与苏辙指意略同，虽不免援儒入墨，而就彼法言之，则较诸方士之所注，精邃多矣。"② 此所谓"援儒入墨"，实指其混融儒释道的思想倾向，这又可以进一步看到苏辙之诠释路向的影响。虽然《四库提要》对这种混融的解释倾向似乎并不赞赏，但也肯定了其解释"精邃多矣"。而清代伍崇曜在该书的《跋》中，则又对《四库提要》的观点提出了批评。伍氏认为吴澄此书"发挥老氏之旨，清净元（玄）妙，畅所欲言，或者遂有'援儒入墨'之论。不知草庐晚年之学实本于陆象山，以尊德性为主，于朱子也颇有微词。……则其于二氏之旨，如胶投漆，如豆合黄，入与俱化，所谓殊

①② 《四库全书总目·道德真经注四卷》，北京：中华书局，1965 年，第 1243 页下。

途同归，与道大适。三教同源之说，何必讳言之？且所注者何书也？而犹欲以'援儒入墨'议之，真不揣其本而齐其末矣！"①关于"援儒入墨"之是非，观点当然各有不同，但由此却正可以看出，吴澄的《老子注》是沿着苏辙的解释路径的，因有三教同源之论，则其思想境界宏大，其文本意义的阐释与发挥，便往往有度越常人之处。

5、焦竑《老子翼》。焦竑(1540—1620 年)，字弱侯，号澹园，又号漪园，江宁(今南京)人。他是明代杰出的学人，不仅学问富赡，而又见解精到，可以说是真正能博学而通脱的人。他著的《老子翼》，据其自序，乃刻于万历丁亥(1587 年)。著此书的缘起，则是他自二十三岁因"闻师友之训而稍志于学"，此后二十年，有碍破碍，有疑决疑，"触途成窒，有窒必有疑；考古多乖，有乖必有反。盖未尝暂去于怀也"。正由于如此地辛苦努力，精研覃思，他终于学有心得，达到了对《老子》一书的心领神会，物我皆通，并意识到了过去之所以"触途成窒"的根由："乡也未尝不非意识，而或思灭识以趣寂；未尝不贵无心，而不知本心之自无。知慕清净而不知无垢之非净，知有真我而不知无物之非我，皆谭者有以误之也。自此驰求意见，寂无影响，而余亦幸为无事人矣。"于是"取家藏《老子故》暨《道藏》所收遍读之，得六十有四家，博哉言乎！其间叛道离经之语虽往往有之，而合者为不少矣。……古之圣人可以明道，不必皆己出也，况余之于斯，秋毫之端，万分未处一者乎？于是辍不复作，第取前人所疏，手自排缵为一编，而一二肤见附焉"。由此可知，焦竑著《老子翼》，是在他自己数十年研习的基础之上，因实有心得、融会贯通而撰著的，他之所以采取"第取前人所疏"而予以"排缵"的方式，则是欲借前人的精辟之论以表达他自己的心得，所以这一著作虽在体例上属于"集注"，但实际上却包含着焦竑自己的精到理解与别出心裁。所取六十四家，自韩非子以下直至明代诸注疏，凡精彩之论，多所收入，又间附他自己所撰的《焦氏笔乘》的见解，所以实有六十五家，采撷相当广泛。卷末有"附录"，收入司马迁以下有关老子的传记以及著作序跋等，均有高度的学术价值。《四库提要》对《老子翼》做出了高

---

① 伍崇曜：《道德真经注跋》，粤雅堂丛书本《道德真经注》卷末附，《老子集成》本。

度评价："是编辑韩非以下解《老子》者六十四家，而附以竑之《笔乘》，共成六十五家，各采其精语，裒为一书。其首尾完具，自成章段者，仿李鼎祚《周易集解》之例；各标举姓名列本章之后，其音义训诂但取一字一句者，则仿裴骃《史记集解》之例。联贯其文，缀本章末句之下。上、下篇各为一卷，《附录》及《考异》共为一卷。不立'道经'、'德经'之名，亦不妄署篇名，体例特为近古。所采诸说，大抵取诸《道藏》，多非世所常行之本。竑之去取亦特精审，大旨主于阐发玄言，务明清净自然之理"，实为"博赡而有理致"之作。不过《四库提要》认为："盖竑于二氏之学本深于儒学，故其说儒理者多涉悠谬，说二氏之理者转具有别裁云。"①这一评价中似乎包含着某种"揶揄"之意，但如果我们从"正面"来看这一评价，那么它就恰好表明，焦竑的这一著述，原是试图要实现儒释道三教在思想内容与义理上的相互涵摄与融贯的，正因为如此，其于"二氏之理"的"转具别裁"，对我们今天的研究遂往往有甚深的启迪。

以上为举例而列出的数种关于《老子》的著作，是古代数量相当庞大的同类著述中的几个代表，是我个人觉得特别值得阅读与参考的，当然这只是极为狭隘的一边之见而已。清代乾嘉以后，因文本考据之风的盛行，关于《老子》的研究我们便同样见到许多以老子事迹考证、版本校勘、文字考证为主要内容而同时又兼论其义理的著作，如毕沅《老子道德经考异》、汪中《老子考异》（见《述学·补遗》）、俞樾《老子平议》（《诸子平议》之一）、高延第《老子证义》（1886年刻本）、刘师培《老子斠补》等等。这一学风延续到近现代也同样昌盛。以偏陋所及而以为重要的，如：王重民《老子考》（中华图书馆，1927年）、奚侗《老子集解》（1925年）、马叙伦《老子校诂》（北京古籍出版社，1956年）、劳健《老子古本考》（1941年）、蒋锡昌《老子校诂》（上海：商务印书馆，1937年）、高亨《老子正诂》（开明书店，1943年；中华书局重订本，1959年）、朱谦之《老子校释》（中华书局，1963年）等等。

还有一类著作是现代才有的，就是"原文—语词注解—白话翻译"，如杨柳桥《老子译话》(北京古籍出版社,1958年)、任继愈《老子今译》(北京古籍出版社,1956年,包括其《老子新译》、《老子绎读》)等等,而这方面最有影响而又被广泛阅读的作品,应是陈鼓应《老子今注今译》,该书于1970年台湾商务印书馆初版、1978年修订版,2003年由北京商务印书馆发行简体字版。该书的特色,除了每一章有文字上的简明注释、白话译文以外,还有"引述",以概括、发挥作者关于每一章的哲学思想。

地下简帛文书的出土,则把《老子》的研究推向一个新高度。现代以来最重要的事件,要算1973年马王堆帛书《老子》甲、乙本的出土,以及1993年湖北荆门郭店竹简本《老子》的出土。帛书《老子》研究的重要作品,如许抗生《帛书老子注译与研究》(浙江人民出版社,1982年)、高明《帛书老子校注》(北京:中华书局,1996年)等。郭店竹书本《老子》的研究,如彭浩《郭店楚简〈老子〉校读》(湖北人民出版社,2001年)等等。

正由于地下简帛文书的出土为我们提供了未曾被后世所篡改过的可靠文本,所以这一方面的研究似乎方兴未艾,尤其在文本的勘定方面,学术界颇有一种愿望,要借助地下文书来校订出一个"原貌的"《老子》文本。而既重视地下简帛文书,又重视传世文本,更重视不同文本的文字差别所体现的思想差异或变迁,并由此而给出独特文本诠释维度的著作,则是刘笑敢的《老子古今:五种对勘与评析引论》(中国社会科学出版社,2006年)。该著是历代以来从所未见的关于《老子》研究的部头最巨的作品,著者用功之勤,实令人惊叹!该书把竹书本、帛书本、傅奕本、王弼本、河上公本五种不同版本的文字,按八十一章的顺序,逐字逐句进行对勘,以见"版本歧变"与"文字趋同"的历史文本现象,而尤其重要的是,每章之下作者都有"评析引论",对本章文本所涉及的重要哲学问题,作者都结合文本现象而给出详细阐释,极有理论的深度;而其引证,则往往及于中西哲学典籍,极有思想的广度。刘笑敢先生的这部作品,不仅在体例上卓有创新之处,而且在思想的诠释维度与空间上,尤有度越前人的卓越之见。

五、关于本书底本选择的说明

如上面所说,古今关于《老子》的注解、疏义性质的著作既已如此众多繁夥,那么我的这本小书实在是完全不必要的了!不过事情总有另一方面。现在这部书,原是在我给学生们讲读《老子》的讲稿基础上整理的,所以相对而言,语言比较通俗,避免了许多文字上的繁琐考证,义理阐释则主要是我自己的理解与领会,虽未必尽当,却也可以为从事哲学史、思想史学习的人们提供一种参考,甚至在某些章节的理解与诠释上提供某种新颖的意见。

不过有一点还是要在这里先做一个说明。本书《老子》的文本仍然主要依据通行本,也即是流传最为广泛的"王弼本"。在今有各种新版本(包括敦煌本、帛书本、竹书本)发现的情况之下,我之所以仍然选择传世的通行本来讲,其主要原因则是出于思想史本身的考虑。

按我个人的想法,虽然各种出土简帛文书的发现(也包括儒家等方面的文献)是极为重要的,但这种重要性主要体现在两个方面:一是为传世文本提供了可资校勘的,或许更接近于文本原始面貌的版本资源;二是弥补了传世文献的缺失或思想史的"断裂",如郭店简本的《性自命出》、《五行》等篇,便无疑可为先秦儒家思想的历史发展脉络的梳理补充提供相当重要的文献资源。但就思想本身之历史运动的整体而言,我仍然认为出土简帛文书的重要性是不能超越传世文本的,因为它们自被埋入地下之后,并没有实际参与到思想史发展的历史过程之中,而是与思想史本身的建构及其所呈现的历史面貌相脱离的。也即是说,作为出土文物的简帛文书,在严格的意义上说,由于它们并未实际介入思想历史本身运动的整体过程,并未对思想—意义世界的历史建构做出实际贡献,也没有在历史上形成可资梳理的文本解释系统,因而实际上并不是一个在整全意义上的"思想史的文本",尽管它们的文字面貌有可能更接近于"原始真实"。正因此故,要想依据出土的简帛文书来"改写"中国思想史的想法,其实是不切实际的,因为思想史的"事实"是已然呈现在那里的。当然,正因为出土简帛文书的文字样式可能更接近于"原始真实"，且如《老子》，如果有学者基于各种出土文本、简帛文书而整理出一个更为"原始真实"的《老子》文本，则或许并不会徒劳，并且也有可能开启一个新的文本诠释的历史，从而使那些出土文书重新进入思想的历史世界或历史的思想世界。

出于同样的原因，关于《老子》的文本本身，我们的根本兴趣其实并不在于各不同版本的文字同异的校勘以及哪种文字更为"原始真实"，而更在于把《老子》的文本在整体上作为一个"思想史的文本"，也即是有其自身的解释历史并且实际介入中国思想史本身之历史建构的文本资源来给予理解与领会。我仍以通行的"王弼本"为基础性文本依据，原因正是如此。本书各章的文字以楼宇烈先生《王弼集校释》(中华书局，1980年)中的《老子道德经注》为根据，但标点不尽相同。在讲解的过程当中，遇到部分章节中的文字的确是扞格难通的，我同时也参考了别种版本，吸纳前辈学者的校勘与研究成果，对个别文字进行了重新"勘定"。还有部分地方的文字虽然可以讲通，但别本文字或许显得更加顺畅、更能契合《老子》的整体义理，则参考别本，以维护老子思想在整体上的统一性。一般情况下，凡通行本在义理上能够讲得通的，一般都据依为说，既不事繁琐校勘，也不多引别本的文字异同，以尽量避免葛藤。凡讲解时对前辈学者之说有所征引，均见于书末所列"主要参考书目"当中的相应著作，行文中不再一一注明，以免繁琐。

这部讲稿，只代表我个人对于《老子》一书之文本的理解与思想内涵的阐释，未必尽合乎人人之意，仅供诸君参考而已。

董平

2014年10月15日

于浙江大学中国思想文化研究所

一　章

　　道可道，非常道；名可名，非常名。无名，天地之始；有名，万物之母。故常无，欲以观其妙；常有，欲以观其徼。此两者同出而异名，同谓之玄。玄之又玄，众妙之门。

　　"道可道，非常道；名可名，非常名。"《老子》开篇的这几句话，即使我们把它放到人类思想的全部历史中去进行考察，也是最富有智慧的关于世界现象的本原性思考之一。这句话所包含着的内容是极其丰富的。就中国哲学史而言，它最为重要的意义则在于，这是关于无限者的自身存在与人类语言自身局限性问题的最早触及与确认。第一个"道"字与"可道"之"道"，内涵并不相同。第一个"道"字，是老子所揭示的作为宇宙本根之"道"；"可道"之"道"，则是"言说"的意思。"名可名"一句，是相同的句子结构，"可名"之"名"，则是"命名"之意。这里的大意就是说：凡一切可以言说之"道"，都不是"常道"或永恒之"道"；凡一切可以命名之"名"，都不是"常名"或永恒之"名"。至少在中国的哲学文本之中，这是最早关于"实在"与"语言"之间关系的思考。

　　我们可能会有些奇怪，"道"与"言说"如何会联系到一起呢？但实际上，"道"与"言说"的关系的确是非常紧密的。大家都知道，希腊语的Logos有类似于"道"的含义，它的本来意思就是"言说"。《约翰福音》开头就说："太初有道，道与神同在，道就是神。"这个"道"，英文是"word"。"In the beginning was the Word，and the Word was with God，and the Word was God."为什么"太初有道"即是有"言"呢？在《旧约·创世纪》中，上帝是创造世界之主，但他并没有用质料来创造世界，而只是通过"言说"来创造世界的。"神说：'要有光。'就有了光。神看光是好的。"如此等等，"神看着一切所造的都甚好"。按照《创世纪》的这一描述，上帝是通过"言说"来创造世界的。而语言实质上即是意志的表达，这样我们也就可以了解叔本华为什么说世界是意志的表象了。把世界的原始归于"言说"，我们同样可以在东方哲学中找到明确的例证。比如在印度哲学中，按照《大林间奥义书》等文献的说法，世界的原始只是个"金胎"，由此而诞生出"神"，神思维："让我有一个自我"，这就是最初的自我意识的诞生；他破"金胎"而出，环顾四周，没有除这"自我"以外的任何东西，然后他说："我在。"（I am）这就是最初的自我意识的自我确认。他是第一个在者，他用"思维"使自我变现成全部双对的事物，"它成了全部"。在我们的先秦文本中，至少在今文《尚书》二十八篇、《诗经》三百零五篇，包括《国语》等，全部的"道"字，除了《洪范》篇以外，只有两个意思：一是"道路"，一是"言说"。《洪范》中的"道"字，如"无偏无党，王道荡荡；无党无偏，王道平平"，这个"道"字具有某种抽象义。如果仅仅从语言的使用来看，《洪范》篇的写定就相对要迟，我认为它基本上成于两周之际。

在追溯世界源起的东西方思想中，"道"与"言"的联结是一种值得关注的现象。但就汉语文本现象来说，我们感兴趣的是，"道"与"言"的关系是如何建立起来的呢？我们说话的目的，一是为表达自己的意见，一是为劝导或引导他人，所以"言说"即是"导"；"道"、"导"二字相通，是古籍文献中的通例，如《论语》说："道之以政，齐之以刑，民免而无耻。"道路的作用，也为"导"而已。《说文解字》说："一达谓之道。"所谓"一达"，即是只有一条路，没有歧途，也就是"大道"。道路是给人走的，我们之所以要走上这条道路，是因为我们试图到达某个地方，道路把我们"导向"目的，是把我们与目的联系为一个整体的通道。因此，"道"即是"导"，自然可以引申出实现目的的方式、方法、途径等意思。正因为道路把我们与自己所期待的对象、目的连接到一起，因此，走在这条道路上的个体、道路本身以及道路所导向的目的三者之间是一体化的。行进在道路的过程，即是使我们自己与目的本身最终实现相互契合的过程。"道"导向真理，因为"道"本身即是真理，而到达真理则是我们全部的生命过程。在这一意义上，"道路"、"真理"、"生命"三者便确实是合一的。

"道"与"言"的关系,也即是所谓"实在"与"语言"的关系。按西方的思想,"实在"与"语言"是合一的,所以任何东西都是可以被言说的,并且"言说"(概念)的准确性与确定性都是可能的。但在以印度与中国为典范的东方思想之中,对"实在"是否可被言说这一点则始终持疑。我们不妨先来考察一下"言说"对于一个可以被言说的事物本身的特征。

按照我们的常识,"语言"毫无疑问是人类生活的创造。但有趣的是,"语言"既经创造出来,它即成为人们的"天性",人类便再也不可能脱离"语言"而实现其现实生存。我们在世界中生存的最基本方式,是通过感官与外在事物世界的交往来实现的,这一交往的必要性首先使我们需要对外在事物进行认知,而认知的过程,实际上即体现为思维与语言的运用。最为有趣的是,我们一定要对各种与之发生交往关系的事物现象进行命名,也即赋予其名称。如果我们遇到一个从未见过、不知其名的现象,我们或许会产生一种"莫名的"惊奇或恐惧;接着就会按照现象的特征给它以名称,哪怕是一个符号。比如当年的伦琴发现了具有独特波长的光,那是他从未见过的,惊奇之余,就把它标志为 X,结果 X 就成了那种特殊光波的名称。人们为什么一定要给事物命名呢?因为只有被命名了的事物现象,才有可能进入我们的语言,才有可能通过语言来对它进行描摹、表述、传达、理解、领会。因此一方面,我们不能认为在我们的主观意识之外不存在东西,但我们同时一定要相信:进入意识之前的东西,也即是在人们通过语言给它命名之前,它的存在状态对人们来说是不可知的,是未知的,其存在的意义更是未显现的。所以当我们面对着一个未知领域或未知的存在物的时候,要么继续探索追究,使其进入我们的意识与语言的世界,进而开显其存在的意义,要么就此止步,而切忌妄加评论。另一方面,凡可以用语言来描述的事物,是具有感性呈现的相对稳定性的,是能够被感觉器官所感知的,是有"边界"的。所谓有"边界",即是有"方分",即是"具体",即是"有限"。一切感性的、具体的、有限的存在物,都是处于空间与时间的连续性过程之中的;处于时空连续性之中的一切现象,则是永恒地处于构成与解构的变化之中的,因此是暂时的、流变的、易逝的，是不永恒的。

　　基于以上了解，我们再来看"道可道，非常道；名可名，非常名"这句话。非常清楚的是，"可道"之"道"、"可名"之"名"，即是以特定的感性方式呈现出来的事物现象；"非常"即是对其有限性与变易性的肯定。因此这句话也就完全肯定了处于时空过程中的现象事物的暂时性、流变性与易逝性，也即是普遍意义上的关于一切现象物自身必处于"非常"的确认。但与此同时，"非常"的确认，同时也即是"常"的确认。如果一切"可道"、"可名"之物皆为现象，皆为"非常"，那么"常"的，便即是"不可道"、"不可名"者，是非现象性的，或者是超越于现象的。超越于现象之"常"的存在，因其"不可道"、"不可名"，则语言便在这里止步。如果一切现象存在是有限的、相对的、暂时的、流变的，那么"常道"、"常名"就是无限的、绝对的、恒久的、常在的。对于这样的无限者的自身实在，语言便显现出它的"无能"，是无法对其命名的，因为命名即是给予概念界定，也即意味着有限性的强加，任何有限性施于无限者本身，都并不符合无限者自身的真实存在状态。但事情的另一方面是，如果我们不对无限者加以"命名"或给予一个标志其存在的符号，那么无限者本身就不能进入语言，我们就无法通过语言的运用而通达于无限者本身的实在，因此，在充分注意到"实在"与"语言"之间必不可免的紧张关系的情况下，在迫不得已的情况下，我们仍要对无限者本身给予"命名"，所以二十五章说："吾不知其名，字之曰道，强为之名曰大。"也就是说，尽管就"常道"作为无限者的本然实在状况而言，我们不能对它加以"命名"，但又不得不"强为之名"，字之曰"道"、名之曰"大"，都是勉强而迫不得已的做法，只是为了把它引入语言罢了。这实际上同时就提示我们："道"只不过是关于无限者自身之实在状态的"强名"，只是标志其存在的一个"符号"而已，是不能执着于"道是什么"的描述性意见的。

　　语言不足以"界定"无限者自身的实在状态，在中国的哲学文本之中，老子是最早提出这一"实在"与"语言"之间的紧张关系并给予独特关注的思想家。由此我们也可以看出中国思想与西方思想之间的一个重要差别：自古希腊以来，西方哲学一直追求与强调概念的确定性，也就是要求一个概念必须能够真实地、准确无误地体现概念所指的存在物本身，"实在"同样是可以通过概念的确定性来体现的，"真理"作为"实在"也只能通过"语言"来呈现。毫无疑问，西方哲学为此做出了巨大成就。但中国哲学从一开始就注意到了语言的有限性与有效性问题。语言只对于现象物的描述与界定有效，而对于超越现象的终极实在者，语言本质上无效。但语言无效并不等于实在者不存在，实在者本身的存在是先在于语言的。西方学者往往会抱怨"道"这一概念的不清晰，没有他们所习惯的概念内涵的确定性，而事实上，严格说来，"道"本身并不是一个"概念"，而只是一个"假名"、一个"符号"，原本是无所谓概念内涵的确定性的。

虽然如此，我们今日来讲论《老子》，恐怕仍不免要"强做解人"。在老子那里，"道"所指向的是全部宇宙万物所从产生的"原始"，是本原性实在，是涵括一切万有的无限者。称之为"原始"，是因为"道"本身无论在逻辑上还是在时间上都是先在于一切万物的，也是先在于语言的；称之为"本原"，是因为"道"自身的存在是"原发性的"，没有除它自身之外的任何别的原因而使它存在，而宇宙一切万物都由"道"自身的"原发性"存在而引导生发，是一切万物之所以存在的本质原因；称之为"实在"，是因为"道"本身的存在是真实不妄的，天地以位，众象以列，四时以序，万物以生；称之为"无限者"，是因为"道"自身的实在状态无形无象、无方分、无边界、无死生、非空间－时间所能度量。它产生一切万物，是最初的"在者"；它接纳一切万物，是万物最终的"居所"。它并不"独居"于特定之处，而遍在于一切万物；宇宙全体一切万象之与时更生、生生不穷、浩瀚无垠、广大无疆，即是"道"作为无限者之自身实在的确切证件。

对于这样一个本初原始的、本原性的、实在的、无限的"道"，如前所说，语言是无法对它进行恰当表述的，所以接下来说："无名，天地之始；有名，万物之母。"这句话因不同学者的理解差异，断句也有不同，有些本子以"无"、"有"断句。从语法上来说，两者都是可以的。我个人以为以"无名"、"有名"断句似乎更好，因为这句话是接上文的"可名非常名"而来，但并不是说另外的标点方式就错了。就"道"作为原始的本原性实在这一意义而言，我们是无法给它命名的，所以只能说是"无名"；"道"既为原始，为

"天地之始"，自然也就先在于语言，所以也只能是"无名"。但正是在作为"天地之始"的意义上，"道"便是天地之间一切万物的源起与开端，为指称这一意义，仍不得不"强为之名"，称之为"万物之母"，所以又说"有名"。"无名"、"有名"，在这里都指"道"而言。"母"是比喻，取其"能生"之意。我顺便指出，现代有一些学者，因为《老子》中讲了很多"母"、"玄牝"、"玄牝之门"、"知雄守雌"等等"贵柔"思想，就说老子思想是"母系氏族社会"观念的体现，不知何故如此。如果按照司马迁的记载，老子是春秋晚期的思想家，与"母系氏族社会"有什么关系？老庄一派的思想家，最善比喻，此处也只是个"象喻"而已。"道"既"无名"而又"有名"，为"天地之始"，天地一切万物皆从"道"而生。"母"以喻"道"，即取其"能生"之义，以明"道"为一切万物的本质来源。

下面一句通常也有两种读法。一种读法是："常无，欲以观其妙；常有，欲以观其徼。"另一种读法是："常无欲，以观其妙；常有欲，以观其徼。"我个人主张第一种读法。按老子的思想，如果"常无欲"还说得过去，那么"常有欲"则是老子根本所不主张的了。"常有欲"就免不了"人为"价值的先行渗入，还如何能去观"道"之"徼"呢？所以应当以"常无"、"常有"来断句。这里的"常无"、"常有"，实际上是给出了我们如何"观道"的两个基本维度。"道"本身是无限者，是无形无相、搏之不得、听之不闻、视之不见的，所以是"无"；但与此同时，它又是天地万物之母，其存在是真实的、实在的。对于这种本质上为真实的存在者，我们又必须把它了解为"有"，是纯粹存在本身。正因为道体自身的实在状态原本就存在着"无"、"有"这两个基本面相，所以如果我们试图切入道体自身的真实存在状态，那么就可以择取"无"与"有"作为两个基本的观审维度。"常无"，即是从"无"的维度切入来对道进行观审，这就需要我们放弃一切人为的"有"，彻底免除各种各样的关于经验事物的经验方式以及人为的价值预设，"损之又损，以至于无"，从而切进道体自身本然的实在状态；这一实在状态是既无而有、既有而无的，所以称之为"妙"；"妙"既不是"有"，也不是"无"，而可以称之为"妙有"。这是关于道体的"无观"。另一方面，"常有"，即取"有"的维度来观道，那么就可以直接切入"道"之"有"的层面而领悟到"道"之

"徼"。"徼"就是"边界"。唐代陆德明《老子音义》说："徼，边也。""道"原是无限者，有何"边界"呢？要晓得这里原是从"有"而说，也即是从现象物存在的维度来言说"道"，那么凡从道体所发源的一切现象，就都是有其自身的边界在的，是"徼"之义一；但现象世界一切众物无限量、无边界，个体物"有界"、个体物之总成则"无界"，是"徼"之义二。观"道"之"徼"，即是从万物之"有"的维度而观"道"之无限。无限者自身"散"为一切万物之在，故无限者遍在于一切万有；一切万有之个体有限，然有限而不常，复归于无，是为有限而无限；一切万有之总相无限，然汇成无限的个体则有限，是为无限而有限。这是关于道体的"有观"。

"无"是道体无限的自在，"有"是道体自在的无限呈现，所以接着说："此两者同出而异名，同谓之玄。"所谓两者，即是指"无"、"有"而言。"无"、"有"原本是同一个实在者，也即是道的两个呈现维度，只不过是就其存在的不同面相而给予了不同的名称而已，所以谓之"同出而异名"。道体自身作为真实而又无限的实在者本身，原本就是"有"、"无"的统一。如果谓"无"为无限，则"有"也无限；如果谓"有"为"有限"，则"有"的总相为"无限"；如果因无限者超越于言表而谓之"玄"，则"有"便也因其无限之总相而超越于言表，所以"同谓之玄"。"玄"的意思，大抵为"隐深"、"幽远"，是"说不清"、"讲不明"的，是不能用"概念的确定性"来清楚表述的，因为"道"原本就非语言所能诠表，如何能"讲得明"呢？所以把它称为"玄"。"玄之又玄"，是道体作为无限的本原性实在本身。"有"、"无"既"同谓之玄"，而一切"有"、"无"皆从道体自身流出，所以谓道体本身为"玄之又玄"。正是这"玄之又玄"的原始存在者，引导、发生了一切万物的"有"、"无"之妙，所以谓之"众妙之门"。"门"是可供出入的，一切万物皆从此出，一切万物皆从此入；一切万物本原于道而"有"，一切万物本原于道而"无"。凡从它所生的，最终必回归于它。道即是永恒的大一。

二　章

天下皆知美之为美，斯恶已；皆知善之为善，斯不善已。故有无相生，难易相成，长短相较，高下相倾，音声相和，前后相随。是以圣人处无为之事，行不言之教。万物作焉而不辞，生而不有，为而不恃，功成而弗居。夫唯弗居，是以不去。

道作为宇宙之本原性实在的自身存在是绝对的，但由道所引导而生发的全部现象世界之中的一切现象事物，则永远是相对的。"相对性"即是我们所处于其中的这个现象世界的基本面相。在哲学上，"相对性"即意味着暂时性、不稳定性、变化性。老子在本章中，即从现象相对性的揭示入手，而阐明"圣人"体道前提之下所应有的超越相对的态度。

人们在社会共同体的公共生活当中会逐渐形成关于价值的一系列观念，"善"、"美"则是社会价值体系中的最高价值理念。这些价值理念在某一共同体之中是具有公共性的，也即是具有普遍性的。但在现实生活之中，一切价值的具体表达形式都具有相对性，也即是实际上只作为相对价值而存在。按照老子的揭示，我们所处之现象世界本身的相对性，实质上即已经决定了我们关于任何现象事物之价值判断的相对性。因此一方面，我们需要清楚地了解"现实价值的相对性"本身，而不能把相对价值当作绝对；另一方面，则需要超越价值的相对而直达价值的绝对境域。

"天下皆知美之为美，斯恶已；皆知善之为善，斯不善已。"在相对的价值世界，"美"－"恶"（丑）相对，"善"－"不善"（恶）相对，正因其相对，所以一方面，"善－恶"、"美－丑"只能是在相互对立的关系情境当中才获得其价值的相对显现的，"善"因"恶"或"不善"而"善"，"美"因"丑"或"不美"而

"美"，若价值的一方被消解，则另一方也就不能独立存在。另一方面，随着价值关系情境的转移，某一方面的价值就不仅可能，而且几乎是必然地要向其对立面转化的。"天下皆知美之为美"、"皆知善之为善"，也即是人们都了解哪些东西（或行为）是被人们判断为"美的"、"善的"，是作为人们所奉行的公共"价值"而存在的，那么在老子看来，与之相对的反面，也即是"丑"、"恶"就已经存在了，所以说"斯恶已"、"斯不善已"。举例来说，如果人们通常都认为"西施是美的"、"跳进西湖救人是善的"，那么与之相对的"丑"、"恶"（或不善）不仅在理念上而且在现实性上就都已经存在了，并且事实上人们正是基于这些"丑"、"不善"的理念与现象来对"西施之美"、"救人之善"做出具体判断的。这是一方面的理解。不过我觉得更重要的是，老子在这里实际上更想表明："天下皆知美之为美"、"善之为善"本身就是"不美"、"不善"的。为什么呢？我们至少可以给出两方面理由：第一，"天下皆知美之为美"、"善之为善"，实际上就是把经验世界中关于"美"、"善"的相对价值悬为绝对，由此而产生的则是"价值歧视"，而"价值歧视"本身是丧失价值公正的，是"不美"、"不善"的。比如源于"西施是美的"这种"美"的观念，人们恐怕就会以"西施之美"去权衡一切女性之美，原本是相对的"西施之美"就因此而转成为"美"之价值的绝对，而基于这种价值上的"分别心"，就不可避免地会导致"价值歧视"，"不美"、"不善"自然就产生了。第二，如果天下皆知如何是"美"、如何是"善"，那么这样的"美"、"善"就会被人们当作是"美"、"善"，从而使美、善的固有价值在现实性上发生"价值逆转"。比如"天下皆知杭州美"，天下之人皆蜂拥而至杭州，杭州还会因此而"美"吗？斯不美已。天下皆知"做好事是善的"，人人要去"做好事"，结果就免不了投机取巧、弄虚作假，诈伪之心因此而起。"天下皆知美之为美"、"善之为善"，其结果实际上就使"美"、"善"成为功利所追逐的对象与目的，美、善之固有价值在现实性上的逆转便不可避免，因此之故，"斯恶已"、"斯不善已"。中国哲学对"美"、"善"在现实性上的"价值逆转"现象有特殊关切。如在孟子那里，就特别强调要把"由仁义行"与"行仁义"在价值上严格区分开来。"由仁义行"是行为由仁义流出，是仁义之固有善的现实流行与表达，是"善的"；"行仁义"则是把"仁义"当作是"善的"而去"行","仁义"翻转为功利,"行仁义"便翻转为功利之途。"美"、"善"本身之所以是美善,是因为其本身原是排除了任何功利性的价值目的与诉求的。一旦功利性诉求掺杂在内,便立即在现实性上走向其自身价值的背反。

"美－丑"、"善－恶"作为相对价值而向其各自的对立面转化,这一"价值逆转"现象在现实的价值世界中是有其普遍性的,所以在接下来的文本之中,老子揭示了一系列价值现象的相对性,以进一步阐明相对性的普遍性以及相对价值的暂时性。一切现象事物都以其相对状态而存在,是通过关系的相对性来显现它自己的,因此也必然是在某种相对关系当中来显现其自身价值的相对性的。

"有无相生",就本章的语境而言,这里的"生"恐怕不是指本根意义上的"生",而是指现象物之"显相"的存在。任何事物作为"有"的存在,必有一个由"无相"而至"显相"的过程;既有"显相",则同时也必有一个由"显相"而"无相"的过程,是所谓"有无相生"。另一方面,任何"显相"之"有",是必以"无"为参照背景才获得显现的。所谓"无",即是"虚空",或者说是"空间"。"空间"之"无"是一切现象之为"有"的背景,否则现象之"有"便不可思议。"有"通过"无"来使自身获得显现,"无"也同样因为"有"的具体性而使其自身显现为"无"。"有"、"无"是相互表呈的。

"难易相成","难"相对于"易"而为"难","易"相对于"难"而为"易";"难"因"易"而成就其"难","易"因"难"而成就其"易"。是为"难易相成"。"长短相较",同理,离"长"无"短",离"短"无"长",相形相较,而各显其"短"、"长"。"高下相倾","倾"的意思是"倾侧",相互倾侧,也即相互依赖之意。"高"、"下"是相互依赖才得以显现的。然本句马王堆帛书甲、乙本作"高下之相盈也"。"盈"通"逞",如《史记·晋世家》:"曲沃攻逞",裴骃《集解》:"《左传》'逞'作'盈'。"是其相通之例。"逞"也为呈现之义。"高下之相盈",即为"高"、"下"相形而使对方得以呈现。意义无殊。"音声相和","音"、"声"在古代是有比较严格的意义区分的。《礼记·乐记》说:"凡音之起,由人心生也。人心之动,物使之然也。感于物而动,故形于声;声相应,故生变;变成方,谓之音。"郑玄注:"宫、商、角、徵、羽,杂比曰音,单出曰声。"可知"声"是简单的发声,"音"则是五音"杂比"而错陈,是"声"相应生变而"成方"。郑玄注:"方,犹文章也。"所以《乐记》也说:"声成文,谓之音。"由此也就可以晓得,"音"即是乐音。"音"由"声"而"成文",无"声"则无"音",是即所谓"音声相和"。"前后相随",有"前"方有"后","前"由"后"显;无"后"则无"前","后"因"前"而有。凡此"有无"、"难易"、"长短"、"高下"、"音声"、"前后",是以举例而广论现象世界一切众物的相对性,借以揭示现象物的存在状态及其价值是必然在相对的关系情境之中才得以获得其自身表呈的。正因如此,相对关系情境的转移与变化,便即意味着处于原有关系情境之中的相对事物之相对价值的消解。

但在老子那里,现象物之存在的相对性及其价值的相对性之揭示并不是目的,其目的是要藉以超越相对,从而实现价值之绝对。所以接着说:"是以圣人处无为之事,行不言之教。"这两句具有某种"纲领性"作用,是总说。既然一切现象物的自身存在及其存在的价值都仅仅是因其所处的相对关系才获得体现的,那么毫无疑问地就可以得到两点:一是现象物的存在本身必定是暂时的;二是其存在的价值必定是相对的。因此,在一切"美-丑"、"善-恶"、"大-小"、"高-下"等等的相对关系之中,我们又有什么充分理由必定以"美"、"善"、"高"、"大"为价值而给予倡导呢? 任何此类价值,原是通过其各自的对立面或者说是"负面"的价值来显现的,倡导相对价值的任何一方,无异于同时倡导其对立面的一方,因此之故,相对价值不仅不值得倡导,而且必须予以本质消解。消解了相对价值的"正面",其"负面"便同时被消解。只有消解了相对性,才有可能超越相对性本身,从而使绝对性得以呈现出来。超越相对性、消解相对价值,正是圣人所当做的,所以接着说:"是以圣人处无为之事,行不言之教。"

"处无为之事"、"行不言之教",是在行为、言语两方面实现超越于相对性的"总纲",是总说。"无为"并不是无所作为、放任自流,而是"辅万物之自然而不敢为",不以任何人为的方式去干预、破坏事物自身的本然状态,否则便是"妄作"。"妄作"的结果便只有一个字:"凶"。因为在作为绝对必然性的自然之道面前,任何人为的意图、力量、方式的介入,终究是苍白无力的。违背自然之道的任何人为，都会因自然之道的绝对运动而导向其自身目的的背反。"行不言之教"，"言教"即是"倡导"，"不言教"则"不倡导"，因为一切言教都是有限的、相对的，所以"不言教"即是对相对性、有限性的超越。用孔夫子的话说："天何言哉？四时行焉，百物生焉。天何言哉？"天地不言而大教存焉，四时错行而大道存焉，风雨霜露而大义存焉，庶物露生而大美存焉。圣人"原天地之美，而达万物之理"，"处无为之事"，即是基于体道、得道而行道的方式；"行不言之教"，即是以道而垂教的方式。

这里我顺便指出一点，这也是较早谈论"言"、"教"关系的文本。基于无限的绝对者或绝对的无限者不可言说这一体认，老子较早关注到"教"与"言"的关系而提出"不言之教"。孔子也说"吾欲无言"，而说"天何言哉？四时行焉，百物生焉"。其意在《礼记·孔子闲居》中的表达则最为清楚："天有四时，春秋冬夏，风雨霜露，无非教也；地载神气，神气风霆，风霆流形，庶物露生，无非教也。"庄子承老子之道论，也以"不言之教"为倡导，《德充符》说："世固有不言之教，无形而心成者"，而《知北游》说："夫知者不言，言者不知，故圣人行不言之教"。《知北游》又说："天地有大美而不言，四时有明法而不议，万物有成理而不说。圣人者，原天地之美，而达万物之理。是故至人无为，大圣不作，观于天地之谓也。"这同样是对"天何言哉"的绝妙回应。由"不言之教"而引导出"言"、"意"问题，《庄子·天道》说："世之所贵道者书也，书不过语，语有贵也。语之所贵者意也，意有所随。意之所随者，不可以言传也，而世因贵言传书。世虽贵之，我犹不足贵也，为其贵非其贵也。"载道以书，书以语成，语在达意，而意之所随，不以言传，也即寻言未必就能尽意，更未必能够至道，由此而引导出中国哲学独特的"言意之辨"问题。《周易·系辞上》说："子曰：'书不尽言，言不尽意。'然则圣人之意其不可见乎？子曰：'圣人立象以尽意，设卦以尽情伪，系辞焉以尽其言，变而通之以尽利。'""言不尽意"，"意"又须传达，则圣人"立象以尽意"，也即"象"成为比"言"更为有效的能够"尽意"的符号系统。所以到了王弼那里，遂直接以言、象为筌蹄，《周易略例·明象》说："夫象者，出意者也；言者，明象者也。尽意莫若象，尽象莫若言。言生于象,故可寻言以观象;象生于意,故可寻象以观意。意以象尽,象以言著。故言者所以明象,得象而忘言;象者,所以存意,得意而忘象。犹蹄者所以在兔,得兔而忘蹄;筌者所以在鱼,得鱼而忘筌也。然则言者,象之蹄也;象者,意之筌也。""言"、"象"为筌蹄,则能指非所指,能诠非所诠,且能指、能诠非必为"言"、"象"而已,"不言"、"无象"也可为能指、能诠。中国佛教讲言有"语默",行有"动静","语"是言,"默"岂非言?"动"是行,"静"岂非行?一切语默动静,皆可为能指能诠。到禅宗那里,则"佛祖西来意"为说不得,如要入头,须是默契心领,直达顿悟。从老子讲"不言之教",孔子说"天何言哉",《周易》"立象尽意",到庄子"莫逆于心"、王弼"得意忘言"、禅宗"顿悟",形成了中国思想史中十分深厚的"不言之教"的传统。"不言"或"无言",或所言非所指,实际上就形成了中国思想当中非常强大的默会知识体系。而这一默会知识体系的存在,则或许是汉语之所以为"高语境语言"的一个重要原因。我们刚才所讲的,可为第一章关于"道"、"言"关系的一个补充。

"万物作焉而不辞,生而不有,为而不恃,功成而弗居",是"圣人处无为之事,行不言之教"的具体展开,是具说。"万物作焉而不辞",帛书本"辞"作"始"。"辞"与"始"之间的关系,任继愈先生说:"'辞'字古文作'嗣'(见毛公鼎、害鼎、师西鼎、召叔山父簋、虞师寇壶,以及其他古代铜器的铭文)。古代的发'司'的音和'台'的音同属'之'部,两字有许多相通的。所以'嗣',也就是'始'。'辞'字(嗣)本来也有'管理'、'干涉'的意义。'不辞'也就是'不为始'。"圣人法天以立极,无为而行道,便如天地无私、光华普照,必使一切万物都获得其应有的生存,获得如其自身所是的存在状态,却不会去对任何事物加以提倡与鼓励。"不辞",即不作始、不为发端、不为提倡鼓励。"天无私覆,地无私载,日月无私照",天地承载覆育一切万物,使一切万物皆得其生,但不会把任何一物据为己有,是即"生而不有";天地顺万物之自然,使一切万物皆成就其生命的完整形态,却不会因此而自恃其功,是为"为而不恃";天地自然之运成就了一切万物的整全生命,可谓厥功至伟,但天地既不自以为有功,更不自居其功,是为"功成而弗居"。以上数句,虽主语为"圣人",而实以天地为言,正如《易·

乾·文言》所说："圣人者，与天地合其德，与日月合其明，与四时合其序，与鬼神合其吉凶。先天而天弗违，后天而奉天时。"

"夫唯弗居，是以不去"，这是一个强调句型，以为本章作结。只有不自居其功，所以才终究有功，不会丧失其功。

本章从现象世界一切现象事物之存在及其价值相对性的揭示入手，阐明相对性的暂时性及其价值逆转的现实必然性，而最终要求超越于价值的相对形态而达于价值的绝对境域。只有超越了相对而转进于绝对，才可能体现出真正的无偏无私，如天之公，如地之博。"处无为之事，行不言之教"，即是实现相对之超越的根本途径。辅顺万物之自然而"生"、而"为"、而"成"，是为圣人之功，欲成其功，无疑仍需"介入"；"不有"、"不恃"、"不居"，是为圣人之能，欲显其能，则必须"出离"。"出离"即是对于相对性的超越，唯此"出离"而不居其功，方能长居其功。佛教中人说"以出世间的情怀行入世的事业"，是为真功德。

三　章

　　不尚贤,使民不争;不贵难得之货,使民不为盗;不见可欲,使民心不乱。是以圣人之治,虚其心,实其腹,弱其志,强其骨。常使民无知无欲。使夫智者不敢为也。为无为,则无不治。

　　讲这一章之前,我先来谈几句司马迁。我个人对司马迁向来怀着崇高的敬意,因为他把对于"历史"的书写当作是个人的崇高伟业,既要"究天人之际,通古今之变",还要"成一家之言"。这三句话实为中国古代"历史哲学"之开端。他在《史记》中表现出对历史人物的见解往往能达到一个很高的高度。比如他在作"列传"时,为什么要把一些人物放在一起作传,是有他自己的独到见解的。大家都晓得,《史记》卷六十三是《老子韩非列传》,但所传的人物实际上有老子、庄子、申不害、韩非四人。依我们今日的看法,老、庄是"道家",申不害、韩非是"法家",主张不同,观点有异,似不应同传。但司马迁为什么把他们放在一起呢? 他自己曾说:"老子所贵道,虚无,因应变化于无为,故著书辞称微妙难识。庄子散道德,放论,要亦归之自然。申子卑卑,施之于名实。韩子引绳墨,切事情,明是非,其极惨礉少恩。皆原于道德之意,而老子深远矣。"也就是说,庄子"散道德,放论"原本于老子;申不害、韩非讲名实、明法度,以至于"惨礉少恩",同样原本于老子。是为学术渊源流变之论。我自己以为,尽管今日以老、庄并称乃为通例,但老、庄可谓同异参半,且其理论归结并不相同,甚至可谓大异。老子言"道",境界宏阔,美妙无限,但老子实不以"道"为最终归结,而以之为"术"的前导性铺垫,其最终的理论目的是要把"道"转换为"术"。《汉书·艺文志》谓道家"知秉要执本,清虚以自守,卑弱以自持,此君人南面之术也",其实《老子》五千言,也"君人南面之术也"。庄子虽承老子之"道",却最大程度地摒弃了老子的"南面之术",基于"道"的本根观念而发展出了独特的"生命哲学";申、韩,尤其是韩非子,则基于老子"道德"之说而特别阐明发挥了"君人南面之术"的维度,成为先秦"主术"的集大成者。老子的"道"、"术"两个维度,分别为庄子、韩子所继承与发展。若无庄子,则"道"反为"术"之筌蹄矣,故庄子最为有功于"道"之境界的恢廓,使生命之无限与自由得以安措;若无韩子,则老子之"主术"不彰矣,故韩子最为有功于"术"之推展,而为古代"政治哲学"之一大派别。然则司马迁以"老庄申韩"并传,实为独具慧眼。

为什么我要先讲这么一通?因为本章就涉及老子的"君人南面之术"了。不过在整个春秋战国时代,其实所有不同学派的思想家都有一个共同的时代关切,这一关切的目的,我借用罗曼·罗兰的话说,叫做"超出混战"。随着西周统一王政体制的解体,出现了各不同国家各自为政的局面,"王政"被"霸政"所替代,而随着争霸态势的形成,天下国家愈趋于纷争,战乱几乎成为常态。没有哪一位真正的思想家没有意识到这种战乱频仍的状态是不合乎人类自身的生存目的的,因此如何结束战乱,"超出混战",使社会生活重归于良好的秩序,就成为每一个思想家或学派所共同关切的问题。先秦政治学说之发达,与这一特殊背景有甚深的内在联系。老子同样怀抱着使社会重归于良好秩序的深沉的忧患意识。如果只把这种忧患意识归于孔子,并不公平。正因有这一层深沉的政治关切,所以老子虽然讲了许多"无为清净",但实际上他并不超脱,而仍然怀抱着热烈的世情之关切,怀抱着殷切的治世之情怀。只有到了庄子那里,道家才真正有了潇洒、超脱、廓落、自主的生命自由气象。老子讲"道",同时又在治世的意义上将"道"转换为"术","术"的目的则在"治民",是要为现实政治提供一个切实有效的、可操作的"君人南面之术"。

西周"王政",重在礼治。春秋礼崩乐坏,主"霸政",重人治,贤人政治思想普遍流行。儒、墨都有贤人在位、能人在职的主张。老子基于"道"的独特体认,则主张以"道"为治。正是以"道"为治的思想,才实际上促成了

"道"向"术"的转变。在"道"的视域观照之下,一切事物毫无疑问都是因其所处的某种相对状态才显现其有限的相对价值的,任何一种相对价值都不具有价值的独立性,因此也就并不具有值得倡导的绝对性。只有"道"这一本原性实在的自身价值才是值得倡导的,因为"道"不仅是存在意义上的绝对,也是价值意义上的绝对,是超越一切相对价值的本原价值或价值本原。在本章之中,老子首先讲三点:"不尚贤"、"不贵难得之货"、"不见可欲"。这三点实质上即是基于"价值逆转"原理的洞察而转换出来的现实"治术",所以它们的"主语"都是"人君",也即是统治者。

"不尚贤",是在政治领域对相对价值的破除。"尚",为"崇尚"、"推崇"之意;"贤",是"贤人"、"贤才"。但在老子看来,所谓"贤",只不过是一种相对标准之下的相对价值,不值得"尚"。崇尚任何相对价值,实际上都会导致其现实性上的价值逆转,争夺也就必不可免了。人们之间的相互争夺,乃是社会纷乱之源,是不合乎人本身的生存目的的。"尚贤"本欲治民,结果却不免导民于争夺,陷民于纷乱,这就走向了其目的与价值的背反。所以"不尚贤,使民不争"。

"不贵难得之货",是在经济领域对相对价值的破除。"难得之货"只不过是稀有之物,原无所谓"贵";"难得之货"之所以为"贵",是人们以为它"贵",也即是人们给"难得之货"人为地附加上了预设的价值。正是由于这种人为价值的预设与附加,以"难得之货"为"贵",才激起人们对"难得之货"的欲求与贪图之心。欲心一旦激起,人们对于"难得之货"的争夺就会愈演愈烈,以不正当手段据"难得之货"为己有的偷盗行为便不可禁止。"贵难得之货",无异于陷民人于盗窃之行、不义之地,所以"不贵难得之货,使民不为盗"。

"不见可欲",是在一般道德意义上对相对价值的破除。"见",音义皆为"现",是"展示"、"展现"之义,就是统治者不把自己心中之可欲的对象展现出来。如果"见可欲",就无异于彰显"可欲"的对象为"有价值",人们自然会为所谓"有价值"而勾心斗角,自然人心纷乱。另一方面,统治者之"见可欲",其"可欲"就必定会为人所利用,小人投其所好,千奇百怪都出,结果便是"治人者"而"为人所治"。如齐桓公甘于美味,易牙竟然会蒸了自己的小孩给他吃。所以"不见可欲，使民心不乱"。

以上三点，都是以破除为主，就负面立论，反过来这也表明，在老子所处的时代，在政治上提倡"尚贤"、在经济上"贵难得之货"、在一般道德上"见可欲"，鼓励对"可欲"之对象的追求，乃是社会的一般常态。在这一意义上，老子与孔子一样，是坚持社会批判的态度的。那么在老子看来，正确的"治道"当是如何？所以下面接着说"圣人之治"的做法："虚其心，实其腹，弱其志，强其骨。"四个"其"字，都是指"民"而言。

"虚其心"，即是要使民"虚心"，心中不要充满各种"可欲"的东西，故"虚心"即是使民无欲。"实其腹"，即是要让老百姓吃饱饭，要为百姓提供必要的基本生活资料；"弱其志"，"志"是心之所在，心有所在，行必随之。"弱"也是"虚"，这是指要削弱人民心中有所志向的东西，最好不要有"志向"，否则为"志向"而奋斗，争夺纷乱就不可避免；"强其骨"，则是要使人民筋骨强壮，体魄强健，身体健康。依这样的"标准"，则处于"圣人之治"之下的人民，饭吃得饱，身体强健，心中无欲，心无所志，无有纷争，自然知足，也自然安乐。所以说"常使民无知无欲"。这句是对前意的概括。"无欲"对"虚心"而言，"无知"对"弱志"而言。这个"知"字，既指"知识"，也指"智慧"、"智巧"。"知识"无所用，则所谓"智慧"、"智巧"从何所出？无智无巧，则民归质朴。质朴与"智巧"是不相侔的。民归质朴，无知无欲，而唯弱志强骨而已，则"智者"之"知"、"智"皆无所用，所以说"使夫智者不敢为也"。"为"即是"妄作"，"无为"就是不"妄作"。统治者不妄作而"为无为"，"智者"则不得不弃置"知"、"智"而"不敢为"，上下皆"为无为"，则天下"无不治"。所以在老子那里，"无为"即所以为治，是即所谓"无为而治"。

"治"原为水名，借为"治水"之治。如"大禹治水"，即是使水获得其秩序而不再四处泛滥。"理"字从玉，其本义为顺玉之纹路而攻玉。所以不论是"治"还是"理"，"秩序化"都是其基本义。因此在汉语的基本语境之中，所谓"政治"，便即是用行政的手段、方法、措施、方略、制度等等来实现生活共同体之公共生活的秩序化。在老子那里，民众生活的秩序化即是返归其浑朴天真的自然状态，而这种生活的自然秩序，则是通过统治者之

"无为"来实现的,所以说"为无为,则无不治"。正是在这一"无为而治"的意义上,"无为"最终向"有为"逆转。因为"为无为",也即是把"无为"作为"治"之实现的手段,"无为"成了"主术",成了"为"的对象。能够"为无为"的只能是统治者,所以即便实现了"无为而治",这一政治局面也不过是统治者"为无为"的结果,而不是民众参与政治的结果。在这一意义上,老子的政治学说是不具有公共性的。

与老子把人民当做统治的对象、把政治当做统治者"为无为"之场域的观点不同,儒家主张以"礼"为治。基于"礼治",儒家实质上也有"无为而治"的思想。在观念上,"礼"作为制度,是圣人对天道进行化裁通变的转换形态,是天道之自然秩序的社会化或人道化,所以"礼"既承载了天道本身以"三无私"("天无私覆,地无私载,日月无私照",见《礼记·孔子闲居》)为实质的公平正义,又体现了人道秩序的文明内涵。"礼"作为政治与生活的制度无疑是具有公共性的,因为它是要求生活共同体中的全体成员都要遵循恪守的。因此在儒家那里,统治者"道(导)之以德,齐之以礼"就成为"治"之实现的必要手段,"道"、"齐"的结果是民众的"有耻且格",即基于德性与自我尊严的内在发现而使行为归于正义,从而达到对于公共生活秩序的自觉遵循。因此在儒家那里,理想的政治是共同体的每一个成员都参与到政治制度之中,并且在参与中成为"自治者"而不是"被治者"。统治者"道"、"齐"之"有为",最终同样可能在现实性上实现其"价值逆转",而导向"无为"的政治境界。"为政以德,譬如北辰,居其所而众星共之","黄帝垂衣裳而天下治",这一"天下治"的境界,是人民共同参与政治、共同遵循制度、实现自我管理的结果。相较于老子的"无为而治",儒家之说无疑具有制度上的公开性以及民众参与政治的公共性。

韩非子也讲"无为而治",并且也以老子思想为其取用的核心资源之一,但当他把老子思想公开运用于政治学说的时候,却把老子"无为而无不为"的内涵实际上转换为"君无为"而臣民则"无不为","明君无为于上,群臣竦惧乎下"(《主道》),"无为"成了君主体现其权威的一种方式。在韩非子那里,民众管理层面的秩序化是通过"法"的公开性来实现的,但"法"的公开性与公共性并没有被贯彻到底,而是有限度的,因为他同时又为

"术"、"势"预留了广大空间。"术"是"人主"藏于心中的东西,是完全不具有公开性与公共性的。因此韩非子的"无为而治",在最终意义上,便是"人主"凭"势"借"术"而对于"法"的凌驾、超越与操纵,进而实现对于民众的统治。不具有公开性与公共性的政治方式,是很难谈得上具有公正性的。

就今通行本《老子》全书的总体结构而言,我认为前三章实为全书总纲,也可为全书之根本要义的概括。第一章讲"道"作为宇宙之本根,也即是我们所说的"本原性实在"的自体相状;第二章主要讲本原于"道"之实在而获得现象性存在的一切万物,它们作为现象存在的相对性及其价值的相对性,突出强调了相对存在的相对价值在现实性上的"价值逆转";第三章则基于相对价值的破除而要求把"道"的超越性与绝对性转换为政治之"术"。或者说,第一章讲道之体,第二章讲道之形,第三章讲道之用。因此这三章其实是具有某种内在的逻辑联系的。

四　章

　　道冲，而用之或不盈。渊兮，似万物之宗。挫其锐，解其纷，和其光，同其尘。湛兮，似或存。吾不知谁之子，象帝之先。

　　本章还是讲"道"的自体，但已涉及其"用"。"道冲"的"冲"，意思是"虚"。这是说"道"的自体状态是"冲虚"的。"道"之自体以"冲虚"为相，那么我们就不能把"道"的自身存在理解为某种具体的、有方分的"实体"，却不妨把它领会为"虚体"，所以后来庄子便说"唯道集虚"。有方分，也即是具有空间上的广延性特征的"实体"，乃必定为有限者，但"道"是无限者，唯"虚"才能成其为无限。"道"体虽"虚"，但其存在却是终极真实的，因此是实在者。作为终极真实的实在者，便有其自身实在的本质，所以又说为"有"。"有"似乎是对"虚"的否定，实则"有"是强调道体自身实在的真实性；"虚"似乎是对"有"的否定，实则"虚"是强调道体之存在的无限普遍性。统摄"虚"、"有"二边，则"道"虽"虚"而实有，虽"有"而体虚。正因道的自体虽虚而实有，所以才有其自体之"用"；正因其虽实有而体虚，所以才有其"用"之无尽。"道冲，而用之或不盈"，或许是汉语文本中最早关于"体用"观念的表述。"或"字朱谦之校本作"久"，或作"又"。刘师培说："《老子》古本作'又'，不作'或'。……故'又'假作'有'，'有'复假作'或'也。若夫《景龙碑》'久'字，必系'又'字之讹。"那么这句在理解上当作"而用之又不盈"。"盈"即是"满"，满则溢，而必转趋于衰竭，不满则能永远受纳，所以"不盈"即是说道体自身作为实在者之"用"的无限性，它是不会穷尽的。

"渊兮,似万物之宗","渊"即是"深",深不见底也叫做"玄"。"宗"即是"主"。本句也就"道"之自体而言。道体"冲虚"而又用之"不盈",无形象、无方分而又真实常在,故称之为"渊",是玄远而深邃的;虽玄远而深邃,却又为一切万物之宗或主宰,因为一切万物皆从"道"而"生",皆因"道"本身的实在而显现其现象之"有",所以一切万有皆为"道"所统摄。

接下来的"挫其锐,解其纷,和其光,同其尘"四句,陈鼓应先生据谭献、马叙伦等说认为是错简:"这四句疑是五十六章错简重出,因上句'渊兮似万物之宗'与下句'湛兮似或存'正相对文。"但帛书甲、乙本均有此四句,高明先生说:"按《老子》一书,同文复出者多矣,情况各不相同,应具体分析。有些则因经文所需,绝不能因其复出即视为错简。今从甲、乙本校勘,本章与第五十六章皆有此四句,而且均与前后经文连通,足见今本《老子》此文不误,谭(献)、马(叙伦)二氏之说不确。"我个人赞同高明先生之说。本章的四句与五十六章虽文字全同,但因前后文语境的关系,其意义其实并不完全相同。五十六章四句中的四个"其"字,其所指并不同一,而在本章中,老子是因讲"道体"而续讲四句,所以四句的主语都是"道",而四个"其"字的所指也是一致的,都指现象界而言。此四句是道体所实现出来的一种特殊境界。"锐"、"纷"、"光"、"尘",若分别说,则"锐"为才能突出,"纷"为纷繁杂多,"光"为清晰具体,"尘"为感官的分别对境;若总说,则"锐"、"纷"、"光"、"尘"即指现象世界的一切杂多以及基于杂多而产生的诸多差别。但在道本身,一切现象之物的存在皆为自然,皆无所谓才与不才,故谓"挫其锐";现象虽呈现为纷纭杂多,表象各异,但其本原皆同一不二,遂使现象的杂多得以消解,故谓"解其纷";现象总是以可感的、有限的形式来呈现的,是边界清晰而又具体的,但道自身的无限性寓于其中,道的无限性使现象的有限性得以消解,故谓"和其光";现象的具体状态成为感官分别的对象而成为感官分别的对境,如形色为眼的对境、音声为耳的对境等等,如此才有关于现象的种种分别,但道则等视万物,无有分别,故谓"同其尘"。道对一切万物的"挫锐"、"解纷"、"和光"、"同尘",即消泯了一切现象的繁杂的多样性,从而实现万物等齐而一体的浑然同一。人若以道观物,便也进入道体观照之下的万物无分别的玄冥之境。

尽管道是浑然地、普遍地"潜在于"一切万物的，但并没有"潜消于"万物，它仍然是保持它自身存在的完整性与独立性的，所以再说"湛兮，似或存"。"湛"的意思，也就是"渊"，是指水体清静而渊深之状，而这里则用来形容道体自身之在的状态。为什么说"似或存"呢？因为道于万物的存在，是并不以清晰的、具体的、可以诉诸人们的官能感觉的方式来存在的，而是无形无象的，所以说"似或存"。对于这样一个玄远深邃而又湛然常在、既冲虚无体而又为"万物之宗"的道体自身，老子说"吾不知谁之子，象帝之先"。之所以说"子"，是因为有"子"必有"母"，"子"必从"母"出。"吾不知谁之子"，实际上即是说"道"不是被产生的，而是"本初原始的"、"原发性的"独立存在者。接着说"象帝之先"，似乎、好像在"帝"之先。如果"帝"是先在于万物的，那么"道"则先在于"帝"，因此毫无疑问，"道"即是最初的在者，是一切存在的本初原始。

　　本章讲"道"之体而兼论其"用"。"冲"、"渊"、"湛"皆以形容道体自在的自相，"不盈"而为"万物之宗"，则正为道体自在的无限之"用"。现象世界之全体及其一切变化云为，既是道体自身作为原始本在之"用"的实现，也是其真实存在性的无限呈现。

五 章

　　天地不仁，以万物为刍狗；圣人不仁，以百姓为刍狗。天地之间，其犹橐籥乎！虚而不屈，动而愈出。多言数穷，不如守中。

　　本章涉及老子关于道体自身实在状态之性质的价值判断，而正是在这一点上，或许最能体现道家与儒家的根本差异。讲"天地"，即是讲天地之道。"道"为一切万物之存在的本原，这一观点其实是儒、道两家之所同。但关于这一万物皆从其所"生"的本原性实在的自身性质及其价值意义的判断，儒家与道家并不相同。

　　按儒家的基本观念，正由于一切现象之物都是没有例外地从"道"所诞生、所产生的，所以"道"即是一切生命的赋予者，而"生"或者赋予万物以生命这一事件本身，便是莫大的、最高的德行，因此在儒家那里，天地本身的"生物不测"即成为最高美德的体现，"道"同时即是"善本身"。《周易》说"天地之大德曰生"，即是关于道赋予万物以生命乃为"大德"的价值判断。因有"生"，才有一切现象物的变化迁流，所以说"生生之谓易"。正因有"生生"，宇宙全体才呈现出变易而永恒、永恒而变易的无限生命的勃然生机。所以在儒家那里，"道"作为宇宙的本原性实在，它既是一切存在的本原，同时也是一切价值的本原，存在本原即是价值本原。而作为价值本原，它即是最高善或"至善"，所以它本身的存在即是"善"的最高典范。关于本原性实在这一最高价值意义的判断，成为儒家关于社会与个人全部"至善"状况之论述的终极根据。譬如说，正因为有存在与价值之本原的同一，所以德性的表达即是存在性的表达，或者干脆说，人们的存在性的表达,是必须要通过德性的实践来实现的,否则他的存在性就没有获得体现。在现实的日常生活之中,人们为什么可能通过道德的践履而"上达于天",其根据正在于此。

但是在道家看来,"道"的自身实在状态,只不过是其本然性的、如其自身所是的一种状态而已,也即是"自然"。既是"自然",那就不可以用"人为"的方式去对它施加任何价值衡定,因为语言中凡是关于价值的概念,例如"善"、"恶",都不过是关于现象的相对价值的一种判别,但"道"的存在是超越于现象的相对性的,同时也必然是超越于价值的相对性的。它固然是价值本身,但这一价值本身恰好是未分化的、原始的、浑然的。因此在老子看来,"道"的自在状态是无所谓善恶的,或者说,它是不可以用"善"、"恶"之类的相对价值概念来进行判断的。

"天地不仁,以万物为刍狗",正是此意。"天地"或"天地之道"对于万物而言,虽实有"生"的作用,但"生"非"仁";也实有"杀"的作用,但"杀"非"不仁",所以总说为"不仁"。若以"生"为"仁",则其"杀"即"不仁","仁"与"不仁",不能两立,所以总说为"自然"。此"自然"之意,即以"刍狗"为喻。刍狗,即"草狗",是用草扎成的狗,古代用以祭祀。《庄子·天运》说:"夫刍狗之未陈也,盛以箧衍,巾以文绣,尸祝斋戒以将之。及其已陈也,行者践其首脊,苏者取而爨之而已。"刘师培说:"刍狗者,古代祭祀所用之物也。《淮南·齐俗训》曰:'譬若刍狗、土龙之始成,文以青黄,绢以绮绣,缠以朱丝,尸祝袀袨,大夫端冕以送迎之。及其已用之后,则壤土草薉而已,夫有孰贵之!'高(诱)注:'刍狗,束刍为狗,以谢过求福。'……是古代祭祀均以刍狗为求福之用。盖束刍为狗,与刍灵同,乃始用终弃之物也。老子此旨曰:天地之于万物,圣人之于百姓,均始用而旋弃,故以刍狗为喻,斥为不仁。"刘师培解"刍狗"之义甚为详审,但他最终引申出来的"始用终弃"、"始用而旋弃"不算太好,因为言"弃"则是有意为之,而天地对于万物实无所谓"弃"。其春夏而"生"之,时也,自然也;其秋冬而"杀"之,时也,自然也。"以万物为刍狗",实即第二章所说"生而不有,为而不恃,功成而弗居"之意。天地、天道之于天下一切万物的生养,无所谓善,无所谓仁,而只是天地自身的"无为"之自然;但正是这种"无为"之自然,才使天下一切万物皆得其生养繁息。天覆地载，无物不生，无物不养，天无弃物。所以天生万物，因其自然而无有功德；天养万物，因其不养而养，而终有"玄德"。"道"之于万物的这一关系，老子认为恰恰应当是"圣人"之于"百姓"的关系，所以说："圣人不仁，以百姓为刍狗。"一个真正能得道、体道并且行道的统治者，便应当如天地之于万物一样去对待天下的百姓，没有私心、偏心而自然得其公正，不需以"仁"为倡导而自然人人皆得其生养。若以"仁"言，则天下之"治"、百姓之"养"，乃是统治者"仁"的结果，要想让统治者"功成而弗居"也难矣。所以一定要说"圣人不仁"，因"不仁"而方能无偏私，因"不仁"而百姓皆能得其生养，因"不仁"而天下虽治，统治者却略无功德；然若百姓有不得其养者，则统治者有罪，因为天道无弃物。

"天地之间，其犹橐籥乎！"这个"橐籥"是什么东西呢？就是"风箱"。明代焦竑说："橐籥，冶铸所用致风之器也。橐者，外之椟，所以受籥也；籥者，内之管，所以鼓橐也。"老子把"天地之间"比作一个硕大无朋的"风箱"。"橐籥"是用来鼓风的，风即是气，所以"橐籥"之喻，实指天地之间的大化流行，大化流行是通过"气"来呈现的。举凡天地之间的一切万物，无不处于大化流行、阴阳气化之中，所以都必得接受阴阳大化的陶冶。"橐籥"这个比喻，在《庄子·大宗师》里面也有表现。到了贾谊的《鵩鸟赋》，意思就非常清楚了："且夫天地为炉兮造化为工，阴阳为炭兮万物为铜。合散消息兮安有常则？千变万化兮未始有极。""橐籥"是中空的，所以说它"虚而不屈，动而愈出"。"屈"读音为"决"，是穷尽之意。《孙子·作战》："夫钝兵挫锐，屈力殚货，则诸侯乘其弊而起。""屈"与"殚"对，意义相同。《汉书·食货志上》："生之有时而用之亡度，则物力必屈。"颜师古注："屈，尽也。""虚而不屈"，即是说"橐籥"中虚无实，所以才能鼓气而"不屈"，其"出气"之用，永不穷竭。也因其无实，所以愈鼓动而风气愈出，以喻天地之间阴阳絪缊、气化流行而无有停机，一切万物皆由此而无不得其生，无不得其化。阴阳气化，万物皆生皆化，是天地之自然；圣人之于百姓，也当一任其自然，则天下百姓也皆得其生，皆得其化。只有任运自然，方能长久，犹如橐籥中虚而风气不穷。

最后说："多言数穷，不如守中。"这是就圣人而言。"多言"是指舆论

老子研读

上所倡导的东西多样，"主义"繁多。"数"的意思，古来多解，有解为"屡次"，有解为通"速"，义也可通。不过我个人以为，这里的"数"即是"术"。《孟子·告子上》："夫弈之为数，小数也。"赵歧注："数，技也。"在政治上倡导各种各样的观念，提倡各种各样的"主义"，是为"多言"；"多言"虽不失为治之"数"，但"数"有穷尽，所以说"不如守中"。"中"字之义，诸家多从"中正"、"适中"解义，未必恰当。事实上，今"中"字的字源有三：${\color{black}\mathbf{‡}}$、中、中，第一个表时间之"中"，以"中正"为基本义；第二个表射箭而中的；第三个表虚受之器①。儒家多就第一义而论"中"，道家则多就第三义而论"中"。在本章中，窃以为"中"的字源是中，即是"盅"，也即是"道冲"之"冲"，基本义为"虚"、"空"。"守中"即是"守虚"，也即是守道。"道"原非有方分的实体，而原是"虚体"，所以老子以"橐籥"为喻，而庄子则说"唯道集虚"。如以"橐籥"为喻，则"橐籥"原本中虚，唯其中虚，方能其用不穷。与其"多言"，提倡各种观念、各种"主义"，倒不如恪守中虚无为之道。"多言"而其"数"必穷，"守中"则其用不竭，自然无有"穷"时。犹天地无为而万物皆自化，圣人无为而百姓皆自化也。

五
章

---

① 详见姜亮夫：《文字朴识·释中》，《国学丛考》，杭州：浙江大学出版社，2008 年。

六　章

谷神不死,是谓玄牝。玄牝之门,是谓天地根。绵绵若
存,用之不勤。

"谷神不死,是谓玄牝。"这句话读起来似乎有点"神秘",其实本章还
是讲"道"之无形而其用不竭,是天地万物的总根源。"谷"是山谷的"谷",
取其虚空而能容受之意;"神"谓变动不居、玄妙莫测,非必是神灵之"神"。
"谷神"实即"道"之别名。"玄牝"是象喻。"牝"是雌性的生殖器官,取其
能生之意。"不死"即是"常在",是谓永恒。道体唯虚,因其虚才能居无定
所、变化不测、不可为典要,故谓之"谷神"。天地之间一切有形有象的实
体之物,皆由道体所生,"谷神"即是能生者,故喻之为"玄牝"。"玄"谓幽
远、深邃、浑沦而不可分辨。道生万物,见其然而不见其所以然,故谓之
"玄"。一切万物既见其"有",就应当有其"有"之来处,也即必有能生之
者。能生之者,即是虚空之"谷神";"谷神"能生而不见其所以生,故喻为
"玄牝"。一切有形象、有方分的存在物,皆由"玄牝"所出,也必由"玄牝"
而入,所以接着说:"玄牝之门,是谓天地根。""根"就是"本","门"是可供
"出"、"入"的。天地间一切万物既都由此"玄牝之门"而出,也必由此"玄
牝之门"而入。来源之处,即是归本之处。一切万物既皆由"道"所产生而
显现其"有"的存在相状,最终又必显现其"有"的消解而还归于"道"体之
虚无。"玄牝之门",既是天地万物的根本来源之处,也是天地万物的最终
归本之处,所以说"是谓天地根"。

接下来"绵绵若存,用之不勤"两句,是讲道体之用。"绵绵"是持续不
断之意,"若存"的"若"字,很值得我们细加体会。"道"原是"虚体",它"存
在"而又不显著,幽深莫辨而又持续常在,故谓之"若"。道体"若存"之"绵

老子研读

绵"，原是通过其"用"之"若存"而"绵绵"来显现的，所以"绵绵"也指道体之用。就"用"而言，"绵绵"之意，即是指一切万物出入于"玄牝之门"的持续不断、永续不绝，是即生生之化的无限过程。"用之不勤"的"勤"，即是"尽"。任继愈先生《老子新译》引《淮南子·主术训》"力勤财匮"，谓"'勤'即'尽'"，得之。

七　章

　　天长地久。天地所以能长且久者，以其不自生，故能长生。是以圣人后其身而身先，外其身而身存，非以其无私邪？故能成其私。

　　从本原处说，"天地"也是由"道"所生，凡由"道"所生者皆"非常"。但就现象界之"非常"而论"常"，则以"天地"为"常"，所以这里说"天长地久"。这层意思，盖以苏辙最为得之。苏辙说："天地虽大而未离于形数，则其长久盖有量矣。然老子之言长久极于天地，盖以人所见者言之耳。""以人所见者言之"，也即是就"道"所引导化生的现象世界而言。"长"是言其广度，广度就是方分，就是空间。"久"是言其时间。所以讲"天长地久"，实际上就是肯定了由道体所"生"的宇宙生命整体在空间上与时间上的无限性。宇宙生命之整体是"长"而"久"的，是无限的，但天地间的一切万物，处于此宇宙生命之整体过程中的一切个体，则并不"长久"，而只是暂时的、流变的。正是宇宙全体之中一切个体生命的暂时性、变动性才成就了宇宙生命之全体的"长久"。"长久"或"永恒"是在变化之中实现的。

　　天地的"长久"，是在任运自然之化的"无为"之中实现的。所以接下来说："天地所以能长且久者，以其不自生，故能长生。"天地缘何而能得其自身的无限性？"以其不自生"。所谓"不自生"，古来的注解大致统一，大抵是指"不为其自己而生存"之意。所以"不自生"即是不为己的无私，即是"自然"而"无为"，尽管天地之间一切万物皆因天地而显现其生命状态，但天地对一切万物却是"生而不有，为而不恃"的，正因此故，"不自生"在效用上反而实现了天地自身的"长且久"、"长生"。

按照老子的理解，天地因"不自生"而得"长生"，在圣人这里就应当实现其价值的转换，而建立起以"不自生"为"应当"的价值法则或生活态度，所以接着说："圣人后其身而身先，外其身而身存。""后其身"，约略是指考虑问题不以自身为先，即便利益当前，也不以己身利益的满足为先决条件；"外其身"意思也基本相同，在日常生活中，当危难时刻、紧急关头、大利当前，把己身置之度外。按老子的"辩证法"，一切相对价值在现实性上都必然导致其"价值逆转"，所以"后其身"的结果反而是"身先"，"外其身"的结果反而是"身存"。"后其身"、"外其身"即是"无私"，"身先"、"身存"即成为"无私"的效用，所以说"非以其无私邪"？"故能成其私"，是正面的肯定性结论。"成其私"，在本章的语境中，即指成就其自身的"身先"、"身存"。

　　从我自己的角度来说，老子书中的这一类话，读起来并不让我觉得心情舒畅愉快。我总是隐约地感觉到老子的此类话语中包含着某种难以言表的"术"的成分。譬如他这里最后讲"故能成其私"，那么所谓"无私"的"后其身"、"外其身"实际上就都成了"成其私"的手段，"后其身"的目的是要"身先"，"外其身"的目的是要"身存"，最终还是归结到"成其私"。所以，我们应当以一种坦易大气、光明磊落的胸怀与态度来研读《老子》，来领会他关于道的宏大阐述，而尽可能把其中所蕴含的"术"，乃至"权谋"的成分最大限度地淡化掉。假如我们为了"成其私"而首先表现出"无私"，为了"身先"、"身存"而首先表现出"后其身"、"外其身"，那么我们的生命境界实在是并不崇高的。

八　章

上善若水。水善利万物而不争，处众人之所恶，故几于道。居善地，心善渊，与善仁，言善信，正善治，事善能，动善时。夫唯不争，故无尤。

"水"在老子思想中是一个非常重要而又深具哲学意味的象喻。有意思的是，在东西方哲学思想的形成与发展过程中，水都起着重要作用。古希腊的泰勒斯就把水确认为一切存在物所构成的"始基"。赫拉克利特则认为，灵魂是从水而来的。《创世纪》讲起初上帝创造世界，也是以"上帝的灵运行在水面上"开始的。在印度教哲学中，火是最原始的物质，但火是从水而产生的。赫拉克利特坚持火是一切的始基，所以水是从火而产生的。中国古代的五行说，则认为水为五行之始。《礼记·月令》："孟春之月……其数八"，郑玄注："五行自水始，火次之，木次之，金次之，土为后。"《周易·系辞上》讲"大衍之数"，说"天一地二"云云，郑玄注："天一生水于北地，二生火于南天，三生木于东地，四生金于西天，五生土于中。"大概中国古代人也以为水是原始的基础物质，由水而衍生出五行，由五行而构成一切万物。这种以水为原始物质的思想，或许是老子之所以说"上善若水"的一种观念来源。苏辙正是就此立论的。他说："《易》曰：'一阴一阳之谓道。继之者善也，成之者性也。'又曰：'天以一生水。'盖道运而为善，犹气运而生水也，故曰'上善若水'。"当然，仅从《老子》的文本而言，"上善若水"是就现象上呈现出来的水之德而论的。"上善"就是最高善。"上善若水"，即是以水为最高善的象征。水如何可能成为最高善的象征，则是由于老子所特别领悟出来的水之德："水善利万物而不争，处众人之

老子研读

所恶。"这两句都不难理解。一切万物，无水不生，是所谓"善利万物"，但水不与物争胜负，非但不争，且总是处下。人总想往高处走，总想"一览众山小"，而不肯甘于地位低下、卑微柔弱。水则不然，凡一切卑下污秽之处，水莫不甘处之，故谓之"处众人之所恶"。而在老子看来，处下、卑微、柔弱等等，恰恰是最高善的体现，所以谓之"几于道"，也就是接近于道。基于水的处下、柔弱之德的领悟，老子便要求把"水之德"转换为"人之德"，所以下面几句，既讲"水"，也讲"人"。

"居善地"，居住要善于选择恰当的地方。这个"居住"，不是指房屋之类的居住地，而是指在社会交往中的自我地位。实在讲来，更是指一种与他人相处、交往的态度。水是善于居下的，所以人在社会中与他人交往，也要善于居下，要把心态放低。

"心善渊"，水因居下而善积，水之积厚，即成深渊，非但渊深莫测，而且蕴蓄着浑厚的力量，能够负载大舟。人也当如此，心灵要善于静深渊默，拒绝浅陋。

"与善仁"，"与"是与人相处之意。水虽居下，但润物无声，无所不渗，无物不利。人也当如此，与他人相处相交，便要善于为仁，利爱他人。

"言善信"，水必润下，无下不至，水之所至，无物不湿，是水之信也。人也当如此，言有所出，行必践之，言有所表，必善守信用。

"正善治"，"正"通"政"。水之所行，自有条理，因势利导，循道下流，至海洋而自止。人若为政，也当如水之行，善于循其条理，则天下自治。

"事善能"，水以柔弱为能，却可水滴石穿，善于积弱为强，终至沛然莫御。人也当如此，凡处理事务，不必争强好胜，却需守柔处弱，善于涵养蓄积，终则以弱胜强。

"动善时"，水体轻盈灵动，又善沉静涵蓄，及其涵蓄既深，转弱为强，则浊浪滔天，无坚不摧。人也当如此，善于沉静以蓄能，涵养以待时，当静则静于九地之下，当动则动于九天之上，动静以时。

综观水之德，是以"不争"为根本品质的。因其"不争"而善处卑下，所以天下也没有与水争高下的，水因此也没有怨怼的对象。若人以水为法，就必须以"不争"为本。正因为"不争"，才有时间与机会集水之诸善于一身;也正因为"不争",便也不会有他人的埋怨与咎责。所以说:"夫唯不争,故无尤。"

　　本章以水喻道,以"水之德"为"道之德",以"水之德"所呈现的"不争"为最高善的象征,而要求经由自我内心的体认与认同,把"水之德"转换为"人之德",从而实现对生活的驾驭。

九 章

持而盈之，不如其已。揣而梲之，不可长保。金玉满堂，莫之能守。富贵而骄，自遗其咎。功遂身退，天之道。

上一章是从"水之德"而倡导一种"应当"的处世法则，本章则从世俗态度的批判而倡导同样意义上的"应当"的行动法则。

人们世俗的生活态度，总是要千方百计地满足各种各样的物质欲望，总是希望占有更多的物质财富，总是以众多财富的把持为满足。殊不知欲壑难填，愈是想满足而愈觉缺乏。所以老子说："持而盈之，不如其已。"与其一味地追求财富、名誉、地位，以富贵功名的执持、把持、占有为满足，还不如适时而止。"盈"是充盈、满足之意。"已"即是止。

生活中有那么些人，总是自以为知识渊博、智慧超群、才能出众，总是抱怨自己的知识才能被埋没，总是自以为怀才不遇，总想"脱颖而出"；一旦有了些富，便财大气粗，暴殄天物，作"暴发户"状；一旦有了些贵，便盛气凌人，专横跋扈。殊不知锋芒毕露，必遭摧折，所以说"揣而梲之，不可长保"。"揣"，按朱谦之校本引孙诒让说，当训为"捶"，是冶炼锻击之意，当是古训。"梲"通"锐"，有些本子即作"锐"。"揣而梲之"，意即把自己的才能锻炼得既尖且锐，尽显锋芒。而若"望文生解"，把"揣"理解为怀揣、怀抱，似也并无大碍。把自己所怀揣、怀抱的东西尖锐地显露出来，正是常人心态。

"金玉满堂"一句，与"持而盈之"一句相对。把持、占有财富再多，哪怕是达到"金玉满堂"的地步，实际上也是不可能永久保持与守藏的，所以说"莫之能守"。"富贵而骄"与"揣而梲之"一句相对，恃才傲物，或恃财傲物，骄气十足，其结果必是"自遗其咎"，因为爱人者人恒爱之，忌人者人必忌之。自满、自骄,即是"持盈"、"揣锐",殊不知"盈"不可持,"锐"不可揣,唯谦方可受益,唯虚方能含蓄。满则溢,溢则流,流则荡,终至于不可收拾。

所以真能体道而行的人,便当"持虚"而"挫锐"。日中则昃,月盈则亏,所以道:"功遂身退,天之道。"功遂身退,是合乎天之道的。本句也作"功成名遂身退,天之道"。刘师培说:"《文子·上德篇》引作:'功成名遂身退,天道然也。'《淮南·道应训》亦云:'故老子曰:功成名遂身退,天之道也。'均其证。"朱谦之校本也作"功成名遂身退"。功业既成,名誉既遂,则应"身退",唯"身退"才是保持功业而不失、保持名誉而不亏的根本方法。老子也讲过"功成身退,百姓皆谓我自然"。所以所谓"身退",并不一定是要离职退休,而更是一种心灵状态,一种为人处世、待人接物的态度,具体讲就是不要执持自己的功名不放,不要把持功名而自恃其功。天道对自己养育蓄长一切万物的莫大之功,是不会"持而盈之"的,而是"生而不有,为而不恃,长而不宰"的,所以真正懂得"功成名遂"而"身退"的人,是顺应乎道的。

老子要求循道而确立起人们在生活中"应当"的行动法则,充分体现了他对生活本身的深邃洞察。诚然,生活本身原本就是像老子在这段中所讲的那样而向我们展示着它自身的辩证法的。我们的确不能无限制、无止境地去追逐一己之私心私利的满足,甚至把私心私利的满足、把物质财富的占有当作是生活的目的,的确不能时时处处显山露水、锋芒毕露,的确不能无视他人的存在与生命的尊严。在现实的生活世界中,我们是在与他人的相处与交往之中来体现、来表达我们自己的真实存在的,是在与他人的关系之中来定位我们自己的生存状态的。对自然的尊重即是对人类自身的尊重,对他人的尊重即是对自我的尊重。所以《周易》说"谦受益",孟子说:"敬人者人恒敬之,爱人者人恒爱之。"成就他人,便是成就自我。

十　章

　　载营魄抱一，能无离乎？専气致柔，能婴儿乎？涤除玄览，能无疵乎？爱民治国，能无知乎？天门开阖，能为雌乎？明白四达，能无为乎？生之畜之，生而不有，为而不恃，长而不宰，是谓玄德。

　　本章主要讲体道前提之下的正确的生活方式，即是要把道的自在状态转换为现实的生活态度，而体现为修身养性的要旨。

　　"营魄"即是"形魄"、"体魄"。形体质实为阴，精神轻清为阳，故"营魄"也即"阴魄"。朱谦之说："'载营魄抱一'，是以阴魄守阳魂也。抱如鸡抱卵。一者，气也，魂也。抱一，则以血肉之躯守藏而不使散泄，如是则形与灵合，魄与魂合，抱神以静，故曰'能无离'。"古人谓人有三魂七魄，魂是阳气之所为，魄是阴气之所聚。简单说，这里的"营魄"，实际上即是指"形体"。"一"是元阳之气，指魂而言，也即所谓"精神"。"载"与"抱"义近。体质重浊，故云"载"；精神轻清，故云"抱"。"载营魄抱一"，总说身体与精神、阴与阳的合一。老子也说："万物负阴而抱阳，冲气以为和。"阴阳不可分离，则身体与精神也不能分离。然日常大众之所重，实在身体而非精神，重物质欲望的满足而弃置精神之需要于不顾，实致身体与精神的两相分离，所以老子说"能无离乎"，即是要求重归身体与精神的合一。

　　"専气致柔，能婴儿乎？""専气"，即《管子·内业》"搏气如神，万物备存"之"搏气"。房玄龄注："搏，谓结聚也。结聚纯气，则无所不变化，故如神而物备存矣。"故所谓"専气"，即是纯一之气，也即所谓"元气"。元气者，混沌未分，阴阳未判，纯一无杂，至为柔顺，所以说"専气致柔"。婴儿至柔,即因婴儿为纯阳之体,元阳充沛故也。人随着年龄的增长,骨骼渐壮,体质渐强,欲望渐增,元气渐耗,终至丧失"柔顺"而至于"刚强"。柔顺者,生之徒;刚强者,死之徒。所以若要保养精神,便当如婴儿之无欲无知。"专气"能致柔顺,柔弱则蕴含着生命未来的无限可能性。能如婴儿,便是保养"专气"而"致柔"之道,也为"抱一"之方,在《周易》则曰:"保合太和,乃利贞。""太和"之气,正所谓"专气"也。

"涤除玄览,能无疵乎?""涤"是洗涤,"除"是消除。"览",一说当作"鉴"。"鉴"即"镜",其义为"照";而"览",则是"观"义。所以我觉得无论作"玄览"还是作"玄鉴",义皆可通。但本句的解释,却稍有些麻烦。因为从字面上看,"涤除玄览",似乎是要把"玄览"或"玄鉴"涤除掉,所以朱谦之先生曾说:"'玄览',犹云妄见。涤除妄见,欲使心无目也。心无目则虚壹而静,不碍于物矣。"什么叫"使心无目"呢?因为"心有目"即是"眩"。但朱先生的这一解释实在是大有问题的。从老子思想的整体来看,"玄览"恰恰是老子所提倡的,而不是"涤除"的对象。所以在这里,"玄览"不是"涤除"的宾词,而是并列的关系,犹云"涤除而玄览"。"玄"以深幽、浑沦、不清晰为基本义。"清晰"即是分别,故所谓"玄览"者,即是对一切事物之存在状态的无分别观。"玄览"正是"齐物"的前提。如何才能达到"玄览"的无分别观呢?依老子的观点,现象世界一切事物原本只是以其本来的样子而存在的,如花,原也无所谓"美丽",说"花美丽",就是人们把"美丽"附加到了花上面,从而产生"美丽"、"不美丽"的分别,但是这种价值的附加、人为的区分,是并不符合事物存在的本来样子的。正因为有种种价值区分,有种种人为观念的附加,人们才各执价值的片面,而产生各种各样的争夺。所以必须要"涤除",涤荡、遣除各种使人心纷乱的私心欲念,涤荡、遣除关于事物现象的人为分别,涤荡、遣除关于事物的高一低、美一丑、大一小等等人为预设与附加的所谓价值,而最终归元于一切无分别的"玄览"。所以"玄览"即是以道观物而还归事物自身存在的本来真实状态。用儒家的话说,就是"物各付物"。"无疵"的"疵",《淮南子·氾论训》说:"故目中有疵,不害于视,不可灼也。"高诱注:"疵,赘。"赘,是原本没有而被附加上的东西,也即是庄子所说的"附赘悬疣"。基于私欲的各

老子研读

种分别、人为预设的各种价值,便都是"疵"或"附赘悬疣"。涤除私欲,去除人为价值的附加,还归事物的本来面目,则一切事物便即呈现其自身的本然状态,是即所谓"无疵"。"无疵"是在"玄览"的境界之下才能实现的,所以说"涤除玄览,能无疵乎"?

"爱民治国,能无知乎?""无知",即是去除智巧。统治者往往自恃聪明特达,智慧超群,以"爱民治国"为旗帜,而把政治转成为逞其巧智的场所,这必然走向"爱民治国"的反面。如若真出于"爱民"的目的而"治国",便需要绝其智巧,还归事物的本来面目,是即所谓"无知"。"无知"即是"无为","无为"即是"爱民","爱民"即是"治国"。若是以"爱民"为旗帜,却虚设种种"主义",法令滋盛,生民动辄得咎,或杜撰种种"价值",导生民于纷争乱离,实在不过是把统治者的意志强加于百姓而已。所以"无知"才是真正的"爱民治国"之方。"无知"方能"无为",为无为,则无不治。

"天门开阖,能为雌乎?""为雌",王弼本原作"无雌",帛书乙本作"为雌"。王弼注:"言天门开阖能为雌乎?则物自宾而处自安矣。"可知王弼本原作"为雌",与帛书本同,今从之。"天门"之义,古来注解多歧。概括而言,约有四义:一,指天地万物产生与变化的总根源。王弼说:"天门,谓天下之所由从也。"如此,则"天门"即类似于"玄牝之门";二,从政治角度来理解,谓治乱兴废之所由出。苏辙说:"天门,治乱废兴所从出也。"如此,则"天门"便类似于说"天子之门";三,从个体自然生命的构造来理解,谓是"感官"。河上公注:"天门,谓鼻孔。"陈鼓应说:"天门,喻感官。"引高亨说:"耳为声之门,目为色之门,口为饮食言语之门,鼻为臭之门,而皆天所赋予,故谓之天门也。"如此,则"天门"即为人之开窍处;四,谓"心"或"心神"。范应元说:"天门者,以吾之心神出入而言也。心神本不可以出入言,然而应物为出,应己为入,出则开而入则阖。不可不如是而言也。"焦竑说:"天门,以此心而言。开阖,以此心之运动变化而言。《庄子》'出入而无见其形,是谓天门'本此。"魏源引张尔歧曰:"天门开阖,指心之运动变化言。"详以上四说,我个人觉得以第四说较胜,"天门"是指"心"而言。人的现实的生命活动,固然以"感官"与外界的接触、联系、交往为基本形式,但实际上,感官只管摄入,而心则基于感官的摄入而对所摄入的对象进行分辨、联系、抽象、判断等等，从而形成观念以及价值理念，产生意欲、向往等等方面的诉求，从而主导感官的进一步活动。然常人之心，却往往"开"而不"阖"，只把心开放给感官的活动，以感官的愉悦为"价值"之所在，身体在物欲的主导之下而动，心灵便在感官愉悦的追逐之中而丧。所以在老子看来，心灵必须从外物之欲的开放与追逐之中撤退回来，还归它自身，是即所谓"阖"。"阖"即是"为雌"。"雌"是母性，以柔弱、深静、渊默为义。"心善渊"，须以守柔、沉静为本，而"为雌"即是归元、归本、归性之法。所以说"天门开阖，能为雌乎"？

"明白四达，能无为乎？""明白"即是耳聪目明，洞达无隐；"四达"则是达于四方，无所不明。在常人那里，一旦至于"明白四达"，则必自以为智而大有为，然则"大伪"随之矣。王弼注："言至明四达，无迷无惑，能无以为乎？"虽至于"明白四达"而仍能不自恃其智而"无为"，唯体道者能之。本句的"能无为乎"，帛书乙本作"能毋以知乎"，文义便更为通畅。"明白四达"原是知识、智慧的运用与体现，所以接着说"能无知乎"？"无知"即是不自以为知。若自以为知，自以为睿智聪明，必自是而非他，如是则纷纷然争讼不已。"明白四达而无知"，则是"无知"之"知"，正是"知"的最高境界。孔子也说："吾有知乎哉？无知也。"

接下来的"生之畜之，生而不有，为而不恃，长而不宰，是谓玄德"数句，陈鼓应先生说："这几句重见于五十一章，疑为五十一章错简重出。"引马叙伦说为证："自'生之蓄之'以下，与上文义不相应。……皆五十一章之文。"然朱谦之先生说："'是谓玄德'句，经文中共三见，五十一章'生而不有'下四句同此。六十五章'常知楷式，是谓玄德'。……此盖赞叹之辞，故不避重叠。"窃以为此数句仅就"文义"而言，也未必与上文不相应。前此所说，如"无离"、"婴儿"、"无疵"、"无知"、"为雌"、"无为"，此数句其实无一句不是讲"无为"，而"生之畜之"数句，则是总说"无为"之旨，并强调"无为"即是"玄德"。"生之畜之"数句既可以指"道"，又可以指体"道"而行的圣人，因圣人与道体合一。在老子那里，"玄德"乃是最高德行。尽管"玄德"与儒家所讲的道德并不具有本质上的充分同一性，譬如"玄德"实际上并不是通过社会伦理关系中的伦理责任的履行来彰显的，但是"玄德"仍然具备道德的最本质内涵,可以解释什么是真正意义上的道德。若生之畜之、为之长之,是"有德"的体现,但若执持有德,生而有之、为而恃之、长而宰之,便恰为"无德"。所以真正的道德是不掺杂个人的功利目的在内的。这种不掺杂任何功利目的、原本于自身德性之本然而成就万物与他人,并且也不以成就他人为有德的"德",在老子这里即是"玄德"。在儒家那里,则是"由仁义行"的"德之行",而不是"行仁义"的所谓"有德"。佛教强调"不住相布施",即不以布施为有德;不以布施为有德,不执持布施之相,不持有德之想,方是"三轮清净",是为真实有德。

十一章

三十辐共一毂，当其无，有车之用。埏埴以为器，当其无，有器之用。凿户牖以为室，当其无，有室之用。故有之以为利，无之以为用。

本章主要讲"有无相生"，重点突出"无"之"用"。不过我们首先需要注意的是，本章所讲的"有"、"无"，均是就现象而言，与作为本原性实在之道的"无"应当在领会上有所区分。

"三十辐共一毂"，是讲车轮。"毂"是车轮中心部位，中间空虚，用以安装车轴。轮缘与车轴之间是靠辐条来连接的。古代车制，辐条三十，以象日月，所以说"三十辐共一毂"。"埏埴以为器"，是用陶土做成器皿，比如我眼前的这个紫砂杯。"凿户牖以为室"，"户"是门，"牖"是窗，只要是"房屋"，便必有门窗。轮毂是虚空的，辐条之间也是虚空的，但正因其为虚空，才成就了车轮的作用；陶器的内部是虚空的，正因其为虚空，才成就了陶器的作用；房屋的门窗、四壁之内也都是虚空的，正因其为虚空，才成就了房屋的作用。车轮、陶器、房屋无疑是"有"，而"虚空"即是"无"。"有"之所以能够为人们所利用，能够发挥它作为"有"的作用，是因原本有虚空之"无"在。若无"无"，则"有"之用不显，所以说"有之以为利，无之以为用"。

"有"、"无"的关系问题，是老子思想中的一个重要问题。就现象世界事物存在的一般状况而言，老子充分注意到了"有无相生"这一关于存在物存在的实然状态。一切现象物的"存在"，其实都是"现在"，也即是"显现而在场"，是即所谓"有"。但"有"的"现在"必有其虚空的背景，虚空即是"无",也即是"空间"。所以在存在物"现在"的意义上,"空间"是一切事物之所以可能获得其"现在"的必要条件,"无"是"有"的基础性前提。反之,"有"既然已经呈现为"有","无"即同时通过"有"而获得其"现在"。"有"、"无"是相互表达的,是必然同时共在而构成一个共享的空间场域的。正因为如此,就存在物的功用而言,"有"、"无"实质上是相互依赖的。在本章中,老子选取生活中的三个例子,而突出强调了"无"对于"有"的作用,不仅具有更为深刻的哲理性,而且事实上也更接近于"真理"。

尽管"有之以为利",是因为"无之以为用",但在日常生活当中,人们往往只关注"有"而忽视"无",更多的是以"有"的攫取与把持为生活目的,而并不懂得"无之以为用"的真实之用。正是在"有"的不断追逐之中,生命的自身存在走向了其目的的背反,生命存在的价值导致其现实性上的"价值逆转"。所以下面一章,即转向对于这种现象的批判。

十二章

　　五色令人目盲,五音令人耳聋,五味令人口爽,驰骋畋猎
令人心发狂,难得之货令人行妨。是以圣人为腹不为目,故
去彼取此。

　　本章对人们因外物的追逐、享乐而导致生命存在及其价值沉沦的揭示,最为触目惊心、振聋发聩!本章的文字是不难理解的。"五色",青、赤、黄、白、黑,我们常说"五彩缤纷",就是这五彩了。目以"色"(包括"形",所谓"形色")为对境,以"色"的摄取为能,但五彩缤纷,则眩人眼目,终究伤目而使人五彩莫辨,是为"五色令人目盲"。宫、商、角、徵、羽,称作"五音",五音杂比而成文,是为音乐。耳以音声为对境,以音声的摄取为能,但若终日沉浸于五音交错之中,则终于伤耳而使人音声莫辨,是为"五音令人耳聋"。酸、甜、苦、辣、咸,称作"五味"。舌以味为对境,以味的摄取为能,但若日逐厚味,五味杂陈,必终伤舌而使人五味莫辨,是为"五味令人口爽"。"爽"是伤败之意。"驰骋畋猎",即是骑马打猎,以追逐野兽为戏,以捕获野兽为乐,但在这种追逐的戏乐之中,人心也如走马之驰骋,放逸飞扬,难以收拾,所以说"驰骋畋猎令人心发狂"。"难得之货",是所谓贵重、稀有之物。物原无贵贱,贵贱是人为的附赘,但正因为有了这种人为的价值附加,人们便"贵难得之货",于是日孜孜以"难得之货"的攫取与占有为务,终至于行为乖张,算计谋利不止,巧取豪夺不息,故谓"难得之货令人行妨"。"妨"既是妨碍,也是妨害,指妨碍、妨害人们的正常行为。

　　如果我们稍微做一点发挥,那么老子在本章中就涉及了欲望的限度

问题,以及与这一问题相关联的身心统一问题。人作为生命体而要实现其现实生存,毫无疑问是需要依赖于物质供给的,眼、耳、鼻、舌、身五种官能的本能性活动,眼别色,耳辨声,鼻识香,舌知味,身感触,即是把我们自身与事物世界联系为一个整体的基本方式,不仅使我们与世界的交往成为可能,并且使我们在这种交往之中实现自身的生存。在这一意义上,感官活动即是生存方式。但事情的另一方面是,感官的活动是本能的。既然是"本能的",那么就意味着两点:一是只要它"在",就一定会实现它的功能,比如对正常的"眼"来说,只要它是睁着的,并且有可见光的条件,它就一定会摄取其所对的"形色";二是它不会对自己所摄取的对象产生直接的价值判断,比如眼摄取"色",但眼并不直接判断"色"之美丑,而判断者,心也。由第一点所引导出的结论是:感官的本能活动本质上是"盲目的",所以必须予以恰当节制,使其保持在某种合理的限度之内;由第二点所引导出的结论是:必须使"心"居于主宰地位,以心为身之主。被制约于恰当限度之内的本能活动,是身体的生命功能得以实现的基本前提,所以只与生存本身有关,而与道德意义上的"欲望"无关;但正因为本能的活动总是"盲目的",是不具有自我节制与判断能力的,所以往往"越界",本能的"越界"即是"欲"。尽管感官的本能活动本身不是"恶",但人间世的一切"恶"或"不善"都与本能的"越界"有关,而本能总是时时地试图"越界",则正是本能的本能。因此在道德的意义上,必须总说为"制欲",而"制欲"即是以心灵为主宰。只有当心灵成为身体活动的主宰,才有可能真正保持身一心之间的平衡与统一,才有可能保持人格的完整与统一。

老子的洞察是深刻的。声色之悦耳娱目,五味之悦口,一旦超越其必要限度,也即任随感官本能的愉悦而流荡,则不仅感官机能终将受伤而走向"愉悦"的反面,而且更严重的是,人终将"失性"而走向自身生存目的与意义的背反。故庄子本原老子之说,即以声色口腹之欲为失性乱心的"生之害"。《天地》说:"且夫失性有五:一曰五色乱目,使目不明;二曰五声乱耳,使耳不聪;三曰五臭薰鼻,困惾中颡;四曰五味浊口,使口厉爽;五曰趣舍滑心,使性飞扬。此五者,皆生之害也。"感官本能的活动,本来是为满足生存的需要,但若放任感官的本能活动,则终将导致"生之害",手段走向了目的的背反。基于同样的洞察，孟子则在"本能之性"与"道德之性"之间做出明确区分，《尽心下》说："口之于味也，目之于色也，耳之于声也，鼻之于臭也，四肢之于安佚也，性也。有命焉，君子不谓性也。仁之于父子也，义之于君臣也，礼之于宾主也，知之于贤者也，圣人之于天道也，命也。有性焉，君子不谓命也。"耳目口鼻四肢的"本能之性"，是自然生命之必需，但君子立足于德性生命的根基，则"不谓性也"，也即不视之为"性"，而以仁义礼智为性。为什么呢？"耳目之官"是不具有知性的，是不会对自己的活动进行反思并加以节制的，因而只是"物"；"心之官"则是能反思的，并且正是在自我的反思之中来充分显现其自身的存在的。心灵出于表达其自身存在性的基本目的，就必然要求对感官本能的活动加以节制，使之合乎心灵自体的存在目的。所以在孟子那里，"心之官"必须成为"耳目之官"的主宰。如果不是这样，那么人必将导致其生命状态的堕落，导致其生命本质的异化。何以故？"耳目之官"不思，是"物"而已，人通过"耳目之官"与外部世界相交往的过程，实际上就仅仅体现为一个"物交物"的过程，如若放任"物"之交"物"，纵情感官本能之娱，那么人充其量就不过是实现了作为"物"的生存而已，因为正是在"物交物"的过程之中，人们实质上放逐了自己的心灵，而纯粹本能用事了。所以孟子说："学问之道无他，求其放心而已矣。"要把被我们自己的本能放逐了的、飞扬在外的"心"重新追寻回来，使之居于主宰的地位。如果我们不去"涤除玄览"，不去"求放心"，而是追逐于本能欲望的浊流，我们便必将被欲望的浊流所淹没，流而荡之，荡而不返，便终将不复可求之于人道之域，因为"人之异于禽兽者几稀"。

　　"制欲"、"节欲"、"寡欲"、"去欲"之说，原本无所谓深刻，而是稀松平常的，不仅中国思想史中如此，世界思想史中也如此。人类全部的历史活动都是向着"文明"行进的，是要实现人的全面发展的，而人的全面发展，必以身心的和谐平衡、人格的完整统一为基础。重温老、庄之说，我们当有所惊醒；重提孔、孟之论，我们应行归中正。"见得思义"，因为"利者，义之和也"。"求其放心"，因为物质的富足并不必然使人精神高尚，唯心灵自体的光辉才使我们的精神世界博厚高明。

洞达于感官本能之放纵而导致生命目的的背反，老子便要求回归于他所理解的正确道路："圣人为腹不为目。"所谓"为腹"，即是第三章所说的"虚其心，实其腹"；所谓"不为目"，即是"不见可欲，使民心不乱"。"故去彼取此"，即不选择"令人目盲"的"五色"等等，而选择"为腹不为目"之道。然"为腹不为目"一句，苏辙说："目贪而不能受，腹受而未尝贪。"范应元说："为腹者，守道也；为目者，逐物也。"引申之，则"为腹"为质朴天真，"为目"则放任嗜欲。义均可通。

十三章

　　宠辱若惊，贵大患若身。何谓宠辱若惊？宠为下。得之若惊，失之若惊，是谓宠辱若惊。何谓贵大患若身？吾所以有大患者，为吾有身。及吾无身，吾有何患！故贵以身为天下，若可寄天下；爱以身为天下，若可托天下。

　　本章从人人皆自贵其身这一普遍生活现象的揭示入手，而倡导以"贵身"的态度去治理天下。

　　"宠辱若惊，贵大患若身。"这两句总说对于"宠辱"所应当采取的态度。人情的普遍现象，大概"得宠"则喜气洋洋而安之，"受辱"则患得患失而惊惧。然老子认为，无论是"得宠"还是"受辱"，都应当为之惊惧，所以说"宠辱若惊"。"贵大患若身"，正常语序当作"贵身若大患"。生活中人人都"贵身"，若身体有大患，便总会惶恐不宁，无不对"大患"给予重视，而重视"大患"，正是"贵身"的体现，所以说"贵大患若身"。

　　"何谓宠辱若惊"以下至"是谓宠辱若惊"，具体解释"宠辱若惊"。"宠为下得之若惊失之若惊"一句，向来解释不一，或断句作："宠，为下得之若惊，失之若惊"，似乎文理顺畅。朱谦之先生则以为文本有脱讹，当作"宠为上，辱为下。得之若惊，失之若惊"。但帛书甲、乙本均无"宠为上"之文，甲本作"宠之为下"，乙本作"宠之为下也"，显然当在"下"下绝句，也可证王弼本原本不误。人们之所以会产生这种分歧，盖因不领会"宠为下"之意。在常人看来，或许"得宠"是好的，当"为上"，而"受辱"是不好的，应"为下"。而实际上，按老子之见，所谓"宠"，原是在上之人对在下之人的"恩宠"，无异于一种"施舍"，所以说"宠为下"。"宠"既是上之人的一种施舍,安能保其长久?若施舍而为"宠",施舍之取消而为"辱",那么"宠"、"辱"就并无不同,"宠"是必然向"辱"逆转的。苏辙说:"所谓宠、辱,非两物也,辱生于宠。而世不悟,以宠为上,而以辱为下者,皆是也。若知辱生于宠,则宠顾为下矣。故古之达人,得宠若惊,失宠若惊,未尝安宠而惊辱也。所谓'若惊'者,非实惊也,若惊而已。"此意最为得之。"得之若惊,失之若惊",无论得宠失宠,既能保持"若惊"的心态,便能淡然处之,超然于宠辱,而免于真正的受辱。

"何谓贵大患若身"以下至"吾有何患",是具体解释"贵大患若身"。人之所以会有"大患",是因为我有身体在,若无身体在,又有何患?身体是人的生命的直接形式,人无不珍惜自己的生命,故"贵身"之实,即是"贵生"。

"故贵以身为天下,若可寄天下;爱以身为天下,若可托天下。"这是由前"贵身"之说而得出当以"贵身"、"爱身"之道去管理天下的结论。"贵以身为天下"、"爱以身为天下",正常语序当是"贵身以为天下"、"爱身以为天下"。既是天下人人皆无不"贵身",无不"爱身",那么一个真正懂得治道的人,就应当像珍重自己的身体一样去珍重天下,对于这样的人,天下是可以寄托给他的;就应当像爱惜自己的身体一样去爱惜天下,对于这样的人,天下是可以托付给他的。"爱"者,惜也。两"若"字,相当于"则"。

顺便提及,本章古来解释多样,文字略有差异,义理发挥不一,这里所给出的,只是我自己的理解而已。敝见以为,本章之所谓"贵身"、"爱身",原是人情的普遍常态,老子也无所谓提倡,而只是给予揭示而已。但他基于"贵身"、"爱身"之普遍人情的揭示而倡导"贵以身为天下,爱以身为天下",则在政治或者"为天下"的意义上体现了对于生命的普遍尊重。要求把尊重生命、珍惜生命的理念融贯于政治的实践之中,这才是特别值得重视的。因自贵其身而要求贵天下人之身,因自爱其身而要求爱天下人之身,则正与儒家之"恕"道相通。

十四章

视之不见名曰夷,听之不闻名曰希,搏之不得名曰微。此三者不可致诘,故混而为一。其上不皦,其下不昧。绳绳不可名,复归于无物。是谓无状之状,无物之象,是谓惚恍。迎之不见其首,随之不见其后。执古之道,以御今之有,能知古始,是谓道纪。

这一章仍是谈论道体,而重在呈现道体之"无"的面相。本章开头三句的"夷"、"希"、"微",意思大抵是一致的,都指极其微小,微小到无法为视觉、听觉、触觉所感知、所识别。那么也就是说,道体的自身存在状态是超越于我们的官能知觉的。正是在这个意思上,我们可以把道体自身的实在状态称为"无";但是要特别注意的是,此所谓"无",并不是纯粹无,因它仍是用"夷"、"希"、"微"来描述的,所以只是"似无",或者"妙有"。这种"似无"而"妙有"的状态,就是下文的所谓"惚恍"。所以本章的开头三句,实际上已经告诉我们:道体的存在是真实的,但这种真实性并不是通过现象的有相来呈现的,而是"视之不见"、"听之不闻"、"搏之不得"的,是不能被感觉器官所直接感知的。超越于感觉器官之感觉能力的存在,显然并不必然是非存在,而只不过是存在的一种别样形式或状态。老子在这里即用"夷"、"希"、"微"来描述这种别样的存在状态,是即为道体自身的实在。

"此三者不可致诘,故混而为一。""此三者"即是指"夷"、"希"、"微"三者,"不可致诘"是指无法通过语言来质疑、诘问、推究、表述。"混而为一",即是混"夷"、"希"、"微"三者于一体。为什么要"混"三者为一体呢?

在经验生活中，眼不能见的东西或许可以被耳听到，耳听不到的东西或许可以被身触到，身触不到的东西或许可以被鼻闻到，如此等等，但若"混而为一"，则表明"夷"、"希"、"微"三者乃同时共在，"视之不见"则无形色，"听之不闻"则无音声，"搏之不得"则无方分。正因三者之同时共在，所以道体才不以任何感性方式来诉诸我们的官能知觉；也正因为超越于官能知觉，道体的实在状态才真正变得"不可致诘"。既"混而为一"，则浑沦圆具，完满自足，故"一"者，即指道体而言。

"其上不皦，其下不昧。""皦"与"昧"相对，则"皦"是明亮，"昧"是昏暗。而所谓"其上"、"其下"，即指"一"之"上"、"下"。苏辙说："物之有形者，皆丽于阴阳，故上皦下昧，不可逃也。道虽在上而不皦，在下而不昧，难以形数推也。"这一说法当然也是可以讲通的，即是说道体自身非形相可拟，便也不以"明亮"或"昏暗"的方式来呈现它自己。不过我觉得这里的"上"、"下"，如果把它理解为"形上"、"形下"，或许会更恰切一些。道体自身原是"形而上"者，既是"形而上"者，故不以形相显，是为"玄"；既为"玄"，则自然"不皦"；但道体自身又为"万物之母"，一切现象物的"现在"都是以"道"为生命本质的，因此道体的存在具有无限的普遍性，换言之，"道体"之在同时又有其"形而下"的维度，是即为一切有形有相之万有，如此则自然"不昧"。虽分"上"、"下"，而实"上"、"下"一体圆融，是为浑沦而圆成的大全。强调形上、形下的圆融而不可分离，正为道的哲学的一个显著特点。

"绳绳不可名，复归于无物。""绳"音为"敏"，"绳绳"，即是"绵绵"之意。《诗经·周南·螽斯》："螽斯羽，薨薨兮。宜尔子孙，绳绳兮。"即其例也。"绳绳"，实即第六章所说的"绵绵若存"，是就道的本然性运动而言的。道体虽无形相，但其存在为真实不妄，其运动为持续不已，故称之为"绳绳"；无形而实在、运动而不已，无法表述，是即为"不可名"。道作为"绳绳"而"不可名"的实在者，它自身的运动，按照老子的理解，是永远朝向它自身本质的回归的，而道体自身的本质即"无"，所以说"复归于无物"。"复归"即是"回归"，"复"者，返也。实际上，正是道向其自身本质回归的持续不已的运动性，决定了一切现象物之"现在"的暂时性及其回归于"无"的必然性。

"是谓无状之状，无物之象，是谓惚恍。"这三句是对前面所说的做一简要概括。"夷"、"希"、"微"、"不皦不昧"、"绳绳不可名"、"复归于无物"，都试图从不同的面相来呈现道体自身的"无"而若"有"、"有"而若"无"，所以这里概括为"无状之状，无物之象"。在经验世界的意义上来说，一切有形皆有形相，无形则无相；一切事物皆为有象，无物则无象。道体固然为无形无相，但其存在为真实，是"无"而实"有"；虽"有"而无形无相，是"有"而实"无"，故谓之"无状之状，无物之象"，又谓之"惚恍"。"惚恍"一词，在《老子》中曾多次出现，后面还会提到"恍兮惚兮"、"惚兮恍兮"，"惚恍"或"恍惚"，不可以被理解为今天通常所说的"精神恍惚"的"恍惚"，或者"闪烁不定"意义上的"恍惚"，而是指没有明确边界的、弥漫性的、若无而有、若有而无、非无非有、非有非无的某种特殊存在状态。老子用这类词语来对道进行描述，不过是要我们不要把道体自身的存在状态执定为某种具体形式罢了。

"迎之不见其首，随之不见其后。""迎"是"迎面"；"随"是"跟随"。道体不是具体存在，而是无限者本身，是无限地、普遍地、弥漫地存在于一切处所的，无前无后，无上无下，无左无右，也无中间，自然不可迎面，不可随后。

"执古之道，以御今之有，能知古始，是谓道纪。"这几句是一个意群。句中的"有"，今通常理解为"万有"之"有"，也即所谓"具体事物"。然刘师培说："'有'，即'域'字之假文也。'有'通作'或'，'或'即古'域'字。……'有'即'域'，'域'即二十五章'域中有四大'之'域'也。'御今之有'，犹言御今之天下国家也。"窃以为刘说似更为贴切。前面所说，皆指道体而言，这里四句，则以体道、用道作结，"明体"原在于"达用"。在明于道体的前提之下，那么把握"古之道"来驾驭"今之域"，也即用"古道"来管理今天的天下国家，就能使我们了达世间万物的根本来处，是即所谓"能知古始"；"执古之道，以御今之域"，即是以道为治，如此便能纲举目张，所以说"是谓道纪"。"纪"即是"纲"。需要特别指出的是，"执古之道，以御今之域"是如何可能的？事实上，道体自身原为常在，其用绳绳绵绵，亘古不勤，所以道无古今。而所谓"今之域"或"今之有"者,原本就是道体自身之当前"现在"的整体样态及其境域,也就是"古之道"之运动的当前状态。正因为道体的自身存在及其运动的无古无今,或者说在时间上的无限性,才使"执古之道,以御今之有"成为可能。因此之故,老子在这里实际上已经涉及了"古"、"今"作为历史过程的统一性问题,并且明确了其统一性的原点即在于道的自身存在及其运动的无限性。这一观点在中国思想的整体之中是重要的,在某种意义上启迪了中国独特的"历史哲学",因为正是在这一观点之下,"究天人之际,通古今之变"才有可能成为历史学的基本目的。

十五章

古之善为士者，微妙玄通，深不可识。夫唯不可识，故强为之容：豫焉若冬涉川，犹兮若畏四邻，俨兮其若客，涣兮若冰之将释，敦兮其若朴，旷兮其若谷，混兮其若浊。孰能浊以静之徐清？孰能安以动之徐生？保此道者，不欲盈。夫唯不盈，故能蔽而不成。

本章主要讲善于体道、为道者所表现出来的"德容"，或者说是容貌、行为等外部特征。"古之善为士者"，朱谦之据河上公注以及《后汉书·党锢传》所引，认为当作"善为道者"，并说："此句与六十五章'古之善为道者'谊同，与下文'保此道者'句亦遥应。"马王堆帛书甲、乙本"士"均作"道"，然陈鼓应说："验之郭店简本（甲组），正作'士'，此证'士'字更近古义。"任继愈则说："这里讲的'士'就是懂得'道'的人，符合老子的'道'的原则的人。"窃以为无论作"士"还是作"道"，本章讲有道者之容则是没有问题的。如作"士"，则表明按老子的观点，作为"士"是应当善于体道而为道的；如作"道"，则即是指善于为道之人。"为道"之意，约略是对"道"的领悟、体会、把握并付诸践行。按老子的意思，一个真正能体道并且为道的人，就总体上说，他是"微妙玄通，深不可识"的。显而易见，这两个词也同样可以用来形容"道"本身，那么也即是说，善于为道之"士"在本质上是与道本身融为一体的。"微妙玄通"，实即"玄通微妙"，"微妙"原是指道的自在状态，"玄通"则是精深通达之意。有道者是精深通达于道之自体的"微妙"状态的，所以才"深不可识"，因为道体自身原本就"不可名状"。正因为"不可识"、"不可名"，所以才不得不"强为之容"，"容"即是形容、描述,故以下即通过一系列现象比喻来分别摹状"古之善为士者"之"容",是为"强为之容"。

"豫焉若冬涉川,犹兮若畏四邻","犹豫"一词是用来形容迟疑之态的,这里虽把"豫"、"犹"分属两句,但两句的意思都是可以用"犹豫"来形容的,意义是连贯的。犹豫是双声联绵词,按惯例,构成联绵词的两个词素是不能分开使用与解释的。老子的这一用法,在语法上或许算是一种"特例"。人们做事情之所以会"犹豫",盖因兹事体大,故须谨慎、慎重。这里的"豫"、"犹"都取小心谨慎、戒惧惕厉之意。小心谨慎到什么程度呢?"若冬涉川"、"若畏四邻"。"若冬涉川"就是"如履薄冰",岂能不小心谨慎?"若畏四邻"则好比是强敌环伺,岂能不戒惧警惕?一个真正能体道之人,在日常的生活之中,他的行为态度是谨慎的,是能够谨重、慎重、审慎地表达自我与对待他人的。

"俨兮其若客,涣兮若冰之将释",前面两句主要指人的心理状态,这两句则主要指外向现显的行为状态。"俨"是庄严、庄重,"客"即是宾客;"涣"形容冰释之时的离散状态,"释"即分解。一个真正能体道而为道之人,他的容色像宾客一般庄重严肃,他的行为像东风解冻之后的冰凌一般,涣然顺流而下,不争上游,而自然畅达。"客",王弼本原作"容",似不妥。帛书甲、乙本均作"客",据以改。"客"、"释"、"朴"、"谷"、"浊",皆押韵。"冰之将释"是一种自然顺畅的状态,所以用以描述没有任何主观成见之附加的、随顺自然的行为态度。

"敦兮其若朴,旷兮其若谷,混兮其若浊"三句,则由外表的仪态转向为道者之内在精神的描写。"敦"是厚重,"朴"是未经雕琢的原木。"旷"是空旷、广大。"混",我个人建议读为"源泉混混"之"混",而不读为"混浊"之"混",但也因为"混"、"浑"两字音义相通,所以有些本子作"浑兮",窃以为不甚妥当。"混"是水大而奔流不息,"浊"则是"浑浊"而不清。真能体道而为道之人,其性则返归天真的敦厚朴实,其胸怀则放旷若空虚的山谷,其见地则如浩大之水,混混奔流,一顺自然,而去除种种人为的分别。"浊"则不清,不清则不辨,不辨则浑然为一。所以"浊"字是借水之浑浊来说明有道者对世事的随顺自然、不存偏见之执着而达于无分别的浑然一体。

"孰能浊以静之徐清？孰能安以动之徐生"，这两句帛书甲、乙本都无"孰能"二字，宜从。又"安以动之徐生"，王弼本"以"下有"久"字，据帛书甲、乙本删去。这两句都是就水体而设喻。"浊以静之徐清"，水体本清而非浊，浊则动使之然也，动既息则水复其本体之清，所以"浊"本身即包含了"清"，"清"才是水之体的本来状态。既动而浊，虽浊而不失其体的本然之清，故动以静之，则"浊"便逐渐回复到其体之清的本然状态。"徐"是舒缓、逐渐之意。善为道之士虽"混兮其若浊"，与世逶迤，不与物异，但其本体清静澄明，故其动"若浊"，而静则复归于澄明之体。"安以动之徐生"，"安"即是静。而所谓"静"，不过是动的止息，所以"静"也是包含了"动"的。水处于"安"的状态，正为其"动"而蕴蓄潜能，一旦"动机"来临，则当机而动，谁能御之！"浊以静之徐清，安以动之徐生"，正是基于"动浊"、"安清"之不二的体察，以喻善为道之士当其动浊之时而不失安清之本，处安清之际而能重归于动浊，动静以时，浊清以之，是为自然而归本于天真朴茂。

"保此道者，不欲盈"，"盈"即是"满"，"不欲盈"即"不欲满"，不满则虚，虚则能含摄、能容受。真能体道且善于保守此道的人，他的心灵与精神世界就应始终处于中虚的状态而不欲其盈满。正因其中虚而不盈满，所以才能"敝而不成"。

"敝而不成"四字，版本不一，歧义最多。今王弼本作"蔽不新成"，又有不少学者主张当作"蔽而新成"，意义相去甚远。"蔽"为"敝"之借字，这点大家都没有异议。关键是究竟当作"敝不新成"还是"敝而新成"？朱谦之引易顺鼎说："疑当作'故能蔽而新成'。'蔽'者，'敝'之借字，'不'者，'而'之误字也。'蔽'与'新'对，能'敝而新成'者，即二十二章所云'敝则新'，与上文'能浊而清，能安而生'同意。"这一观点最受学界关注，如朱谦之、高亨、任继愈、陈鼓应诸大家，皆从其说，或径改经文为"敝而新成"，认为这里体现了老子重视"去故更新"之意。然朱谦之又据景龙等本而校定本句当作"能弊复成"，高明先生则据帛书甲、乙本及流传各本合校，勘定本节文字为："保此道不欲盈，夫唯不欲盈，是以能敝而不成。"重要的是无

老子研读

"新"字。高明先生说:"帛书《老子》此文作'是以能敝而不成',无'新'字。傅奕本经文与帛书同;景龙、遂州、司马诸本虽误作'能弊复成',但也不作'新成'。足以说明《老子》原本即当如此,今本'新'字乃由后人妄增。""新"字既由后人所妄增,则本句与二十二章所谓"敝则新"即无内在关涉,且语境也并不相同。我个人赞同高明先生的校勘,认为本句当作"能敝而不成"。

那么"能敝而不成"是什么意思呢?"能",刘师培说:"'能蔽'之'能',义与'宁'同。"则"能"乃是"宁"的借字,为"宁愿"、"宁肯"之意。"敝"是敝坏,敝坏则有损失,有损失则不完全、有亏缺;"成"则是完备、完全。"不成"即不求完备、完全。老子原说"曲则全","大成若缺,其用不弊",这里则说:善守此道,则不欲盈满;正因为不欲盈满,所以就宁愿处于敝坏不全的状态而不求完全,宁肯自处于亏缺之中而不试图追求全备。这正与前句"不欲盈"义相联属。

十六章

致虚极,守静笃。万物并作,吾以观复。夫物芸芸,各复归其根。归根曰静,是谓复命。复命曰常,知常曰明。不知常,妄作,凶。知常,容。容乃公,公乃王,王乃天,天乃道,道乃久。没身不殆。

本章讲体道之要在于"致虚"、"守静",要从现象流变的常态之中体察一切现象物的存在之"常",以之为生活的根本指导。

我们前面屡次说过,按老子的观点,"道"作为宇宙一切万物的本原性实在,它是不以任何感性的"实体"方式诉诸我们的官能感觉的,而是一个"实在的虚体",因此,"虚"即是道体自身本然的实在方式。正因为如此,如果我们要试图了解道的本然实在状态,那么我们就必须要舍弃一切感性的方式,用庄子的话说,就是要"堕肢体,黜聪明",因为道完全不是感性的对象,而只能是心灵领悟的对象。心灵自体也是"虚"的,与道体之"虚"相应,所以也唯心灵之"虚"方能契入于道体之"虚"。本章第一句说"致虚极",即是要求推致心灵自体之"虚"而达到极致。达到"虚"的极致,则与道体本然的实在状态相应相合相契,道体之"虚"即如如呈现于心灵自体之虚。

如何推致心灵之"虚"而达到其极致状态?这就要求"静",所以接着说"守静笃"。"静"是心灵本身的安宁平静。在日常生活当中,心灵实际上往往是随着耳目等感觉器官的引导而追逐于外物的,总是在"不知不觉"之中时时对外物进行着各种各样的受纳、分别、表象联系、概念、判断、演绎等等,总是处于纷杂的"动"之中的。"动"即是不静,并且"动"的全部活动实际上都是关乎现象的,是关乎心灵自体之"用"的,而不是关乎心灵自体本身的。因此要契入心灵自体之"虚",唯"静"为可能。而所谓"静",实际上即是要求我们把心灵从纷纭繁杂的外部事物世界之中撤退回来,而回归于其自体之"虚"的本相。这就是所谓"守静"。"守静"要"笃","笃"与上句的"极"对,是指专一而不掺杂任何念虑而达到"静"的极致状态。"致虚"而能"极","守静"而能"笃",则心灵返归其自体之"虚",并因此而显现其虚灵的光辉。荀子也说:"虚一而静,谓之大清明。"只有当一切关于外物的思虑都被摒除之后,心灵才因回归其自体之"虚"而显现其自体的光辉,也只有在这种心灵自体之光辉的"大清明"之中,心灵才能真正实现其观照之用,才能实现对道体自身之实在状态的洞达与领悟,因为在这种极致的虚静状态之中,心灵之"虚"与道体之"虚"是全然契合无间的,我心之"虚"即是道体之"虚",反之亦然。正因为如此,"致虚极,守静笃"即是体认或"体知"道体自身实在的根本方式。

"万物并作,吾以观复",即是心灵处于极致的虚静之中而起观照之用,"复"则是万物在观照之中所呈现的状态,或观照的结果。"作"是兴起、产生。天地之间是一切万物得以产生并呈现其存在的公共场域,所以说"万物并作"。"万物并作"显然是"有"的纷然杂陈,人们通常也只见其"有"而已,但在既已体道的"吾"看来,在这一公共生命场域之中的一切万物,其产生或兴起的全部存在过程,都无有例外地呈现为"复"的状态,所以说"吾以观复"。"复"是以道为视点的观照之下而呈现出来的道的全部视域之中的全部事物状态。那么什么叫做"复"呢?下面两句回答了这一问题:"夫物芸芸,各复归其根",一切万物"各复归其根"即是"复"。"芸芸",或作"云云",或作"賑賑",在这里意思都差不多,都是指万物众多而千差万别。一切以现象而呈现出来的各种各样的千差万别的事物,都分别回归于它们所从产生的本根之处。道是一切万物所从产生的本根,所以"复归其根",即是复归于道。大凡从道所产生的一切万物,都重新回归于道本身。这一"复归"的过程,就物而言,即是其"现在"的全部过程;就人而言,即是其完整的生命过程。作为一切万物之根本原始的实在者,它既是一切万物所从产生的本原,也必然是一切万物所回归的最终居所。事物存在的过程即是向其本原的回归这一观点,无疑是老子的深邃洞察,但在东西方思想史上，这一观点其实是具有某种普遍性的。比如古希腊的阿那克西曼德以"无限"为一切万物的"始基"，即强调一切万物都从"无限"中产生，并且也必然消灭于、复归于"无限"，而"无限"本身则没有"始基"。印度教则认为，大梵为一切万物的原始，也为一切万物的终结。《以赛亚书》说："我是首先的，我是末后的。"《启示录》说："我是阿拉法，我是俄梅嘎，我是首先的，我是末后的，我是初，我是终。"本初原始者即为终极实在者。凡从原始而起的，必复归于原始。

　　一切万物回归其本初原始的过程，也即是"归根"，乃是由"动"而渐趋于"静"的过程，所以老子接着说："归根曰静。"万物的"作"是"动"，而"复归其根"则是由"动"而趋"静"，及其既"归其根"，则是"动"的终极止息，所以说"归根曰静"。一切万物以现象而呈现出来的"动"，实际上便即是"各复归其根"的过程性运动，而这一运动的过程，正是一切万物作为个体而存在的生命过程。因此之故，所谓"复归其根"，在个体作为生命存在的意义上，即是复归其生命的本原之处，所以说"是谓复命"。这个"命"字，全然不包含所谓"命运"之意，而只是"生命"的意思。

　　"复命曰常，知常曰明"，一切存在物回归其生命本原的运动，也即是"复命"的过程，乃是作为现象而存在的一切万物都必然不可避免的，并且就宇宙万物之"现在"的总相而论，这一过程是终始若环、无始无终的，所以是"常"；就单独的个体生命而论，则"复命"的过程性运动同样是必然的、不可改变、更不可逆转的，所以是"常"。了达一切万物之"归根"、"复命"的普遍必然性，是为"知常"；"知常"即是对于宇宙万物之理的洞明与通达，所以是"明"。"明"则能洞烛幽深，照察玄微，通达物理，而任道自然。能"知常"而"明"的人，即是直契道体而与道为一的人，这样的人是必然能够随顺道体的自然性运动的，是即为"无为"。反之，如"不知常"，也即是不能洞彻道体，不能明达一切万物之"归根"、"复命"的必然性，就必不可避免地处于暗昧的"妄作"之中。"妄作"即是"有为"，即是背"道"而行，而一切"妄作"的结果则只有一个字："凶"。

　　那么显而易见，"不知常"的"妄作"必须祛除，而"知常"之"明"则是值得倡导的。"知常"，也即"体知"道体之常在及其化导一切万物之"归根"

老子研读

的运动，便能使人心胸空旷，无不容受，所以说："知常，容。""容"是容纳、容受之意。但要能"容"，必须"中虚"，所以"容"的实际意义，也即是老子常说的"中"、"冲"、"虚"。"容乃公，公乃王，王乃天，天乃道，道乃久"，"乃"字有的本子作"能"，似在意义理解上没有太大关系，古代"能"、"乃"二字读音相同。这里的大意是说，如果能够基于道体的洞达而实现自我心灵世界的空旷能容，那么就能够做到"公"；"公"即是不偏私，即是祛除一切人为价值的预设与附加而平等对待一切万物与天下人民，所以"公"的意思总是与"平"、"正"相联系的。既能"公"，则万物得其自然而生存毁亡，人民得其自然而生养蕃息，天下向往，人民来归，所以说"公乃王"。"王"是"王天下"之意。范应元说："王者，天下归往之称。惟其无私，故天下之人往而归之。"其解释甚确。"公"以不偏为义，实即是"无为"的体现，所以"公"即是无为之德，而"王"则是无为之德的现实效用。以无为之德而王天下，是合乎"天"的，因为"天无私覆，地无私载，日月无私照"，原只是无为，原只是大公无私，所以说"王乃天"。合乎天的，即是合乎"道"的本原性与本然性法则的，所以说"天乃道"。"天长地久"，唯天地之道为恒久而不已，所以说"道乃久"。"知常"而"明"、"知常"而"容"，及至"道乃久"，就个体本身而言，实际上也即是基于心灵与道体之相契而展开的行为世界。既全部行为皆以道为则而取法于道的无为，循道而行，自然心得其虚静而行得其安稳，终身无隐忧，无危殆，是为"没身不殆"。

　　顺便说一下，这里还有一个文字上的问题。"公乃王，王乃天"，劳健先生据王弼注"周普"之义，认为"王"字当作"全"字，是"全"之"坏字"，也即是"全"字缺失了笔画。陈鼓应先生取劳先生之说，认为作"王"字"文义不通"，径改经文为"全"字。改"王"为"全"，似乎有理，但恰好两个"全"字都"坏"成了"王"，好像有点太过巧合。高明先生校勘帛书甲、乙本，说："今从帛书甲、乙本观察，两本同作'公乃王，王乃天'，并无'全'字的痕迹，足见劳氏之说只是一种推测，并无可靠的依据。可是有人根据此说，已将经文'王'字改作'全'。细审帛书经文，与今本完全一致，古注也甚贴切，无须改换经文，经义十分明畅。"我赞同高明先生之说，所以仍就"王"字释义，而不作"全"解。

十七章

太上，下知有之；其次，亲而誉之；其次，畏之；其次，侮之。信不足焉，有不信焉。悠兮，其贵言！功成事遂，百姓皆谓我自然。

本章的内容与上一章有某种程度上的连贯性，主要涉及老子所理想的至治之世应当呈现出一种怎样的政治局面。

"太上"相对于"其次"而言，犹言"最好的状况"。在政治的意义上，"最好的状况"是由领悟到道的最高智慧的人来实现的"无为"之治，在这种状况中，被统治的民众只不过是仅仅晓得有位统治者而已，所以说"太上，下知有之"。"之"在这里是指统治者。在这种无为的政治局面之中，民众并不卷入"政治"，"政治"也不干涉他们，民众的日常生活与"政治"是疏离的，从而享有其自然的生存。"其次，亲而誉之"，比"太上"差一些的情况，是人民与统治者相互亲近并赞美他。"其次，畏之"，更差一些的情况，是人民对统治者感到畏惧。"其次，侮之"，最差的情况，是人民对统治者加以轻蔑与侮辱。

"政治"而至于天下人民对统治者"畏之侮之"，还能叫做"政治"吗？但如何会至于如此局面呢？"信不足焉"，也即是诚信缺失。统治者对人民既丧失诚信，用现在的话说，已经丧失了政治的公信力，那么统治者也就必然丧失值得人民信任的基础，所以"有不信焉"，人民对统治者就不会有信任。既不会有信任，而或慑于淫威，则"畏之"而已；及至淫威也收拾不住，则继以"侮之"矣。所以"信"不可失，惟诚信可以取天下，也惟诚信可以安天下。在政治以"诚信"为本这一维度上，道家与儒家之间是保持

老子研读

着充分的一致性的。

"诚信"之所以丧失，是因言行不一，行不掩言；或言出不践，民无由取信。所以在老子看来，要取信于民，必须"贵言"，这才接着说："悠兮，其贵言!"这个"悠"字，今人多作"悠然"解，"悠"有舒缓宽平之意，解为"悠然"，似也无不可。但这个字有的本子作"犹"，有的本子作"由"，朱谦之说："'由'与'犹'同。《荀子·富国》'由将不足以勉也'，注：'与犹同。'"帛书乙本也作"犹"。我个人以为作"犹"较好，就是十五章"犹兮若畏四邻"之"犹"，为谨慎、审慎之意。"悠"，也应通"犹"。"犹兮，其贵言"，即是出言要谨慎，以言为"贵"。凡言之出，必以行践履之，是为"贵言"。以行践言即是"信"，孔子谓"言可复也"，即是以行掩言。

如果统治者是以审慎的态度去为政而"贵言"的，凡言之出皆可验之于行的，则统治者以行而示信于天下，人民也以行而示信于上，遂得相互疏离而又相安无事，天下人民便归于自然的生活秩序之中，是即为天下大治。"功成事遂，百姓皆谓我自然。"事业成功，诸事成就，百姓却说："我原本如此。""原本如此"、"自然而然"，叫做"自然"。这一在政治意义上讲的"自然"，如果我们稍微加一点引申，便确乎包含着老子关于政治的某种非凡卓见。"自然"的"无为之治"，实质上要求统治者摒弃把自己的统治意识强加于人民，在最大程度上减少政治对于人民生活的干预，使人民得以自主决定自己的生活，选择自己的生活方式，充分发挥民众关于生活与生产的自主组织能力，从而"自然地"实现生活本身的秩序性。人民生活秩序的自主实现，由于不是统治者之统治意识强加的结果，所以在统治者那里乃是"无为"；同样由于不是统治者之政治干预的结果，所以在人民那里，便是"自然"。这种"无为的自然"或"自然的无为"，作为一种政治的理想境界，便是所谓"无为而治"。汉初的"文景之治"，在某种意义上可算是对这种"无为而治"的一种尝试。而这一思想，与孔子关于政治的理想状态也是可以相互衔接起来的。

十八章

大道废，有仁义；智慧出，有大伪。六亲不和，有孝慈；国家昏乱，有忠臣。

在相对的价值世界，当某种观念或行为被作为"价值"来倡导的时候，就已经表明该种观念或行为在现实中的缺失与匮乏了。价值的理念根源于现实的缺失，这一观点大概是带有真理性的。英语中有个词 want，作名词是缺失或匮乏之意，而作动词则是"想要"，因为"缺乏"，所以"想要"，只不过是一件事情的两面。老子在本章中即揭示了这一普遍的价值现象：任何相对价值的出现都根源于该种价值的现实缺失。正因为如此，任何相对价值只在其相对的限度之内才具有相对价值，在本质上是不值得提倡的。

"大道废，有仁义。""仁义"作为一种相对价值，只是当"大道"废坏之后才显现出它的意义或重要性。当"大道"行于天下，社会人群之生活的整体皆处于自然无为的原始敦朴状态，无须倡导"仁义"，而"仁义"存焉；反之，当"仁义"成为一种价值之必要的时候，就已然表明"仁义"在现实性上已经缺失了，而"仁义"的缺失，恰好是"大道"废坏的结果。

"智慧出，有大伪"，这里的所谓"智慧"，只是"智巧"，而并非真正意义上的智慧。真实的智慧，只能本源于道的体认与把握。大道既已废坏，人们的言行便背离于道的真实，而把种种机智之论、巧利之行视为"智慧"，悬为价值，而此种所谓"智慧"愈多，则虚伪愈甚，故谓"有大伪"。

"六亲不和，有孝慈。"父子、兄弟、夫妇，是所谓"六亲"。大道未坏之时，"六亲"原本和睦，而无所谓"孝慈"，皆各尽其分而已。当"孝慈"成为一种价值而加以提倡，那么就表明"六亲"已经不和。"国家昏乱，有忠臣"，君如元首，臣如股肱，相与一体，各尽其能，原无所谓"忠臣"，也各尽其分而已。而当"忠臣"成为一种被提倡的价值，那就表明秩序已然解体，国家已然"昏乱"，故谓"国家昏乱，有忠臣"。

公平地说，老子在本章中实际上并没有表现出对于"仁义"、"孝慈"等价值的否定，甚至我们可以说，他在本质上是肯定这些价值的。不过在他看来，所有这些价值却不具有被单独倡导的必要性，因为它们仅仅是在"大道"废坏之后才出现的，是在"大道"作为本原性的浑厚敦朴的最高价值丧失之后，才从这一原始价值中分离出来的相对价值形态。"大道"作为价值本原或价值原始，原本是浑沦圆具地涵摄了一切相对价值形态的，所以若"大道"未废而行于天下，那么也就意味着凡由"大道"所包含的全部相对价值都同时得到了实现，所以也是不需要对任何相对价值形态进行单独倡导的。"大道"既废，那么它作为价值的原始也就开始产生分离，而其相对价值的分离形态越多，人们越是把它们作为"价值"来提倡，就越是表明"大道"的沦丧，越是表明现实世界离"大道"愈远。按照老子的这一洞察，那么至少在价值的世界之中，"仁义"等等原始价值的分离形态的出现，究竟是"进步"呢？还是"退步"呢？老子不主张提倡任何形态的相对价值，包括在相对价值世界中人们认为居于最高地位的"仁义"、"圣智"在内，其根本原因正在于此。而"价值逆转"现象的揭示，其根本原理也正在于此。浑沦圆具的价值原始的废坏，必然造成现实世界之相对价值的缺失，所以任何相对价值形态的出现及其在现实性上成为需要，实质上都表明该种价值在现实世界的缺失。这正是老子对社会现实进行深刻反思与批判的一个独特维度。

十九章

绝圣弃智,民利百倍;绝仁弃义,民复孝慈;绝巧弃利,盗贼无有。此三者,以为文不足,故令有所属:见素抱朴,少私寡欲。

本章的意思与上一章有内容上的内在联系。上一章讲"大道"废坏而导致其原始价值的分离,才有"仁义"、"孝慈"等相对价值的出现,而任何相对价值的倡导都不可避免地在事实上导致其"价值逆转",那么如果要纠正价值世界的偏失,就应当消解相对价值,而回归作为价值原始的"大道"。本章的用意,正是讲相对价值的解构而回归于素朴的价值原始的必要性。

"绝圣弃智,民利百倍。""绝"与"弃"同义,都为拒绝、舍弃之意。三"绝"句的主语都是君主,因为都是与"民"对言的,这一点首先要指出来。在一般社会价值体系之中,"圣智"被人们了解为最高价值,统治者也恃"圣智"以为治,但在老子看来,"圣智"仍然只是相对价值,并不是价值的最高形态,更不具有价值的绝对意义。只有"大道"本身才是价值的绝对形态,才具有价值的最高意义。作为价值的绝对形态,"大道"是价值的原始,是浑沦圆具的价值大全,是涵摄了价值世界中的一切相对价值形态的。即便高如"圣智",也只不过是"道"之价值本原的分离形态,充其量只在相对的价值世界中具有高度价值。按照老子的洞察,凡相对价值,因其本身的相对性与有限性,实际上都是不值得提倡的。因为凡是对相对价值的倡导,本质上即是把相对价值误用为绝对价值,而这一价值误用的结果,就必然导致其现实性上的"价值逆转",会不可避免地使某一相对价值翻转为它的相对面。要避免或纠正这种在经验生活中普遍存在的"价值逆转"现象,最为本原性的方式,就是要消解任何形态的相对价值而回归到价值本原本身。在这一意义上,尽管"圣智"可能在相对的价值世界中据于"最高"地位,但也必在消解之列,仍然可"绝"可"弃"。只有破除了把相对价值当作绝对的价值误用,才有可能真正消除"价值逆转",才有可能真正有利于人民的自然生存,才有可能体现出"大道"之本原性价值的浑厚、质朴与天真。所以说"绝圣弃智,民利百倍"。

"圣智"是如此,"仁义"也复如此。"孝慈"作为一种价值之所以成为必要,原是因为"六亲不和";"仁义"作为一种价值之所以成为必要,原是要让人民重归于"孝慈"。但按照老子的观点,"仁义"作为相对价值,它的提倡并不能达到使"民复孝慈"的目的,反而会因"价值逆转"的必然性而走向其目的的反面,导致"巧利"之行的普遍流行。有见于此,"仁义"也须消解而可"绝"可"弃",镇之以"无名之朴",则反而达到"民复孝慈"的目的。"绝巧弃利,盗贼无有",盖"盗贼"之多,原本于统治者"见可欲"、"贵难得之货"、以"巧"为"智"、以"利"为价值,从而为天下之民开启了竞奔"巧利"之途。弃绝"巧利",则拔本塞源,自然"盗贼无有"。

以上三"绝"句,都是对统治者而言,目的是实现天下大治,所以从根本上说,本章是在讲"治术"。"圣智"、"仁义"、"巧利"三者,按老子的观点,虽然同样也是作为"治术"而被提倡的,但这三者的提倡根本不能达到"治"的目的,而只不过是用来文饰价值世界之本原性缺失的手段罢了。所以接着说:"此三者,以为文不足。""文"是文饰;"不足"即是"缺失"。"文不足"三字应当连读,为一个意群。"圣智"、"仁义"、"巧利"三者是用来"文不足"的。要晓得在老子那里,不论是在存在的意义上还是在价值的意义上,"道"都是大全,是"足";"道"的任何分离形态,不论是在存在的意义上还是在价值的意义上,相对于"道"之大全便都是"不足",也即都是一个片面。就价值而论,一切相对价值都是"道"作为本原性价值之大全的分离形态,或者干脆说,即是"道"之大全的"缺失"状态。"道"愈是废坏,相对价值的提倡便愈多;相对价值愈多,"道"便愈是废坏。所以就总体上说,一切相对价值的出现,都是用来"文饰"道之废坏的现实状况的,所以说"此三者，以为文不足"。正因为"圣智"、"仁义"、"巧利"仅仅只是用来"文饰"大道之缺失的，并不能从根本上振起"大道"，所以应当重归于"大道"这一价值本原，要使"圣智"、"仁义"、"巧利"等等在价值上有所归属，这是"故令有所属"一句的意思。有所归属，即是回归于它们原本所属的那个价值本原，毫无疑问，是即为"道"，所以接着说："见素抱朴，少私寡欲。""素"是丝的本然色彩，"朴"是木的本然状态，都是未经任何加工与文饰的，以喻"道"之为原始的浑沦大全。洞达本原，抱持天真，祛除各种相对价值的诱导，还归于"道"之本原的素朴，自然"少私寡欲"，如此方能还原"道"之本原性价值的浑沦大全。

本章往往被理解为老子反对"圣智"、"仁义"的证明，而"圣智"、"仁义"又被理解为"文明"或"人文价值"，所以便得出老子反对"文明"或"人文价值"的结论。很坦率地说，老子恐怕并没有反对"圣智"、"仁义"作为价值本身，但他反对把这些相对价值在公开舆论上进行提倡，而主张回归于"道"这一绝对的价值本原。"道"一旦实现于天下，则所有"圣智"、"仁义"、"孝慈"等等皆在其中。因此我们也就可以说，老子是怀抱着"道"之本原性价值的深沉关切而主张消解包括"圣智"、"仁义"在内的相对价值的。基于"价值逆转"的洞察，老子的这一独特思维取向，正应当引起我们今日的足够重视。

还有一点，陈鼓应先生根据"郭店简本"而把本章开头两句改为"绝智弃辩"、"绝伪弃诈"，其更改的理由则是"郭店简本""为祖本之旧"，并且老子也不反对"圣"、"仁"，而是"积极肯定'圣'的"，所以他认为"绝圣弃智"一词是传抄者"妄改所致"。而若依照我们以上的讲法，则老子岂但肯定"圣"而已，是并"仁义"、"孝慈"等等都并不反对的。若为表明老子"积极肯定圣"而据"郭店简本"更改原文，虽然并不一定不恰当，但似乎反而难以领会老子的那种价值的本原性关切。帛书甲、乙本皆与今本相同，如此则至少表明"郭店简本"并没有真正在思想史中产生影响，所以我这里的讲解，仍以通行本为据。

二十章

　　绝学无忧。唯之与阿，相去几何？美之与恶，相去若何？人之所畏，不可不畏。荒兮，其未央哉！众人熙熙，如享太牢，如春登台。我独泊兮其未兆，如婴儿之未孩，儽儽兮若无所归。众人皆有余，而我独若遗。我愚人之心也哉，沌沌兮！俗人昭昭，我独昏昏；俗人察察，我独闷闷。澹兮其若海，飂兮若无止。众人皆有以，而我独顽以鄙。我独异于人，而贵食母。

　　本章的核心意思，是表达了精神与道体相契而得道之浑朴天真者的心灵孤独。穿越一切现象的"现在"而领悟到无限者自身的本在状态并与无限者融为一体的人，即是实现了与道同一而得其"自在"的人。"自在"者注定是"孤独"的，因为他是与物无对的，是超越了一切相对价值之相而并不随波逐流的，是迥然殊异于流俗的。本章的"我"，即是这样的孤独者。

　　但本章难讲。"绝学无忧"一句，有的本子属之于十九章，盖因这一句似与下文无甚重要的义理关涉。不过我个人觉得放在本章开头，却也理所当然。凡可"学"的对象，在老子看来，无非是世俗技艺如礼、乐、射、御、书、数之类，或相对价值如仁、义、礼、智之类，而所有这些东西，都是大道废坏之后才出现的，是用以"文不足"的，所以"为学"无益于体道。"道"不是一个"学"的对象，而只可能是心灵领悟的对象，"学"反为体道之累赘，所以应当"绝"去。绝去"学"而转入心灵自体的虚静，则灵明自显，道体如如，何忧何虑！所以说"绝学无忧"。陈鼓应先生认为"忧"通"扰"，"谓弃绝异化之学可无搅扰"，似无实据。实则"绝学"而洞然明达于道体，则即无忧矣。下文之"我"的种种表现，实际上便都是"无忧"的注脚。

"唯之于阿，相去几何？""唯"是恭敬应答之声，如《论语》："子曰：'参乎，吾道一以贯之！'曾子曰：'唯。'""阿"字，传统的解释是怠慢地应答，但刘师培说："'阿'，当作'诃'。《说文》：'诃，大言而怒也。'……盖'唯'为应词，'诃'为责怒之词。人心之怒，必起于有所否，……'唯之与阿'，犹言从之与违也。"帛书甲、乙本均作"呵"，"呵"与"诃"同。所以"阿"通"诃"或"呵"，怒责之意。这句是说：恭敬地应诺与愤怒地呵斥，这两者之间究竟有多大差别？同于己则唯，异于己则呵；唯之则喜，呵之则怒，是常人之情。而实际上，不论"唯"还是"呵"，都是情感之一偏，皆非中道，其实质无异。能得道体之中正者，则能还归事情的本来面目，不唯不呵，唯之不喜，呵之不怒。

"美之与恶，相去若何？""美"，王弼本原作"善"，帛书甲、乙本皆作"美"，宜从。"恶"是"丑"义。"美"与"丑"两者之间，究竟有多大差别呢？合于己之心意则以之为"美"，不合则以之为"丑"；"美"之则喜，"丑"之则怒。而实际上，不论是"美"还是"丑"，都不过是人为的价值附加，与存在物自身的本然状态并无关系，而所谓"美丑"，都是相对价值之一偏，实质并无不同。能得道体之中正者，则能祛除一切人为的价值附加，物各付物，而还归存在物之本然的真实状态。

"人之所畏，不可不畏"，本句前辈学者如刘殿爵、张舜徽、高明等皆指出有误，当从帛书乙本作"人之所畏，亦不可以不畏人"。"人"即是"民"。人民之所畏惧者，即是统治者。统治者是人民畏惧的对象，但统治者也必须以人民为畏惧的对象。套用前面两句的提问方式，本句的实际意思是："君之与民，相去若何？"

"唯之与呵"，是论情感表达的相对性；"美之与丑"，是论价值表达的相对性；"人之所畏"，是论政治关系的相对性。既然是相对性，那么就必然包含着其相对关系的"价值逆转"，所以总说为"相去若何"。但是，就生活的实际情形来说，我们的确就是生活在这样一个充满无限的相对性、充满无限的相对价值的世界之中，所以接着说："荒兮，其未央哉！""荒"，犹

老子研读

言"茫"，是广远不清之貌；"未央"即是"无尽"。"荒兮未央"，即是指如前所说"相去若何"的事物现象及其价值的相对形态是众多而不可穷尽的。关于这句的解释，虽古来意见多歧，而今人解释为"精神领域开阔好像没有尽头"，则似不相切。

正因为我们生活在相对的现象世界之中，事物的相对性及其相对价值是众多、纷杂而又不可穷尽的，所以日常生活中的人们便总是沉浸于现象世界的相对性之中而不能自拔，甚至执相对为绝对，熙熙攘攘，如蜂拥雾屯。而能体道、与道为一体的人，则能超越相对而转进于道体本身存在的绝对境域。正因为超越了相对而实现了与道的同一，所以这样的人便总是孤独的。这才有接下去关于"我"作为体道者与"众人"的对比描述。

"众人熙熙，如享太牢，如春登台。""熙熙"也即是"攘攘"，人众多而拥挤的样子。"太牢"，古代盛大的祭祀活动，须牛、羊、豚三牲具备，谓之"太牢"。也引申为盛大的宴饮活动，如《庄子·至乐》说："具太牢以为膳。"司马迁在《货殖列传》中说："天下熙熙，皆为利来；天下攘攘，皆为利往。"老子说"众人熙熙"，大概也指这种熙熙攘攘、为利来往的众生之相。人们耽着于现象世界的相对现象，执着于相对价值，寻名逐利，奔走于道路，不觉其纷扰，反而乐此不疲，如享受盛宴一般地兴高采烈，如春日艳阳而登高台，瞻顾四方，踌躇满志。与此形成鲜明对比的是："我独泊兮其未兆，如婴儿之未孩。""泊"，意为恬静淡泊；"兆"是肇端、显现，"未兆"即不显现。"孩"通"咳"，婴儿笑貌。只有"我"还处于宁静的淡泊之中，心灵不对外物开显它自己，好像还不会笑的婴儿一般。婴儿如"咳"，则有"喜"的表达，有"喜"必有怒、哀等等。所以这里的"未咳"，实际是说无喜怒哀乐之情。喜怒哀乐之情的表达，是心灵有感于外物而动的结果，若心灵不向外物开显，即所谓"未兆"，则心灵还归于自体而不感于外物，便无喜怒哀乐之情。若有喜怒哀乐之发，则心灵对外物便已有所滞着。有所滞着，就必有偏私，而不能"泊兮"了。正因为对一切世间事物的相对性已然了达，心灵无所滞着，略无喜怒哀乐之情，则也必不像众人那样"如享太牢，如春登台"般地追名逐利，而是对一切世情的羁縻、外物的累赘已然感到"倦怠"，所以接着补充说："儽儽兮若无所归。""儽儽"，也写作"累累"，是疲累、倦怠的样子。这里的"儽儽"，并不是身体状况的疲累，而是指心灵对于外物的疏离。"若无所归"，即是心灵不执着、不滞着于任何外物。

"众人皆有余，而我独若遗"，"有余"，即是"盈"、"足"。"遗"，应按于省吾先生说，为"匮"的通假字，"匮"即是"乏"，即是"不足"，与"有余"对文。众人沉湎于事物世界之中，竞逐于"现在"的名誉利益，或志得意满，或富贵骄奢，所以说"众人皆有余"。而"我"则守于中虚，谦冲自牧，不自盈满，所以说"我独若遗"。"我愚人之心也哉，沌沌兮！""沌沌"，意即"浑浑沌沌"。浑浑沌沌，则是对一切外物都取疏离的态度，无所滞着，一往平等，而达于无分别之见。这种无分别之见，实在是只有突破了相对性的滞碍缠缚，祛除了一切对于现象物的人为价值附加、还原了事物存在的本然真实之后，才有可能实现的根本智慧。但正所谓"大智若愚"，在旁人看来，"我"便如"愚人"一般，所以这里说"我愚人之心"。

"俗人昭昭，我独昏昏；俗人察察，我独闷闷。""昭昭"、"察察"同义，都是清楚明白之意；"昏昏"、"闷闷"同义，都是暗昧、浑沦之意。"俗人"之"昭昭"、"察察"，是对于各种世俗利益的清楚明白，是对于各种相对价值的清楚明白，正所谓"小人喻于利"，为获得现实利益、把持相对价值，便总是要尽各种手段，谋利计功，投机钻营，无所不为；"我"的"昏昏"、"闷闷"，则是已然把心灵从外物的追逐之中撤退回来，心无所止，唯道是依，所以对相对世界的各种相对价值与个人私利已经不再加以清楚区分，无欲无知，对世俗的一切利益便都能淡然"飘过"。

这种心灵从世俗的相对世界之中撤回而还归于其自体之本然实在的状态，即是超越了事物世界之相对性及其相对价值的状态，即是心无挂碍的自在状态，即是心灵解除了一切物累的自由。"澹兮其若海，飂兮若无止"，这两句便是关于这种自由心境的描摹。"澹"，即如曹操诗"水何澹澹"的"澹澹"，意为浩渺无边、辽远无限。"飂"，劲急长风，所谓"天风浩荡"。这是一种别样的精神境界，胸怀旷达辽远如浩瀚的海洋一般，无所不容；心灵自由奔放如浩荡的天风一般，无所滞着。这就叫做胸次洒落，心无挂碍。

"众人皆有以，而我独顽以鄙。""有以"，即是"有用"；"顽"是"愚顽、敦

老子研读

朴"之意;"鄙"是"固陋不聪明"之意。"顽以鄙",王弼本原作"顽似鄙",从帛书甲、乙本改。"众人"昭昭察察,奔竞于名位,追逐于利益,自然是皆有所用,且以"有用"而志得意满;"我"则胸次浩然,心无所止,自然不用于世,也不为世所用。不用于世,依世俗之见,便是愚顽固陋,所以说"我独顽以鄙"。"以",犹言"而"。

最后两句:"我独异于人,而贵食母","食"音读为"嗣","给食"、"供养"之意。"母"是生命之所从来,是生命之本。"贵食母"也即是以"食母"为贵。众人之行,竞奔于利,驰逐于外,不知道体之于万物的一往平等,实为对其"母本"的戕贼残害;"我"则迥异于众人,而独以"母本"的涵育保养为贵。"母本"者,生命之本原,是即"道"也。

二十一章

　　孔德之容，惟道是从。道之为物，惟恍惟惚。惚兮恍兮，其中有象；恍兮惚兮，其中有物。窈兮冥兮，其中有精；其精甚真，其中有信。自古及今，其名不去，以阅众甫。吾何以知众甫之状哉？以此。

　　本章主要讲道体的自在状态，而着重于"有"、"无"的统一。开头两句："孔德之容，惟道是从。""孔"，大也。"德"，得也。有得于道谓之"德"，所以通常也说"道德"。"容"字的解释，古来众解纷然。河上公注："有大德之人，无所不容"，则"容"为"包容"。王弼注："惟以空为德，然后乃能动作从道。"则以"容"为"动作"。今人似多作"动作"解。如高亨以"容"通"搈"，"动也"。高明不主张通"搈"，而认为"容"本有"动"义，则也以"动"解。陈鼓应则注为"运作；样态"。任继愈先生则或释为"内容"，或释为"品格"。我个人以为，"容"字的解释似不必太复杂，就是"容貌"、"容色"、"仪容"之意。"孔德"即是"大德"，这里是指有"孔德"者，也即是有大德的人。"孔德之容"，即是有大德者的容色或仪容，乃是"惟道是从"的，也即是无不遵循着道的。"惟道是从"所表现出来的仪容状态，实际上即是指上一章"我独泊兮其未兆"以下所描述的那种仪态，所以本章的开头两句在意义上是与上一章相衔接的。真正有大德之人，是能"体知"道的本然存在状态并得之于心的，所以他的容色、仪容便与"众人"迥然有异，而无不遵循于道。正因为有大德者的容色，本质上即是"道"的体现，所以接下去便讲"道之为物"的本然真实状态。

　　"道之为物，惟恍惟惚。惚兮恍兮，其中有象；恍兮惚兮，其中有物。"

"道"不是"物",原本是不可言说的,但为了对"道"进行不得已的描述,便只能"强为之言",也就不得不用一个词来指称道体自身,所以便说"道之为物"。这个"物"字,一定不能作实体意义上的"物"来理解,而只是"存在"之意,也即是"道作为存在者"。"惟恍惟惚",是关于"道作为存在者"的总相描述。"恍惚",即是第十四章的"惚恍","无状之状,无物之象,是谓惚恍"。我们曾指出它是老子用来描述道体之"无"的。"无"即是无形象、无方分、无方所、无限量、无边界的"无限者"本身,所以是无法用确切的语词来对它进行明确界定或表述的。由于这个原故,"恍惚"或"惚恍"便成为关于道体自身存在的无形象、无方分、无方所、无限量、无边界之"无限性"的一种恰当描述。但事情的另一方面是,道为宇宙间一切万物之所以可能获得其"现在"的本原性根据,是一切存在物之所以为存在的本质赋予者,天地间的一切万物之现象的无限多样性与丰富性,实际上便即是道体自身之真实存在的确切证明,皆为"道之象"、"道之物",所以说"惚兮恍兮,其中有象;恍兮惚兮,其中有物"。有限的个体物是依于无限并在无限中获得其"现在"的。需要指出的是,"其中有物"的"物"与"道之为物"的"物"不是同一个内涵,"其中有物"的"物"是通常意义上的具体现象之物。

"窈兮冥兮,其中有精;其精甚真,其中有信。""窈冥",即是幽昧,是暗昧不清、不可辨识。道体作为无限者,其本身的实在状态是并不直接诉诸我们的任何官能感觉的,是不以任何具体的现象方式来清晰呈现它自己的,所以称之为"窈冥"。"窈冥"与"恍惚"所指同一,都是指道体之"无",是无限者本身。但道体之"无"并不是纯粹的"非存在",而只不过是以"无"为其自身存在的方式而已。"窈冥"之中是存在着根本原质的,称之为"精";这种根本原质的存在是绝无虚妄的,所以称之为"真";这种根本原质之"真"是信实可靠的,所以称之为"信"。"信"即是"实"。简言之,道体以"恍惚"、"窈冥"为其自在的方式,所以是不可描述的"无";但"恍惚"、"窈冥"并不是空洞的、绝对的"非存在",反而是有"精"有"信"的纯粹存在,是本原性的真实存在。在这一意义上,道体就既是"无限的真实存在",又是"真实的无限存在",是"无"与"有"的统一,因而得以涵括、统摄一切现象之有、无。

如果再加阐释，那么我们就可以说，道体之"恍惚"，实际上是就道体作为无限者自身的开显状态而言。无限者自身展开了它的无限性，因而茫荡无极，无有涯涘，现象世界一切有"象"、一切有"物"无不涵摄包容。道体之"窈冥"，则是就无限者回归其自身实在的本然状态而言。道体之所以被称为"窈冥"，是因为在这种状态之中，它是未显现的"寂者"，是从无限的开显状态而回归于其自身的本在原质本身。道体自身的本在原质即是精微的妙有，是本然的真实。毫无疑问，无限者既可以开显它自己而展开其无限性，也可以回归其本体而成为未显现的"寂者"本身。道体之无限性的显扬即是一切万象、一切万物的清晰呈现，而道体自身之本在原质的回归即是"窈冥"。简言之，显扬与幽昧，乃是道体自在的两个基本维度，或其自身存在的两种状态。"有"与"无"之所以是统一的，原因即在于它们原本就是道体自身之真实存在状态的不同维度而已。

"自古及今，其名不去，以阅众甫"，是说道体存在的永恒性。"道"虽"强为之名"，但也为"常名"，因其存在为真实不妄、恒久普遍，其用则绵绵不穷，所以说"自古及今，其名不去"。"以阅众甫"一句，则多有歧义，或解释为"观览"，或解释为"总"。朱谦之引《淮南子·俶真训》："夫天之所覆，地之所载……此皆生一父母而阅一和也"，高诱注："阅，总也。"故以"阅"为"总"义。帛书甲、乙本"阅"字皆作"顺"字，高明引《汉书·文帝纪》"阅天之义理多矣"，颜师古注引如淳曰："阅，犹更历也。"则以"阅"为"更历"义。又以为"顺"、"阅"义近，故互用，"但是，《老子》为何有此差异，二者孰为本字，实难判断"。今按："阅"字的解释宜依朱谦之说，作"总"解。总者，总括、总揽、纲纪之意。"众甫"，王弼说："众甫，物之始也。"因此，"以阅众甫"的意思，就是"以总括、纲纪一切万物之始"。一切万物之作为个体，便有始有终，是为其完整的存在过程，但道体之本然的真实存在，自今及古，"其名不去"，是为恒久不已的无始无终的存在，因此它才得以总括、纲纪一切万物之始。但若以"阅"作"顺"解，其义也通。"以顺众甫"，"顺"字作使动用法，即以使众甫顺也。顺者，顺于理也，也即顺于道也。

"吾何以知众甫之然哉？以此。""此"这里即是指道体自身之存在的恒久不已，它虽为"恍惚"、"窈冥"，却是亘古常在而"以阅众甫"，所以体知道体的真在、实在而以道观物，便知一切万物之始终，而得一切万物之存在的所以然之故，是即为宇宙万物之本然的真相。

二十二章

　　曲则全，枉则直，窪则盈，敝则新。少则得，多则惑，是以圣人执一以为天下牧。不自见故明，不自是故彰，不自伐故有功，不自矜故能长。夫唯不争，故天下莫能与之争。古之所谓"曲则全"者，岂虚言哉？诚全而归之。

　　上一章讲道体的自在及其与现象世界之间的不二联系，本章则再讲"治术"，也即是在"用"的维度上对道体的把握。

　　"曲则全，枉则直，窪则盈，敝则新。"这四句是就现象世界所呈现出来的某种普遍现象而论。"曲"的意思，今大多作"委曲"解，如任继愈、陈鼓应都译本句为"委曲反能保全"。我觉得这一解释是很值得商榷的。实际上，"曲"与"全"对，则"曲"为部分、片面、一隅之意。《庄子·天下》："不该不徧，一曲之士也。""一曲之士"即是守于片面、局于一隅之士，"曲"正与"该"、"徧"相对。《荀子·解蔽》："凡人之患，蔽于一曲，而闇于大理。""蔽于一曲"，即是蔽于一隅而受其局限。所以"曲则全"的"曲"，不是"委曲"之意，而是"局部"之意。所谓"局部"，只可能是"全部"的局部；所谓"部分"，只可能是"整全"的部分。因此之故，"局部"或"部分"便存在着导向"全部"与"整全"的充分可能性，所以说"曲则全"。"枉则直"，"枉"与"直"对，则"枉"乃是"弯曲"之意。"枉"字从木，原是指树木不直。弯曲不直的树木，虽其形"枉"，却包含着"直"的充分可能性，所以说"枉则直"。"窪则盈"，"窪"是地的坎陷之处，如孟子所说，水遇坎陷，则"盈科而日进"，所以说"窪则盈"。"敝则新"，"敝"是衰颓、弊坏。自然世界的事物，当其衰颓、弊坏之际，便即是新生之时。如草木遇秋则摇落凋敝，遇冬则肃杀衰亡，然当其凋敝肃杀之际，便即是更新更生之始，所以说"敝则新"。

以上四句，都是就自然世界的现象而做普泛之论。需要特别提示的是，连接两种相对现象的"则"字，不能被理解为"即"，不能说"曲即是全"，而应被理解为"就能"，"曲就能全"。老子在这里其实是就事物的未来预期而言的，也即是有了一种"发展的眼光"来对事物未来的可能性做出预期。这种预期为什么是可能的？原故即在于道体本身的运动。这点我们在讲到"反者道之动"的时候再予详说。

"少则得，多则惑"，这两句是循以上所举自然现象而转换到人事上的运用，也即是这两句是就人而言的。自然界的现象既然呈现为"曲则全"等等，那么就人而言，便应是以少为贵。"少"即是"不多"，"不多"便包含着"多"的可能性；"少"也即是"虚"，"虚"便包含着受纳的可能性，所以说"少则得"。反之，既然已经"多"了，便不能再"得"；既然已经"多"了，便令人眩惑，难以据依而无所攸归，所以说"多则惑"。同样需要一提的是，这里的"少"、"多"并无定指，是在某种普遍意义上说的。但若就生活而言，则"欲"不能"多"；若就政治而论，则"主义"不能"多"、"法令"不能"多"。"多"则繁，繁则杂，杂则无所攸归，民人无所措其手足。所以就政治而言，必须以"少"御"多"，以简御繁，"是以圣人执一以为天下牧"。这句话王弼本原作"是以圣人抱一为天下式"，据帛书甲、乙本改，具体可参见高明先生的《帛书老子校注》。这句话承上"少则得，多则惑"而来。正因为"多则惑"，所以圣人不取，而"执一"以为治。王弼说："一，少之极也。""牧"，"治"义。《管子》有《牧民》篇，"牧"之为"治"，义似较古。所谓"执一"，即是执道。然道体虚无，岂可"执持"？所以这里的"执"，只应理解为"持守"、"顺应"之意，而不能理解为"执持"、"把持"之意。在这一意义上，王弼本作"抱"，其义反而较胜。道是一，是浑沦圆具之大全，是一切万物所从产生的本原实在，也是一切万物皆依循而动的"圜中"、"枢要"，所以"执一"则天下万物皆为所"执"，犹如纲举则众目皆张。"圣人执一以为天下牧"这句话，也最为清晰地体现了老子把宇宙之"道"转换为政治之"术"的思维取向与价值目的取向。儒家不赞同"执一"，而主张"执中"，如孟子便强调"执中"须"有权"，"执中无权，犹执一也"。但后来的韩非子则据老子之说,而构想了"以秉枢执要"为根本的"中央集权"政治模式。

接下来的几句,就在讲由"执一"而转换出来的实际效用,也是"圣人"在"牧民"的实践之中所应有的态度。"不自见故明,不自是故彰,不自伐故有功,不自矜故能长。""见",读作"现"似乎较好,即是"显现"、"显明"之意。把自己现身在各种场合,到处"作秀",反而不能使自己"明"于天下;若"不自见",则人民皆知有"上",是即所谓"明"也。若读"见"如字,则为"见解"义,也可讲通。人之所见,即所谓"视域",既是"域",便必有局限。拘局于自己的视域,即所谓"自见",既"自见",便必有局限,而不能明达于四方。撤除"自见"的局限,才有可能真正聪慧明达,所以说"不自见故明"。"自是"是常人通病,人人皆"自以为是",如庄子所说,"自以为是"不过是人人皆师其"成心"的结果。"自是"就必定"非他",由此而纷争不息,无有穷已,真理是不可能在这种"是非"的不断争讼当中彰显出来的。反之,"不自是",也即不自以为是,那么就意味着放弃了"成心";既放弃了"成心",也就不必"非他",是的还它"是",非的还它"非",事实的真相便以它应有的状态而彰显出来。如果自己所见为"真",则"是非"的争讼不会为"真"增添分毫,所以说"不自是故彰"。"伐"是对自己功绩的夸耀,自我炫耀,这也是常人通病。既自伐其功,就必贬抑他人之功,甚至攘夺他人之功而据为己有,如此则人必攻之,尚何功之有!所以说"不自伐故有功"。"矜"也是"自夸"、"自我炫耀"之意。人稍有地位,或稍有异于常人,便自我矜持,自我夸饰,总觉高人一等,总不忘拿捏个架子,即是所谓"自矜"。而生活的事实告诉我们,这样的人是不可持久的,所以说"不自矜故能长"。王弼本无"能"字,这里据帛书本加,以与上句"故有功"相平衡。

"自见"、"自彰"、"自矜"、"自伐",一言以蔽之,都是"争",争知见、争名位、争利益、争功绩。"争"的最后结果,往往走向其所争目的的背反,所争非所有,所有非所争。如所争在名誉,则丧其名誉,名誉非其所有,终究无有名誉。因洞达于这种生活中常见的"手段与目的的背反"以及"价值逆转"现象,老子便倡导"不争"。"夫唯不争,故天下莫能与之争。""不争"即消解了争夺的对象,既无所争的对象,自然便无可争夺,在这一意义上,老子是以"不争"为消解"手段与目的之背反"的有效手段的。但另一方面

老子研读

是，从老子的这句话本身来看，他实在并不是真的"不争"，而是试图以"不争"来达到"争"的目的，因此"不争"便即成为"争"的手段。以"不争"为争而达成"争"的最后目的并实现其目的的最大化，是即所谓"术"也。

顺便提及，孔子也主张"不争"。"君子不争"，"君子矜而不争，群而不党"。但在孔子那里，实是有所争、有所不争。君子所争在德，所不争在利；所争是真争，所不争也是真不争，而不是"以不争为争"。所谓"君子坦荡荡"，原就包含这种当争则争，不当争则真不争的意思在内。但也正因为孔子没有把不当争的对象预设为目的，所以他也没有发现所谓"手段与目的的背反"以及"价值逆转"现象。

"古之所谓'曲则全'者，岂虚言哉？"由此可以晓得，所谓"曲则全"乃是古语，是古来流传的谚语或格言。而证之现实生活现象，"曲则全"是真实的，所以说"岂虚言哉"。"诚全而归之"，窃以为其意是"诚归之而全"。"诚"是确实、的确之意，"归"是复归之意。正因为"曲"存在着、包含着"全"的充分可能性，因此以"不争"为手段或方式，就确实是能够使之复归于整全的。

二十三章

希言，自然。故飘风不终朝，骤雨不终日。孰为此者？天地。天地尚不能久，而况于人乎？故从事于道者同于道，德者同于德，失者同于失。同于德者，道亦得之；同于失者，道亦失之。

首先指出，本章的文字传世各本有较大差异。这里主要是根据帛书甲、乙本对王弼本的文字做了必要的校订。具体各本文字之同异，请参见高明先生的《帛书老子校注》。本章的要义，仍是讲为政之道。

"希言，自然"，高亨先生说"希"应是"常"字，因形近而误。窃以为此说不可取。"希"即是"稀"，少也。人们对这四字理解的误区，往往是把四字作一句话来看，"希言自然"，被理解成"少言自然"，这似乎不合老子之意，所以认为"希"是"常"字之误，要"常言自然"。实际上，"希言"、"自然"是两节，所以我加了个标点。"希言"是"少言"，也即是"贵言"。老子原说"悠兮其贵言"，"功成事遂，百姓皆谓我自然"，"希言"与"自然"正是老子所主张的为政者的两项基本原则。"希言"的"言"，其所指既可以是政教法令，也可以是统治者所提倡、倡导、宣扬的东西。依老子之见，统治者宣扬、倡导任何价值，实质上都是对事情本身之人为的价值附加，是把相对价值妄执为价值的绝对，在现实性上就必然导致"大伪"的出现，是即所谓"人为"而不是"自然"。如若"贵言"、"希言"，则事情就还归于事情本身，生活的秩序就会依照生活本身所应有的样态而自然形成，是即所谓"自然"。正因为如此，统治者之"希言"便成为百姓生活之"自然"的先导。所以就统治之大体方略而言，便总说为"希言，自然"。

"飘风"、"骤雨"两句,是借自然现象来说明为什么要"希言"。"飘风"即是狂风,狂风是"风多";"骤雨"即是暴雨,暴雨则是"雨多"。两句的重点不是如人们通常所理解的那样,是落实在所谓"急迫"、"狂暴"上面,而是落实在"多"上面,实际上是与"希言"相对的。"飘风不终朝,骤雨不终日",是说"多"的不可持续,难以持久。"飘风"、"骤雨"是天地之所为,天地所为的"多风"、"多雨"现象尚且不能持久,更何况是"人为"的"多言"呢? 所以说:"天地尚不能久,而况于人乎?"这里的"天地尚不能久"一句,特指"飘风"、"骤雨"这种现象,而不是指天地本身,天地本身是"天长地久"的。统治者之"多言",非但政令繁多,而且还提倡这个,否定那个,拈出种种相对价值而悬之为绝对,宣扬种种"主义"而以之为恒久不变,按照老子的观点,凡此之"多言",不仅都是不可持久的,而且还无异于导民于惑乱之地、陷民于乱离之境,故以"飘风"、"骤雨"为借鉴,以明"多言"之当弃,而明"希言"之可贵。统治者"希言",则百姓乃"自然",唯此为恒久之道。

　　接下来的"故从事于道者同于道"以下数句,是顺承上文所内含的唯"希言"方能恒久的内在意蕴而来,也是对章首"自然"的展开。"自然"即道。"希言"之所以能够持久,正因"希言"是合于道的。只有合于道的才能恒久。因此之故,"希言"即是"从事于道",能"希言"的统治者便即是"从事于道者"。既是"从事于道"的,能够以"希言"的方式去实践道的,那么其结果自然是"同于道",也即是与道相同一。"自然"之境界的实现,便即是道的体现。"希言"而"自然",功成而不居,即是道之"玄德"的实现,所以说"德者同于德",就是同一于道的"玄德",句子的前面省略了"从事于"三字。如若"多言"而法令滋彰,虽有成功,便必以为是"多言"之功,而实际上则是"人为"之果,是既不同于"德",也不同于"道"的,也即是既失于"德",也失于"道"的,所以说"失者同于失"。"失"是"道"、"德"之两失。"玄德"为"道体"之用,体用不相分离,故"道"、"德"不相分离。得于"德"即得于"道",得于"道"即得于"德",反之亦然。故得必两得,失必两失。所以说"同于德者,道亦得之;同于失者,道亦失之"。

本章的王弼本末后还有两句："信不足焉，有不信焉。"已见于第十七章。按本章的内容原与第十七章有内在联系，所以这两句当是错简。楼宇烈先生说："按，此节经文与注均为十七章文而误衍于此。长沙马王堆三号汉墓出土帛书《老子》甲乙本此章均无此节经文可证。"故此处不赘。

二十四章

　　企者不立，跨者不行。自见者不明，自是者不彰，自伐者
无功，自矜者不长。其在道也，曰余食赘行，物或恶之，故有
道者不处。

　　"企者不立，跨者不行"，"企"，义同于"跂"，举踵，就是常语所谓"踮着
脚尖"。"跨"，越也，迈腿而奔，类似于竞技场上"跨栏"的动作。踮着脚尖
是不能站立的，因为立必须正；迈腿而奔，原不是行，因为行必舒缓。企足
而立，迈腿而奔，虽有能之者，必不可持久，因其非自然之道也。本章的开
头两句，即以"企者不立，跨者不行"这一为众所周知的日常生活现象，以
明"不自然"的不可持久，以明"自然"的可贵，以明唯以"自然"为治方为真
正可以持久的致治之道。

　　下面几句："自见者不明，自是者不彰，自伐者无功，自矜者不长"，其
意义与二十二章的"不自见故明，不自是故彰，不自伐故有功，不自矜故能
长"完全一致，此不赘述。

　　"其在道也，曰余食赘行"，这一句是紧接上文的。凡"自见"、"自是"、
"自伐"、"自矜"，在"有道者"看来，不过为"余食赘行"而已。关于"余食赘
行"的解释，明代焦竑说："赘，疣赘也。'行'，当作'形'，古字通也。食余
人必恶之，形赘人必丑之。《左氏》：'人将不食吾余'，《庄子》：'附疣县赘，
出乎形而侈于性'，是也。"按焦竑的解释已经甚为清楚，"行"通"形"，"赘
形"即如"附疣悬赘"，而"余食"则是吃剩的食物，两者皆令人生厌，是当弃
之恶物也。但今人或许对老子为什么以"余食赘行"指称"自见"等等的
"内在逻辑"不甚明了，便多生歧解，或者则认为此是古语，其义已经不明。

如高明先生说："'余食赘行'是一句古成语,老子用它以喻上述'自是'、'自见'、'自伐'、'自矜'等轻躁行为,谓此矜伐之人,以有道者看来,如若'余食赘行'。由于它是一句贬义成语,故下文云'物或恶之,故有道者不居'。至于'余食赘行'四字之原义,早已佚亡,难以确切说明。……余以为'余食赘行'目前只可理解为一贬义成语,……至于其来源和确切含义,暂阙如也。"高明先生的谨慎是令人尊敬的。但就本章之意而论,窃以为仍当以焦氏所注之意求之,似不至于过多失误。"自见"者必以他人为盲,"自是"者必以他人为非,"自伐"者必攘他人之功,"自矜"者必以他人为轻,凡此种种,都是"自多"而薄人。然"自多"者,未必真"多",未必合乎事情的本然真实,只不过是对自己本然情状的附加而已。去除附加,即还归本然,即是"自然"。所以在"有道者"看来,这样的"自多",不过便如"余食赘行"一般,令人厌恶而已。"有道者"正当去除一切不合乎事情之本然真实状态的意见、观念、价值的附加,而还归于"自然"的本真,所以对于诸如此类的如"余食赘行"一般的"自多",自然是不处的。

老子研读

二十五章

　　有物混成，先天地生。寂兮寥兮，独立不改，周行而不殆，可以为天下母。吾不知其名，字之曰道，强为之名曰大。大曰逝，逝曰远，远曰反。故道大，天大，地大，王亦大。域中有四大，而王居其一焉。人法地，地法天，天法道，道法自然。

　　本章在《老子》全书中具有特别的重要性，凡言《老子》哲学者，几乎都会引用本章之说。但本章之义，实在也甚为难讲。其旨盖就道体自身之实在状态而论述宇宙全体的统一性。毫无疑问，这种统一性是归原于道体自身的。

　　"有物混成，先天地生。"此"物"字，与"道之为物"之"物"是同一个意思，不是指具体之"物"，而只是关于"存在物"的泛称。"混"是"浑沦"，"成"是"圆成"。有那么一个浑沦一体而圆满成就的"存在"，它是先于具有形象的天地而"在"的。这个"生"字，切不可被理解为"母生子"意义上的"生"，否则"道"就必有其"母"，而不得为宇宙全体的本初原始了。"生"即是"存"，即是"在"。开头这两句，是总说道体之在，要点有二：一是"道体"的自身存在是完整而没有缺陷的，是浑沦一体而圆满成就的；二是"道体"自身的存在是先于有形之天地的。由第一点可见"道体"之存在的绝对性，由第二点可见"道体"之存在在时间上的无限性。

　　"寂兮寥兮，独立不改，周行而不殆"，三句总说道体之存在的运动性，或道体自身之存在的方式。这样的一个"先天地生"而又浑然完满的"存在物"，毫无疑问便是宇宙全体之最初的、原始的"在者"。作为最初的"在者"，它是无有形体貌相的，故称之为"寂寥"；如有形体貌相，则是"具体"，

"具体"则必为"有限","有限"则不可能为本初原始的"在者",所以"寂兮寥兮"一句,其实即是写道体之在的无限性。正因为道体自身是作为"无限者"而在的,所以它与物无对,也即除它本身的自在之外,没有任何与它相对的"存在物",所以称之为"独立"。"独立"即是"独在"、"独存",即是"绝对"而"无待"。正因为它"绝对无待",是不陷入任何相对性的,所以它才"不改",也即是"不变"。而所谓"不变",绝不是指它"不动",而是说不论它如何"动",它都不改变它自身本然的真实存在状态。故所谓"独立不改",便既是关于道体自身存在之绝对性的肯定,又是关于其存在之永恒性的肯定。这种绝对性与永恒性之所以是可能的,根本原因即在于道体自身的本然实在方式,是为"周行而不殆"。"行"为"运行"、"运动"之义,而所谓"周行",大义有二:一是以"周"为"周圜"、"周匝"之义,如此则"周行"乃谓道体的运行是周圜的,是周匝环绕的,因而是无始无终、终始若环的;二是以"周"为"周普"、"周遍"之义,如此则"周行"乃谓道体的运动是普遍于一切处的,无所不周,无所不遍。"殆"为倦怠、疲惫之意,"不殆"即是不会衰退、不会倦怠,永恒如此。"独立不改"是说道体之存在的永恒性,"周行不殆"是说道体之运动的永恒性。

"可以为天下母",是说这样一个先于天地而存在的、浑然圆成的、无有形相的、绝对无待的、独立自在的、普遍周流的、永恒真实的"存在物",即为天下万物之"母"。我们曾经说过,"母"取其"能生"之意。称之为"母",即谓道体乃是天下一切万物之生命的赋予者,是一切万物之所以获得其存在并显现其存在的本原性根据。这句话在"周行而不殆"之后,同时便蕴含着这样的意思,即正是道体的"周行",也即是其永恒的周旋性运动产生了天下一切万物,实现了一切万物的无限丰富性与多样性。正因为如此,一切现象物的存在及其运动,无不统摄于道体本身,道即是宇宙全体之运行的"轴心"或"圜中"。

"吾不知其名,字之曰道,强为之名曰大",这里可以与第一章相参。对于这样一个"先天地生"的本初原始者、"独立不改"而又"周行不殆"的无限者,我们实在是没有办法对它进行命名的,所以说"吾不知其名"。在常识的意义上,我们对一个"存在物"进行"命名",实质上即是给它下个

"定义",而所谓"定义",也即是"界说"(definition),而所谓"界说",也即是确定其"边界"或"限阈"。那么显而易见,如果对"无限者"进行"命名"或加以"界说",便即是人为地把有限性强加给了"无限者"本身,这毫无疑问是不符合"无限者"本身存在的真实状况的。因此之故,就"道"作为无限者之本原性的实在状态而言,任何"命名"或"界说"的施加,都意味着对于"无限者"本身的无限性的人为取消,都是不合乎其自身实在的本然真实状态的。正是在这一意义上,"道"是无名的,是不能被命名的。但事情的另一方面是,如果我们不给这一宇宙之本初原始的实在者、无限者一个名称,或一个语言符号,那么它就无法进入我们的语言世界,我们就无法通过语言的传达功能而对它的存在加以如实的体知与领会。正因为有这样一个两难的困境,所以我们就仍有必要赋予它一个名称或符号。但一定要晓得,这一"名称"或"符号",是非决定性的,只不过是在迫不得已的情况之下的一种权宜性方式,也即是所谓"方便",目的只是为了把"无限者"引入语言。"字之曰道,强为之名曰大",称之为"道",称之为"大",只不过是"强为之名"。明了这一点,我们就可以晓得:所谓"道",只不过是关于宇宙本初原始的实在者的一个语言符号而已,只起到对那个无限的实在者的表征、指向作用。讲第一章的时候,我们曾经提到过关于语言与实在的关系问题,这里不再展开。

下面几句:"大曰逝,逝曰远,远曰反。""大"字承上"强为之名曰大"而来,所以这里即是指"道"而言。三个"曰"字,都作"于是"解。"逝"、"远"、"反"都是对"道"的运动状态的描摹,实际上也即是对上文之"周行"的具体描述。"大曰逝","大"指"道","道"之"大",乃是其大无外,虚空广大,无所不包,含摄一切。"逝"作为一个动词,这里是用来描写"道"之动的。"逝"有一定的方向性,离"此"而"去"叫做"逝"。"远"是遥远,是"逝"所可能达到的穷极之境。反,同"返",是"回归"之意,同样是有方向性的,是由"远"而回归于"此"。按老子的见解,"道"作为无限之"大",它本身的运动是有确定的方向性的,以其本始的原点为"起点",动而之于"远",即到达遥远穷极之境,是为"逝";既"逝"而至于遥远穷极之境,则由"远"而"返",回归于本始的原点。这一由"始"而"逝",由"逝"而"远",由"远"而"返"的整体过程,即是道体自身的"周行"。

道体自身的"周行",即是宇宙全体现象之所以为运动的根据。道体自身的"在",原本具有遍一切处的、其大无外的无限性,所以道体之"周行",便同样以其无限性而呈现于遍一切处。道体之"周行"于遍一切处的呈现,便即是宇宙现象、一切万物之存在过程的阶段性与连续性的无限延展。宇宙整体现象之展开的连续的无限性或无限的连续性,是藉由一切个体事物之存在过程的阶段性的无限性来整体呈现的。就个体事物而言,由"生"而"存",由"存"而"毁",由"毁"而"亡",即是其存在过程的阶段性,即是其个体生命的完整性。这一个体存在的完整过程,本质上即是道体之动的"逝"—"远"—"反"的对象化。单独个体之存在的阶段性的有限性,并不妨碍由一切个体所总成的宇宙现象之全体在存在过程上的无限性。无限性是完整的,个体的阶段性同样是完整的。无限多样与丰富的个体事物的生存毁亡,原是为无限者自身之实在状态的对象化呈现,即是无限者自身生命的表呈,所以对于无限者的自身存在没有任何伤害。质而言之,道体自身作为无限者的本然实在及其"逝"—"远"—"反"之"周行"在现象上的展开,便即是空间—时间之连续的无限性或无限的连续性。

讲到这里,我必须要指出一点,即按照中国哲学的观念,"时间"并不呈现为线性的单向度开展的无限性,而是呈现为阶段性连续的无限性,并且是可以通过现象而加以直观领悟的。春夏秋冬、阴阳晦明、风雨霜露、生存毁亡,如此等等,无不为道体之"周行"的直接表呈,也无不为"时间"之阶段性的直接表呈。阶段性的连续性,则呈现为宇宙全体之生命过程的无限性。因此之故,任何具体的存在物,只要它处于空—时连续性的无限性之中,它就不可能逃避其阶段性的必然性。但也正因此故,在宇宙生命之全体的无限开展序列之中,一切死亡便都是新生命的开端。死亡并不是生命的对立,而是它本身就是一个生命事件,不过是无限广大的生命过程中一个片断的阶段性的完成。基于此,我们才可以真正了解孔子所谓"未知生,焉知死"之说,才可以真正了解庄子所谓"齐彭殇、一生死"以及他那种"鼓盆而歌"的关于生命的豁达。

"道"自身的存在是无限的,并且是以它自身的"逝"—"远"—"反"的"周行不殆"来展开其无限性的,所以接下来说:"故道大,天大,地大,王亦大。"所谓"大",即是在空间广度上的无限性与时间绵延上的无极限。但这里要稍微注意的是,"道大"与天、地、人之"大"并不处于同一的逻辑位格,因为"道"是"先天地生"的,所以"道大"具有本原性,具有本初的原始性。因有"道大",才有"天大、地大、王大"。但另一方面,"天大、地大、王大"即是"道大",因为"道大"是必藉天、地、人之"大"来具体呈现的,离开天、地、人之"大",则"道大"乃为真正"不可思议"。因此之故,这里的"道大,天大,地大,王大",实际是就现象世界之全体的四个方面,或存在的四个宏观维度,来谈论道体自身所展开的现象世界的无限性,所以接着便说"域中有四大,而王居其一焉"。"域"的意思即是"宇",上下四方之谓也。"四大"无不普遍存在于"域中"或"宇中",正可明"四大"是就宇宙现象之全体的四个层面而论。"王"是民人的代表,"王"的世界,即是人的世界,故所谓"王大",实际上是指"人"而言。有的本子,如范应元的《老子道德经古本集注》,"王"即作"人"。"王"固然为"大",人之类也自有其存在的无限性,但不过是"四大"之一而已。正如荀子《天论》所说:"万物为道一偏,一物为万物一偏。"人虽为"大",但并不具有凌驾于天地万物之上的任何正当性与合理性。中国哲学在整体上不会产生如普罗泰戈拉那样的观点:"人是万物的尺度,是存在的事物存在的尺度,也是不存在的事物不存在的尺度。"在道的无限存在的基本视域之中,人就不是万物的尺度,恰恰相反,万物是人的尺度,因为人是在自然世界的全体之中来获得其生存状态的根本定义的。自然世界的生命状态,便即是人本身之生存状态的"自然之镜";人类自身的生活状态,便即是宇宙自然之生命状态的"人文之镜"。

正因为宇中"四大",王仅居其一焉,所以人的行为方式与生活方式便只有在合乎"道"之动的整体秩序的前提之下才可能获得其终极合理性,所以接下来说:"人法地,地法天,天法道,道法自然。"

这四句话,大家都晓得,在整部《老子》当中都具有特别的重要性,但对于这四句的理解,恐怕也是纷纷然意见杂错、莫衷一是的。下面我只讲我自己的理解。"法"是"效法"之意。而所谓"效法",其实际意思即是"顺应"、"不违越"。"人法地",就上文的语境来看,"人"实指"王"而言,但"王"为民人之代表,而"法地"则应为人之类的普遍法则,故总说"人法地"。"人法地",即是说人的行为必须以"地"为效法的对象,因为人与地之所载的一切万物同处,不过是万物之一偏而已,所以人的现实的生产活动、生活实践是不可以在本质上违越万物的运行秩序的。"地法天",是说地之所载的全部现象,一切万物的生、成、毁、亡,如"繁启蕃长于春夏,畜积收藏于秋冬",一切变化云为所呈现出来的秩序性,皆无不与天之动相应合,是效法天之动的结果。"天法道",是说天之所运,如日月星辰,周旋不已;春秋冬夏,四时错行;风雨霜露,适时而至,乃无一不是对于"道"之效法的体现,是道体本身之"周行"的直观呈现而已。"道法自然","道"效法"自然",也即是"道"以"自然"为效法的对象。我这里要特别强调的是,所谓"自然",乃是"自身本然"的意思。"道"效法其"自身本然"状态,以其"自身本然"状态为法,是即所谓"道法自然"。"道"是先于天地而在的,是"先天地生"、"象帝之先"的,是宇宙一切万物之存在的本初原始者,是本原性的最初在者,所以它的自身存在是没有来源的,是没有除它自身本然状态以外的任何别的原因的,乃是原发性的"本在"。用庄子的话说,即是"自本自根,自古以固存"。"自本自根",即是"道法自然"。如果"道"的存在不是"本在",不是原发性的自在,而是依于任何他种原因才获得其存在的,那么它就不可能是绝对者,因为它是依他而起的;如果"道"的存在是依他而起,别有原因,那么它就不可能是本原性的最初在者;如果"道"不是本原性的最初在者,那么它就不可能是"天下万物之母",因为在它之前别有在者;如果在"道"之前别有在者,那么就只能认为那"别有在者"乃为宇宙一切万物的本初原始,"道"便成为次生之在。如果这样,那么老子的全部学说就都将丧失其本原性的根本依据。

因此,我们这里就必须要强调指出:第一,所谓"自然",在《老子》的整体语境之中,与今所谓"自然界"是全然没有关涉的。今所谓"自然界",在老子那里,不过是"道"之"产物"的共相,是"道"之"自身本然"的、无为之在的总相结果,"道"如何可能以它自身的"产物"为"效法"的对象呢? 如果"自然界"的一切万物呈现出了非人为干预意义上的"自然而然",那其实恰好是"道"的"自身本然"状态的本然呈现而已。我指出这一点,是因为人们往往把"自然"一词与今所谓"自然界"的意义相混淆,而且学术界也有这样的主张,认为"道法自然"的"自然"即是"自然界",窃以为此义甚不可取。第二,所谓"道法自然",不是说在"道"之上别有一"自然"存在,理由已如上述。第三,有人主张"道法"连读,认为"道法"即是道的法则,"道"的法则或"规律"是"自然"的。这一解读完全破坏了《老子》文本之整体语句的连贯性与平衡性,决不可取。若是"道法"当连读,那么"人法"、"地法"、"天法"也当连读,然则当如何索解乎?

"道法自然",强调"道"自身存在的本初原始性、本原性,它本身即是它存在的原因,除此以外别无原因。正因"道"的存在不具有依他起性,它才可能是"自在",否则便是依他而在了。"自在"的本然状态,便即是"自然",否则就不是"自然",而是别有他者使之然了。而所谓"道"效法其自身存在的本然状态,实际上也即是说,"道"的全部运动都是依循其存在的本然状态而展开的,是即所谓"无为",无意志、无意图、无目的、无原因。"无为"即是不为任何他种原因而"为"。"道"不为任何他种原因而在,是为"自在";不为任何他种原因而为,是为"无为";所以"自然"即是"无为","无为"即是"自然"。正因它"自然"而"无为","无为"而"自然",所以才可能对为其所生养的一切万物具有"生而不有,为而不恃,长而不宰"的"玄德"。

"人法地,地法天,天法道,道法自然",这是一个具有逻辑归原意义的叙述,由形而下的现象世界而逐步推究、追溯至形而上的终极存在本身,所以也是老子的终穷究竟极说。正因如此,所以从终极意义而言,"人"终究是应当以"道"为法的,而不是仅仅只能以"地"为"法"。但老子之所以使用这种回溯的、归原性的表达语句,窃意以为约有两方面内涵:一是承前"域中四大"之说的语势,而又特别阐明人在宇宙全体现象之中的地位;二是强调由"道法自然"而展开的宇宙全部现象的秩序性与统一性。人、地、天均为"道法自然"的秩序性展开,所以唯"道"为宇宙全部现象所归极统一的本质原点。

二十六章

重为轻根,静为躁君,是以圣人终日行不离辎重。虽有荣观,燕处超然。奈何万乘之主,而以身轻天下?轻则失本,躁则失君。

本章的重点,落实在圣人的日常行为,当以重制轻,以静制动。"重为轻根","根"即是"本"。"静为躁君","躁"即是"动";"君",为"主宰"之义。生活经验表明:凡事物本身若"重"则能载"轻",若"轻"则不能承"重",所以说"重"是"轻"的根本,"重"能制"轻"。凡事物本身若"静",则能使之"动";若"动",则能使之"静",所以说"静"是"动"的主宰,唯"静"能制"动"。当然,这一生活经验是可以往人的精神状态、行为状态方面做引申的。就人的精神状态与行为状态而言,庄重、稳重、厚重则能制约轻率、轻浮、轻佻,这也是"重为轻根";沉静、安静、恬静则能制约躁动、激动、妄动,便也是"静为躁君"。那么毫无疑问,按照老子的见解,一个真正能体道之人或社会的管理者,其心态必须沉静,其仪容必须庄重,其行为必须慎重。为了说明"重"、"静"的重要性,他用了一个比喻:"是以圣人终日行不离辎重。"

"圣人终日行不离辎重",这里的"辎重"一词,今人通常都把它解释为军队中用来装载军械、粮草等物资的载重车,我个人以为似值得商榷。此所谓"辎重",其意义虽与军中的"辎重"有联系,但并不是直接指军队中的"辎重车",而是指个人出行时装载个人生活用品的车。例如《史记》载苏秦佩"六国相印",为"纵约长",他出行时,过洛阳,"车骑辎重,诸侯各发使送之甚众,疑于王者"。这里的"车骑辎重",显然不是指军队行军的"辎重车",而是指苏秦个人携带生活用品的载物车。但由"疑于王者"一句也可以知道,古时王者出行,是有"辎重"的。军队行军,"辎重"通常后于正军一日,所以"辎重"也称为"后车"。《孟子·尽心下》说:"般乐饮酒,驱骋田猎,后车千乘,我得志弗为也。""后车"实即是"辎重"。古时王者、尊贵者出行,皆有"辎重",所以老子说"圣人终日行不离辎重"。当然,在老子看来,这不仅是一种生活现象,而且还有某种"象征"意义,是圣人需要自我沉静、自我庄重的象征。

"虽有荣观,燕处超然",这两句的解释也可谓意见纷然歧出。帛书甲、乙本"荣观"均作"環官"。高明先生在《帛书老子校注》中罗列出关于本句的六种解释,并认为当作"营观"为是。"'荣观'又作'荣馆',帛书作'環官'。此三者用字虽不同,词义完全一致,指同一种事物。……'营'在此为动词,有'营筑'、'营建'之义。'观'、'馆'、'官'三字古皆为双声叠韵,在此通作'观'。'虽有营观,燕处超然','营观'与'燕处'互成对语,系指两种不同规格的居处。……经文犹谓:虽有营建之楼台亭榭以供享用,彼乃超然物外,乐于燕居,安闲静处,仍承前文'君子终日行不离辎重'之旨。"高明先生之说,大抵得之,但似也有失于迂。窃以为"荣"不必解释为"营"字的通假,读如字义更明了,为"显荣"、"荣耀"、"华丽"之义。"观"为楼台亭榭之属,此则指宫阙。"荣观"即为华丽之宫阙。"燕处"也不必与"荣观"为"对语"而指"居处",而是指居于"荣观"的态度。退朝而居谓之"燕居"。退朝则无事,无事则安舒,安舒则恬静,恬静则心宁而自得之矣。故所谓"虽有荣观,燕处超然",便是说尽管有华丽的宫阙,但能以恬退而安舒的心态居于其中,则自然不为宫阙之华丽而心生躁动,是即"超然"于物外矣。"荣观"另一种可能的解释,则是把"观"字理解为"外观"的意思,似乎也是可以讲得通的。那本句的意思就成为:尽管自己的生活有着荣耀的外观,但能燕然处之,心态恬淡,无所滞着,超然于荣耀繁华之外。这两句承前面"重为轻根,静为躁君"而来,要求把"重"、"静"转换为处世的心态,不为物欲所牵,不过度卷入"荣观"的生活,是即为"超然"。"燕处"也即是"静处"、"安处"。如以"荣观"的生活为荣耀,则心便躁动不安;如能"燕然处之",便即是"不动心",是为"静"、"重"之至。以淡然、恬静的心态来对待生活的荣华,不过度卷入生活的物质诉求,的确是必要的,因为单纯的物质生活并不能使人精神高尚,而只有摆脱了物质欲望的牵累,才有可能达到精神的"超然"之境。

"奈何万乘之主,而以身轻天下?""以身轻天下",即是"以身为天下之轻"。"万乘之主"当以"静"、"重"为主,唯"重"才能承受天下之重,唯"静"才能制约天下之动。而若"以身为天下之轻",则必躁动而失静,轻率而失重,如此也就丧失其主宰天下的根本了。轻率、躁动,即是"有为",即是妄动,即是以身卷入于具体事务之繁杂,即是对主于静重之根本原则的背离,所以最后再次强调指出:"轻则失本,躁则失君。"所谓"失本"、"失君",也即是丧失其根本、丧失其主宰之意。本章阐述了动、静之间的关系,而"主静"的观点,对宋代理学之发端或有某种启示作用。

二十七章

　　善行无辙迹,善言无瑕讁,善数不用筹策,善闭无关楗而不可开,善结无绳约而不可解。是以圣人常善救人,故无弃人;常善救物,故无弃物。是谓袭明。故善人者,不善人之师;不善人者,善人之资。不贵其师,不爱其资,虽智大迷。是谓要妙。

　　"善行"是"善于行走","善言"是"善于言说","善数"是"善于计算","善闭"是"善于关闭","善结"是"善于缠缚"。真正善于行走者,便如庄子所谓"列子御风而行",不留痕迹。真正善于言说者,则所谓逻辑严密,不受攻击,没有瑕疵。"瑕讁",玉的瑕疵。真正善于计算者,则心算如神,不用"筹策"之类的计算工具。真正善于闭藏者,尽管不用"关楗",也即是锁钥之类的器具,却使人无法打开。真正善于缠缚者,虽不用绳索来约束,却使人无法解开。"善行"、"善言"、"善数"、"善闭"、"善结",都可以达到非常人所能、非常人所可思议的独特境界,何以故? 各有其道也。

　　"圣人"之于天下一切人物、一切财物,也必有善于处之之道。所以接着用"是以"二字来承接语气,由前五者之"善"而转向"圣人"对一切人物、财物所应有的善处之道。"圣人常善救人,故无弃人;常善救物,故无弃物",两"救"字,通常都解释为"挽救"之类的意思,义虽未必不可通,但窃以为略有商榷之余地。"救"之为言,"就"也。"就"者,依随、随顺、成就之意。"圣人"之"常善",乃是"上善",而"上善若水",水是能随物以赋形的,是无所不就的,也是无所不成的。"常善救人",即是说圣人善于随顺人们的本来状况,无论贤愚,无论肖不肖,皆能随顺其固有之器量而成就之,这样当然便"无弃人"了;"常善救物",便是说圣人善于随顺万物的本来情状,于一切物皆无偏私,皆能曲成,这样自然也就"无弃物"了。"无弃人"、"无弃物",原本于道之平等对待天下一切万物的"玄德",道原是对天下一切万物无不衣养、无不成就的,所以说"是为袭明"。"袭"是因袭、承继之意,如《周易》所谓"继之者善,成之者性"。"明"即指道而言。道既是至为幽暗者,也是最为显明者。人们破除关于存在物的一切人为的偏私与边见之后,便能洞达于道体自身的本然实在状态,道体自身的光明即得其充分显扬。"无弃物"、"无弃人"是效法道体之"玄德"的自然结果,或者说也即是道体之"玄德"的实现,是对道体自身之"明"的承袭,所以谓"是谓袭明"。

"善人者,不善人之师;不善人者,善人之资。"这里的"善人"、"不善人"只是在相对价值意义上的区分。正是在相对的意义上,离"善人"则无所谓"不善人",反之亦然。正因其为相对,所以"善人"、"不善人"是必然相互资取、相互借鉴而显现其自身之用的。"善人"为"不善人之师",则所谓"不善人"者,正为"善人之资",因为若无"不善人",则"善人"不得为"师";反之,若无"善人",则"不善人"便也无由显现其资取之用。所谓"善人"、"不善人"既然是在相对关系情境中才得以彰显并且相资为用的,那么同时也就意味着它们的相对性是完全可以被解构、被超越的。对能体道而悟道的有道者而言,"贵其师"、"爱其资"即是对"善人"、"不善人"之相对性的整体解构与超越。所以说:"不贵其师,不爱其资,虽智大迷。""大迷",即是"大惑",大惑即是"无明",就是无根本智慧。若明了"尊师"、"爱资",则一切"善人"、"不善人"尽皆并举,是即前所谓"无弃人"矣。若了达价值的相对性而没有偏滞边见,即能超越于相对性而直契于本原性价值本身,而这也正是洞达于道体自身存在的途径,所以说"是谓要妙"。"要妙",义同"窈冥",幽深玄妙之意,实际上也即是道本身。

二十八章

知其雄，守其雌，为天下谿。为天下谿，常德不离，复归于婴儿。知其白，守其黑，为天下式。为天下式，常德不忒，复归于无极。知其荣，守其辱，为天下谷。为天下谷，常德乃足，复归于朴。朴散则为器，圣人用之，则为官长。故大制不割。

本章的意思，诸家见解颇不相同。然大抵讲处世处事之术，则可以没有疑义。老子关于现象世界之最为深湛的洞察，实在于他基于道体的洞达而对事物相对性及其"价值逆转"原理的发现，而这也成为他处世处事的根本基点。天下事物原是处于相对关系之中的，因此关系的双方便是相互呈现、相互表呈、相互依存的，这是没有例外的。但既有事物现象的相对性，便有超越于相对的绝对性。绝对性就既是对相对性的统摄涵融，也是对相对性的超越性解构。了解这一点，大概可以为本章的解释找到基本理路。

"知其雄，守其雌，为天下谿"，"雄"、"雌"相对，既是"性别"，也是"性质"。前者的"性质"往往与所谓雄健、刚强之义相联系，后者的"性质"则通常与所谓沉静、柔弱之义相联系。"谿"同"溪"。不同的本子也有作"蹊"的，所以陈鼓应先生认为"谿"同"徯"，当作"徯径"（蹊径）解，并说："'溪'若如字训'溪谷'，则与下之'谷'字义复。"窃以为这一观点很值得商榷。"谿"或"溪"的意义与"谷"的意义并不相同，不存在"义复"的问题。"谷"是山谷之谓，却不必有水，"溪"则必有水，无水便不得谓之溪。所以"谿"或"溪"之所指，实际上是就水而言的。水处卑下，不论峰回路转，皆能随顺,而又其性至"阴",正与"雌"之性质相同。既知"雄"与"雌"相对,"强"与"弱"相对,并且刚强与柔弱必定会走向其"价值逆转",那么何必要唯刚强之是求,而不持守雌柔呢? 就动态的、发展的视域来看,雌柔原本是包含着雄强的,雄强也原本是包含着雌柔的;雄强之性既然已经显明,则必然转向雌柔的回归,反之亦然。正因为如此,据守雌柔就反而成为实现雄强之道。据守雌柔,必不争雄,其胸怀便好比是"天下之溪",天下一切众水尽皆归之,及其既强,则真"沛然莫之能御"矣。

"为天下谿,常德不离,复归于婴儿。"其胸怀既能如天下之溪,便即保持了原本于道的"常德","常"即是"恒",恒久之意。道之自体的存在是恒常的,有得于恒常之道,即是所谓"常德"。能保持"常德"而不离,便即是与道为一,便即是回归于道体自身的浑然天真,而转进于对一切物皆无分别的境界,是为"复归于婴儿"。"婴儿"是老子的著名喻象之一,其主要取义,盖在"婴儿"的柔弱而包含着未来强健的无限可能性、天真而保有其先天生命的根本纯粹性、质朴而尚未受到经验世界的玷污、浑沦而尚未对经验事物产生价值上的分别边见,因此也在某种意义上成为道体之纯粹、无限、浑沦、圆具的象征。

"知其白,守其黑,为天下式。"这句与前面的"知雄守雌"意思大体一致。"白"是显明,是光耀,是阳;"黑"是幽暗,是深玄,是阴。阳极则阴复,阴极则阳复,若据守阳刚,终究必转趋阴柔;而若据守阴柔,实质上便是把握阳刚。因此在老子看来,若既知阳刚之雄健,便当以守阴之道以得之,这是把握天下一切事物的基本原则,所以说"为天下式"。"式"即是法式、原则之意。

"为天下式,常德不忒,复归于无极。""忒"是反复变化,"不忒"就是不反复变化,就是"不二"。所谓"变化",即是指事物在空间—时间的连续性中不断脱离其本身的原初状态,也就是不断地"二之"。若真能了达知白守黑、据守阴柔而把握阳刚乃为天下之法式,那么就能使自己与道之"常德"为一;既能与道之"常德"为一,也即与道为一,便能顺道之动而"复归于无极",恒久而不已。"复归于无极",也即是"复归其根"。然"无极"之义,古来争讼纷纭,莫衷一是。实则所谓"无极"即是"无极限"之意,即是

老子研读

"无限"。"极"的本义是屋宇之栋梁，是为房屋之高的"限度"，故引申为"限"义。《诗·唐风·鸨羽》："悠悠苍天，曷其有极？"即谓天岂有其限也。故所谓"复归于无极"，即是复归于无限。道原是"无限者"，所以"复归于无极"，也即复归于道体本身之存在的无限。

大家都晓得，"无极"、"太极"之义，在宋代理学中是一个重要的讨论话题。周敦颐提出"无极而太极"，而对于其意义的理解，曾经在朱熹与陆九渊之间发生过激烈辩论。仅就这一问题而言，我倒左祖朱熹，不能认为"太极"之上复有"无极"之在。而应说"无极"即是"太极"，"太极"即是"无极"。"无极"以言道体自身之在的无限，"太极"以言道体自身之在的"妙有"乃为一切万物的本初原始。一切万物原本于"太极"的"妙有"之动而获得其"现在"，既为"现在"之"有"，终又必随"太极"之动而复归于"无极"。"无极而太极"，也可说为"太极而无极"，体一不二，义相圆融。然"极"字之义，由其本义所作引申不一，与中国思想史之关涉最为重大的引申之义为"中"，此处不宜赘述。

"知其荣，守其辱，为天下谷。""谷"的字义，取其"中虚"而能含容，与上文"溪"字之义并不相同。常语所谓"虚怀若谷"，即其义也。常人心态，"荣"则甘愿受之，"辱"却是受不得的，必欲去之而后快。且不说"辱"，若不为人所知，或被他人误解，人们心中便往往大为不爽，心生恼意，所以孔子便说："人不知而不愠，不亦君子乎？"显见要容受"辱"却是件极为困难之事。但在老子那里，所谓"荣"、"辱"只不过是世间相对价值而已，如何见得"荣"不逆转为"辱"，"辱"不逆转为"荣"呢？凡事既已荣盛，便必转趋衰微，衰微则"辱"矣；既处衰微，则积弱为强，而必转趋荣盛矣。犹如"知白"而"守黑"，知"荣"之为可欲，则必以"守辱"而得之。能容受得天下之辱，则其心怀便如天下之山谷，无所不容，无所不受，而终究能成就其荣盛，正所谓"夫唯不争，故天下莫能与之争"。

"为天下谷，常德乃足，复归于朴。"本句与上文"复归于婴儿"、"复归于无极"意义大抵一致。"朴"是未经加工的木材，所谓"原木"，这里用来指称道体。若能"虚怀若谷"而容受天下之辱，就能不离于道的"常德"；"常德"既充足、完满、圆具，即回归于道体的本原性真实，重归于天真的浑朴,而实现与道体的同一。

"朴散则为器",本句之义在老子那里意味深长。王弼说:"朴,真也。真散则百行出,殊类生,若器也。""器"即指万物而言。一切万物皆以道体为其本初原始的实在,也即是说,一切万物都是因为"分有"了道体的存在本质才获得其"现在"的,道体即为一切万物的原始之"朴",所以说"朴散则为器"。现实的经验世界,即是一个"器"的世界。"器"则无限杂多、无限繁复,所以"圣人"便根据"器"的杂多而分设官长,以分别宰制之,所以说"圣人用之,则为官长"。这句的"之"字,我的理解是指"器"而不是指"朴"。"官长"是"圣人"之所设,是用来宰制、管理"器"的。"圣人"了达"朴散为器"的道理,所以他自己则能回归于"朴"的原始,不逐于"器"的多样,而能秉枢执要,唯"朴"是从,所以最后说:"故大制不割"。所谓"大制",即是指"圣人之制",是"圣人"的制度。"不割","割"即是"害"。《尚书·尧典》:"汤汤洪水方割",孔传:"割,害也。""不割",即是不伤害之意。今人解释为"割裂",未谛。圣人的制度,必当原本于"朴"的浑沦,而不当建基于"器"的分离,原始要终,以"朴"总"器",所以说"大制不割"。不伤害则回归于"朴"的原始浑沦,不伤害则能成就一切"器"的完全。

关于本章,还有一点需要略作说明。"守其黑……知其荣"二十三字,一些学者认为不是《老子》原文,是后人窜入的。但帛书甲、乙本大抵与今本相同,唯"荣"字作"日",又语句的次序略有差别,详细校勘及有关文字考订请参见高明《帛书老子校注》。因有文本上的异议,有的学者便径直略去这二十三字,我以为似乎欠妥,甚不可取。从帛书的出土我们至少可以知道,汉代的《老子》文本就是这个样子了,怀疑战国时即有人伪造《老子》文本,虽然不是不可能,但同样也"文献不足",更何况真正在中国思想史上发生影响与作用的,正是现在这样的文本。径直略去甚或删去这二十三字,实际上也就抹煞了这一文本的思想史影响了。

二十九章

　　将欲取天下而为之，吾见其不得已！天下神器，不可为也。为者败之，执者失之。故物或行或随，或歔或吹，或强或羸，或培或隳。是以圣人去甚，去奢，去泰。

　　本章大意是讲政治。"将欲取天下而为之"，这里的"为"是"人为"，犹言"把持"。"不得已"的"已"是语气词，犹言"不得矣"、"不得也"。春秋时期，王纲解纽，霸道肆行，诸侯皆欲富国强兵以取天下而把持之，是即所谓"将欲取天下而为之"。但在老子看来，这实质上是行不通的，所以说"吾见其不得已"，用今天的话来说，就是"我看这是不行的啊"。为什么不行呢？"天下神器，不可为也。""神器"，古来的解释是指人。河上公注："人乃天下之神物也。神物好安静，不可以有为治。"高明说："人为万物之灵，故谓'神器'。"按照这一解释，那么本句的意思实际上就是说：天下人心，是不可以把持的。这自然讲得通。不过我个人以为，这里的"神器"，其实是指"政权"。以"神器"指统治天下的政权，在古代也算是常语。如班固在《汉书·叙传》中说："神器有命，不可以智力求也。"李奇注："帝王赏罚之柄也。""天下神器"，也即是治理天下的政权，原有它自身的神圣性。而按照老子的见解，政权的神圣性必源于道，因此，道对天下一切万物"生而不有，为而不恃，长而不宰"的大公无私的"玄德"，对一切万物无不衣养、无不覆育的普遍公正，便应当成为政权之神圣性的现实体现，而不应当是君主用来实现个人私利私欲的工具，所以说"不可为也"。凡以政权这一"天下神器"来作为君主实现个人私欲的工具，即是以天下为其个人的私产，即是以私心来把持天下，即是对道的背逆。背逆于道者，道必背之，所以说:"为者败之,执者失之。"最终必为身败名裂,丧失其君主之位。

下面几句:"夫物或行或随,或歔或吹,或强或羸,或培或隳",是用现象事物的价值相对与"价值逆转"来补充说明上文的"为者败之,执者失之"。"歔",义同"嘘"。"培",王弼本作"挫",此据帛书甲、乙本改。事物世界的一切现象都在某种特定的相对关系之中才得以显现,"行前"相对于"随后","缓嘘"相对于"急吹","刚强"相对于"羸弱","培植增益"相对于"毁坏废弃",既然如此,那么当人们在追求某一种状态的时候,另一种状态实际上也就已经蕴含在里面了。因为这一原故,人们为追求某一目的而采取的手段,其运用的结果未必真能导向其本来目的的实现,而完全可能导向其自身目的的背反。所以按老子的见解,要真正实现某一目的,恰好不能以目的本身为执持的对象,而必以超越相对的方式来共相兼摄其相对的双方,这就是行于中道。所以说:"是以圣人去甚,去奢,去泰。""去"是"除去"之意。"甚"是过度,"奢"是过多,"泰"是过广,皆非中道。除去"甚"、"奢"、"泰",则合于中道。中道既是对相对双方的兼摄,也是对相对双方的超越。既合于中道,则立于无过之地,而能恒久不已。河上公注:"'甚'谓贪淫声色,'奢'谓服饰饮食,'泰'谓宫室台榭。去此三者,处中和,行无为,则天下自化。"大抵得之。

三十章

以道佐人主者，不以兵强天下。其事好还：师之所处，荆棘生焉；大军之后，必有凶年。善有果而已，不敢以取强。果而勿矜，果而勿伐，果而勿骄，果而不得已，果而勿强。物壮则老，是谓不道，不道早已。

本章从道的维度对"以兵强天下"提出批判，这是最切于"霸政"时代的基本主题的。"以道佐人主者，不以兵强天下"，这是本章基本的正面观点。"佐"是辅佐之意。能以道去辅佐人主的人，是"不以兵强天下"的，也即是不用强兵来称霸天下的。何以故？"其事好还"。"还"，还归、还报之意。"其事"即指兵事，"以兵强天下"之事。凡以兵强天下的人，终究定会为兵所强。自己试图使别人承担的结果，最后反要自己去承担。下面是关于"其事好还"的现象举证："师之所处，荆棘生焉；大军之后，必有凶年。""师"是军旅，军旅所驻扎的地方，过后便会荆棘丛生；大规模战事发生之后，必然年谷不熟。春秋时期战争的目的无非有二：一是争夺土地，二是争夺人民。然"师之所处"，土地则"荆棘生焉"，是土地虽广而无用；"大军之后"，年谷不熟，则人民虽多而无以为生。两者不仅是指战争给自然环境、人们的生产与生活所带来的极端严重的破坏性影响，而更是指军事的结果必然导致其自身目的的背反，是所谓"其事好还"。

"善有果而已，不敢以取强"，这是讲对待战争所应有的一种正确态度。"有"字，河上公本作"者"，宜从。"善者"，是指善于用兵者。"果"的意思，古来解释相当多样，王弼说："果，犹济也。言善用师者，趣以济难而已矣，不以兵力取强于天下也。"此说甚是。战争是一种迫不得已的非常手段,其目的仅在于禁暴除乱、康济时艰而已,而不是用来逞强称霸于天下的工具。目的仅限于此,所以接着说:"果而勿矜,果而勿伐,果而勿骄,果而不得已,果而勿强。"赢得了战争的胜利,达到了禁暴除乱的基本目的,便当就此止步,不必气焰骄人,不必自我夸耀,不必自伐其功,要晓得以战争来赢得胜利原是迫不得已的举动,所以赢得了战争的胜利便不要再逞强于天下。

后面三句:"物壮则老,是谓不道,不道早已",是对上文"善者果而已"的理论根据做进一步的说明。"壮"即是"强",所谓"强壮"。但这句话的解释,今人大有误解。如任继愈先生说:"事物壮大了,必然走向衰老,这就不合乎'道'。"陈鼓应先生说:"凡是气势壮盛的就会趋于衰败,这是不合于道的。""物壮则老","事物壮大必然走向衰老",或"气势壮盛的就会趋于衰败",凡涉猎《老子》者,都晓得这本身即是由"道"所展开的一种秩序法则,怎么会"不合乎道"了呢? 直接谓"物壮则老不合乎道"显然是对《老子》文本的严重误解。读《老子》这样的文本,实在是需要我们对其思想要有通盘的整体把握的,直接从字面索解,又不深明古人语句章法,则会造成毫厘千里之谬。实际上,这里的"物壮则老"显然是老子所肯定的正面观点;而"是谓不道"四字,则是就前面"果而勿矜、果而勿伐、果而勿骄,果而不得已,果而勿强"的反面状况而言。也即是说,如果不明了"物壮则老",而是"果而矜,果而伐,果而骄,果而必,果而强",那么就称之为"不道",是不合乎道的。凡不合乎道的,岂能长久? 所以说"不道早已"。"已",是终结、完结、死亡之意。

三十一章

夫佳兵者,不祥之器。物或恶之,故有道者不处。君子居则贵左,用兵则贵右。兵者,不祥之器,非君子之器,不得已而用之。恬淡为上,胜而不美。而美之者,是乐杀人。夫乐杀人者,则不可以得志于天下矣。吉事尚左,凶事尚右。偏将军居左,上将军居右,言以丧礼处之。杀人之众,以哀悲泣之;战胜,以丧礼处之。

如果上一章体现了老子对"以兵强天下"的社会现象的批判的话,那么本章就最为清晰地体现了老子反对战争的思想。"夫佳兵者","佳"是"唯"字之讹。"兵"既指兵器,也指兵事;"物"应训为"人"。兵器或兵事是不祥之物,人们对它会感到厌恶,所以"有道者"是不会使自己投身于、从事于兵事的,是为"有道者不处"。

君子平居的生活,通常以"左"为尊,而在战事之中则以"右"为尊,为什么呢? 左为阳而属吉,右为阴而属凶。战事是反常的行为,必有大量生命为之消逝,故其尊卑之序也反于平时。所以再次强调说:"兵者,不祥之器,非君子之器,不得已而用之。""不得已而用之",即不到万不得已而不能用,既用,也不过"果而已矣"。所以对于兵战之事,君子所当取的态度是:"恬淡为上,胜而不美。""恬淡"则心能主静,于物无欲,则或兵事可免,所以"为上";虽不得已而用兵,期于除暴禁乱、安民保境而已,所以能"胜而不美"。"美"者,赞美,也是夸耀、矜伐之意。即便赢得了战争的胜利,也必是以大量生命为代价的,这是不值得赞美夸耀的,所以说:赞美战争、为赢得战争的胜利而夸耀的人,是乐于杀人的人;乐于杀人的人,是不能得志于天下的,因为天下非杀所可安靖,非杀所可平宁,非杀所可把持,非杀所可长治。

"吉事尚左,凶事尚右",盖是当时的礼仪习惯。吉庆之事,以左为贵;凶丧之事,以右为贵。在兵战中,"偏将军居左,上将军居右",上将军位重而居右,偏将军位轻而居左,为什么要这样呢?正因为"兵者,不祥之器",所以把兵战之事当做"凶事"来对待,以"丧礼"处之,故以右为上。两军相战,杀伐必众,当临之以悲伤哀悼之情。"泣",当为"涖"之讹。即使赢得了战争的胜利,也须处之以哀礼。

本章文字简明,并不艰涩,最为清楚明白地体现了老子关于战争的观点,并且也最为深刻地体现了老子珍爱生命的价值观念。"乐杀人者,则不可以得志于天下",的确是真理。

三十二章

道常，无名。朴虽小，天下莫能臣也。侯王若能守之，万物将自宾。天地相合，以降甘露，民莫之令而自均。始制有名。名亦既有，夫亦将知止，知止可以不殆。譬道之在天下，犹川谷之于江海。

本章大意，是讲得道之体而达道之用。第一句通常断句为"道常无名"，我觉得应加标点断开稍好，因为"常"是关于道体自身存在之永恒性的确认；"无名"是关于道体自身存在之无限性及其超越于一切有相之可命名性质的确认。陈鼓应先生把本句断为："道常无名、朴"，以"朴"字连上句，释义为"道永远是无名而朴质状态的"，似可商略。"朴"字在《老子》中即是关于"道"的众多别名之一，也是不得已而为之"强名"之一例。"朴"的本义是原木，取其"原始"之意，借以指称道为一切万物之原初本始的实在。"朴"是未经任何雕琢的，"道"则是原始而浑然的。

"朴虽小，天下莫能臣也"，"小"即是"微"。道体作为"常"而"无名"的实在，若言其"小"，则"其小无内"。虽其小无内，却为天下一切万物之"朴"，是宇宙一切现象的本初原始，是万物之所以可能获得其存在的本原性根据，是天下任何力量都不可能使之臣服的。因此之故，"小"也即是"大"，"其大无外"，因为天下一切万物即是"朴"之"小"的"散在"状态，所谓"朴散则为器"。故天下虽大，而未有能出于"朴"之外者。"朴"虽小却可以含容一切，即是宇宙一切万物之存在的核心原点，是一切现象之运行的核心枢纽。所以接着说："侯王若能守之，万物将自宾。""守"者，非执非持，而犹"抱一"，是指与"朴"相同一而不离的状态。"宾"即是"臣"，其义相同。但"宾"与"主"对,既言"宾",则"主"义在焉。"侯王"若能守朴而与道同一,那么原本属于道的全部品格便即转换成了他自己的品格,他因此也就超越了原先的"宾"位而居于"主"位了,也即是超越了相对性而成为真正的"主体",所以说"万物将自宾",天下一切人物、事物便能自然宾服。

万物的"自宾",是其自然的顺从,而不是强使之服。"侯王"既宾万物,便当取法天地之道以调均天下,所以接着说:"天地相合,以降甘露,民莫之令而自均。""天地相合,以降甘露","甘露"之降的原因是"天地相合",而所谓"天地相合",实际是指天地阴阳之气的"相合";"甘露以降",是阴阳之气相靡相荡的自然结果。"甘露以降",自然也;其略无偏私而普施博化,天下万物莫不受其润泽,也自然也,所以说"民莫之令而自均"。"莫之令",没有谁对它施加命令,而能"自均",此正所谓"自然"也。"侯王"守"朴"而使万物"自宾",便当如"天地相合以降甘露"一般,去其私情之偏执,汰其私欲之滞着,遂顺自然之正道,而使一切万民各适其性,各遂其生,和齐均等,而顺化于自然。

"始制有名。""制"的意思,大抵是制度、管理之意。"始"当作"才"或"开始"来讲。这句话其实是承接着上文的"侯王"说的,省略了主语,当是"侯王始制有名"。"侯王"既因能守"朴"而使万物"自宾",居于主位,于是才开始建立制度以管理一切"有名"。道是"常",是"无名",是"朴",一切"有名"皆因"无名"而有,一切万有皆为"朴"散之"器",所以一切"有名"、一切"器"皆制约于"无名"之"朴"。而所谓"有名",则天下一切事物、一切人物、一切名物之谓也。王弼说:"'始制',谓朴散始为官长之时也。始制官长,不可不立名分以定尊卑,故'始制有名'也。"设官分职,立名分以定尊卑,是为"有名"之制度的建立;制度之"有名",是用来管理一切事物、一切人物之"有名"的。既是"有名",便必有分限,所以名分既定,职分既立,便当明了其各自分限之所在,所以说"名亦既有,夫亦将知止"。"止"者,限度、止境之意。"知止",即是知晓其名分、职分的限度。百官有司皆能"知止"而明其职分的边界与限度,则各司其职,各理其事,自然而秩序井然,所以说"知止可以不殆"。

"侯王"守朴而抱一,即是有得于道体;就此而"始制有名",即是效法天地之道；百官有司皆能"知止"，则一切"有名"无不顺理。原其实质，是即为道体自身秩序的充分显现。所以章末便以"江海之喻"作结："道之在天下，犹川谷之于江海。""川谷"是众水，无论东西南北，一切众水尽皆会归于江海，是为自然的秩序；一切"有名"尽皆归原于圣人所抱之"朴"的原点，是为圣人"法道"的秩序。"川谷"之奔流而入于江海，顺其势之自然也；圣人"法道"而使其治理之秩序井然，是亦自然也。

　　讲到这里，我想顺便指出，本章关于"始制有名"、"亦将知止"之说，实与儒家之"礼"的观念完全相合。不过此事有些复杂，此处不宜赘述。另外一点，儒家也讲"知止"。唯儒家所讲"知止"之义，大略有二：一是在"素位而行"意义上的知止，以"名分"为限度；二是在"止于至善"意义上的知止，则以"至善"为止境。儒、道二家其实都提出了人的活动的限度问题。人的自身活动的限度，大略体现于人与社会人群的公共交往、人与自然世界的对象性交往两个层面，儒、道二家皆各有其说。在老子那里，无限的观念以及限度本身的观念，皆值得我们特别加以重视。无限者本身的实在性，是通过存在物自身的有限性来体现的；存在物自身发展的限度，则是由存在物自身存在的限度所决定的。只有懂得并深切地把握这种限度，才能使我们进入自由，这才是真正的"不殆"。

三十三章

知人者智，自知者明。胜人者有力，自胜者强。知足者富，强行者有志。不失其所者久，死而不亡者寿。

本章的话，现在基本上都成了流行的格言，足见其内涵是深得人心的。虽然本章的语义似乎浅白，但要真讲清楚，却也不太容易。"知人者智，自知者明"，"知人"是了解他人，"自知"是了解自己。问题是了解自己的什么呢？用什么方法实现自我了解呢？这实在是大问题。

真实意义上讲的"自知"，必定涉及自我存在的本质问题。在道家的一般语境之中，道作为宇宙一切万物的本原性实在，同时也即成为人的本原性实在，正因此故，人才有可能实现与道体的同一。人的本质实在性即是道，故所谓"自知"，实际上即要求对自我之本质同一于道这一"真实事件"给予主动的确认与洞达。对于这一"真实事件"的自我确认，毫无疑问是个体自身的一个内在的精神活动，是不需要调动感觉器官的外向性功能的，甚至恰恰相反，必须在最大限度上对感官的外向性活动功能加以屏蔽。这就可以晓得，老子为什么要倡导"涤除玄览"，为什么要主张"致虚极，守静笃"的"静观"，庄子又为什么要"吾丧我"，以至于"堕肢体，黜聪明"。原其真意，实皆在于"自知"。"自知"即是对于道体在人本身之真实内在状态的彻底了达，从而使其本然的真实自我能够如实地呈现出来。"自知"的完成，在个体那里即意味着发生了本质的跃迁：他不再作为一个繁复的个体世界中的"个体"而存在，而是作为一个建立起了生命本质之根基的"主体"而存在。只有通过这种"自知"的方式而主动地、自觉地建立起其自身之"主体性"的人，才真实地成为"主体"。一旦成为这样的"主体"，他即超越了个体的相对性，他即实现了其生命本质的自我澄明，他即因其生命本质的澄明而焕发其自体的无限光辉，而能照彻其生存的全部世界。所以"自知"即是"自明"，是自我生命本质的澄彻洞明。因其"自明"，而能照了一切"器"的本然实相，岂有不"知人"者？是谓智慧。所以唯"自知"方能"自明"，唯"自明"方能"知人"，是谓"知人者智，自知者明"。

"胜人者有力，自胜者强。""胜人者"，是能战胜他人的人。与他人相战，便是"角力"，凭借的是身体力量，所以说"有力"。"自胜者"，是能战胜自己的人。战胜自己，不是"角力"，所凭借的不是身体力量，而是精神力量，所以说"强"。老子的时代，是一个以强力为尚的时代，人们相互角力、相互较量，总试图以强力来把持天下，"强"也就成为一个时常为人们所讨论的话题。子路也曾向孔子请教过"强"的问题，孔子也发表了他关于"强"的观点。老子在这里则是把"力"与"强"进行了意义区分，真正的强大，不是体现在身体或器械的有力，而是体现在能战胜自己的精神力。这一意义区分是重要的。但我们必须去思考：所谓战胜自己是什么意思？在不同思想家的不同语境之中，这一问题的回答或许是不同的，所以我也希望大家能够自己去加以体会。

"知足者富，强行者有志。""知足"实际上也即是"知止"，因为只有明了"止"的限度，才有可能会"知足"，否则就定然会"越界"，"越界"就是"不知足"。而在老子那里，人们的行为一旦"越界"，事物就趋向其相对价值的逆转，不再是它自身了。"富"是就财富而言，追求财富是人的本能所发出的行为，然本能若不给予限度的节制，则是定然要"越界"的。所以需要了解、把握追求财富之行为本身的限度。限度之内，是谓真富，过此以往，则"富"便向其相对的一面逆转，所以说"知足者富"。儒家也说："货悖而入者，亦悖而出。"故必制之以义。"强行"的"强"字，是强勉、努力之意。既明确了自己的志向，并且能够向着志向不断努力的人，是真有志的人。董仲舒也说："强勉行道，则德日起而大有功。"

"不失其所者久，死而不亡者寿。"这两句最有意味。"不失其所"，即是"常"。世间事物，唯常而能久。就人的现实生存而言，如果我们不懂得"自知"、"自明"之可贵，而是任随感官本能的活动，一以追逐外界物质的欲望满足为生活的目的，那么我们就是一个"流离失所"者，因为我们丧失了自我生命的本质根基。现象世界中的一切万物，就其作为现象而言，是无不处于变化迁流之中的，在这一意义上，一切现象皆是"流离"者；但另一方面，一切现象虽"流离"而"不失所"，因为它们无不以阴阳为端，以四时为柄，以日星为纪，月以为量，五行以为质，是变而不离其常，常而能尽其变，终究成就了宇宙生命的广大无限、博厚高明、悠久无疆。人如欲其久，便当"不失其所"，便当主动地、自觉地、内在地体知我们自身本质与道的本原性同一，建立起我们的"主体性"，因为这就是我们的根本"住所"，是我们生命的本原性根基。一旦如禅家之所谓"立定脚跟"而"不失其所"，则虽变化云为、人事倥偬，而其本处不改，是为有常，有常而必能久。而所谓"死而不亡者寿"，就宇宙生命现象而言，如草木春生夏长秋衰冬死，往复不已，是"死而不亡"也；月朔则生，月晦则死，晦朔相连，终始若环，是"死而不亡"也。老子原说"天长地久"，宇宙的自然生命是恒久而不已的，自然世界中并不存在着真正的死亡，一切个体生命的暂时终结都意味着新生命的诞生，是"死而不亡者寿"也。王弼说："虽死而以为生之道不亡，乃得全其寿。身没而道犹存，况身存而道不卒乎?"大概是基于自然生命的体认而转换为人的生命之"寿"的领悟。但不论是自然生命还是人的生命，真能使其不亡而寿者，道也，非躯体也。所以人便当以体道、悟道、得道、行道为其全部生活的使命，如此则其身虽死，而其道不亡，其精神生命垂于永久，是即所谓真寿也。儒家讲"三不朽"，也是"死而不亡者寿"之意。

三十四章

大道氾兮，其可左右！万物恃之而生而不辞，功成不名有。衣养万物而不为主，常无欲，可名于小；万物归焉而不为主，可名为大。以其终不自为大，故能成其大。

本章大意，实际上前面诸章都已经讲明了，总是要求从道体的自在状态领悟出处世之术，也即明体以达用。"大道氾兮"中的"氾"，亦写作"汜"或"泛"，就是广泛、普遍之意。"大道氾兮"，是说道的自身存在是广泛的、普遍的，是遍一切处的，也即是无限的。"其可左右"一句，王弼说："言道氾滥无所不适，可左右上下周旋，而用则无所不至也。"今人或许受王弼的影响过深，如任继愈先生把本句译为"它周流在左右"或"它周流在身边"，陈鼓应先生译文中则说"无所不到"，实际均为不得要领。"其"字在这里是用为副词，义与"岂"同，犹口语"难道"之意。"其"作"岂"义，实古书中常例。"左右"即是把持、把捉、驾驭、控制之意。所以这句的意思原是显明的：大道普氾而遍在于一切处，难道它是可以被左右、被把持、被驾驭的吗？既是不可左右，不可驾驭，不可把持，那就不能拂逆，不能违越，而只有顺应，所以下文便转向关于道体之自在品格的描述。

"万物恃之而生而不辞"，道是"万物之母"，一切万物都是以道为本质根据才获得其生存的，所以说"万物恃之而生"。"不辞"，已见第二章，其意为"不为始"。虽然一切万物都凭藉道才获得其生命，但是道并不是有意要成为一切万物之始，要成为一切万物的开端，所以才接着说"功成不名有"。道虽然成就了一切万物，但是它也并没有因此而把一切万物称为自己的所有物，也即并不占有万物，也是第二章所谓"生而不有"之意。这两句总说道的自在而无为。

"衣养万物而不为主,常无欲,可名于小。""衣养",即"覆育"之意,犹言覆盖、涵养。道不仅赋予一切万物以生命,同时还对天下一切万物无不覆育、无不涵养,皆能成就其生命的完全。尽管如此,但道并不自以为万物的主宰,是即第十章所谓"长而不宰"之意。道对天下一切万物既生之长之育之,而又"不名有"、"不为主",真实显现其自然无为的品格,总是以无欲自处,甘居卑下,所以说"可名于小"。"常无欲"三字,陈鼓应先生据"顾欢本"等而以为衍文,予以删去,窃以为甚为不妥。帛书甲、乙本本句都作"则恒无欲也",至少证明传世的通行本与汉代的本子在文字上虽略有出入,但意义无甚出入。事实上,这里"常无欲"三字是不能删去的,正因为道"常无欲",所以才"可名于小"。按世俗的一般观点,"衣养万物"便当为"万物之主",为万物之主便应是"大"而不是"小";但道恰好不与世俗相同,它"衣养万物而不为主",无私无欲而自处卑下,是以"小"的姿态来呈现它自己的,所以说"可名于小"。但事情的另一方面是,正因为它以"小"自处,不自为"大",遂终于实现其自身真正的无限广大:"万物归焉而不为主,可名为大。"一切万物都会归于道体自身,道体即于天下一切万物无不涵括、无不统摄,其大无外。

所谓"小"、所谓"大",原无确定不移的边界,而不过是一种相对状态而已。某处意义上的"小",恰好可以成为另一意义上的"大",所以"大"、"小"不可执持。就道体自身的实在状态而言,"小"、"大"也不过是人们对它进行观审的两个不同维度罢了,"可名于小"者同时也即是"可名为大"者。但在这里更为重要的是,从语言顺序上说,"可名于小"在前,而成为"可名于大"的逻辑前提;"可名为大"居后,而为"可名于小"的逻辑结果。这一点其实正是老子所要强调的:只有自以为"小"而不自以为"大",才最终能成其为"大";若自以为"大"而以"大"自居,最终必失其"大",而转成为"小"。所以最后总结说:"以其终不自为大,故能成其大。"若以道为行为的效法对象,那么毫无疑问,我们就应当以小自居,以弱自居,以下自居,这样终究就能实现其相对状态及其价值在现实性上的终极逆转:小而转成为大,弱而转成为强,下而转成为上。

三十五章

执大象,天下往。往而不害,安平太。乐与饵,过客止。道之出口,淡乎其无味,视之不足见,听之不足闻,用之不可既。

本章大略是讲以道为治的效用。"执大象,天下往","执"的意思,最好不要理解为"执持",而应当据老子在别处地方的表述,大抵将它理解为"持守"、"抱持"之类的意思。"大象"即是"大道之象"。大道原本无象,却又无象不象,故所谓"大道之象",便只可能是"无象之象",其体冲虚广大,哪里是可以"执持"或"执着"的?所以这里言"执大象",应把"执"字理解为对于"道"的依循而不相分离的那种状态,老子喜欢用的"抱"字,最有意味。

"天下往"一句,向来都解释为"天下归往",或"天下人都来归往",窃恐或有未谛。窃以为"天下往",犹言"往天下"也。"执大象,天下往",其意思当作:"执大象以往天下。"持守大道之虚无以往天下,则天下无往而不通达,无往而不平和。所以接着说:"往而不害,安平太。"抱守大道而往天下,便是把大道对一切万物皆无不衣养、无不覆育的品格实现出来,自然不使任何一物有所伤害,而使一切物皆能得其生养,所以其结果便是一切万物的"安平太",安宁、平和、康泰。"安平太"三字,古来都分别释,如苏辙解释为:"无不安,无不平,无不泰。"但自王引之《经传释词》之说既出,人们便全部推翻古注,而用王说。《经传释词》卷二说:"安,犹于是也,乃也,则也。"也就是说,这里"安平太"应释为"乃平太"。虽然王引之的权威地位不可动摇,但我这里仍主张古注,不用王说。"安"字尽管可以释为

"乃"，这里释为"乃平太"语义也没有问题，但不如三字分释更显得意义深长。安宁则无争，平和则无伤，康泰则成就，正极言以道治天下之无上效用也。

"乐与饵，过客止"，音乐与美食，能令过客驻足止步，因为它们是美听美味的，是吸引人的。这里是以"乐与饵"之能吸引人，以反衬下文所言道的平淡无奇。

大道是平淡无奇的，它不像"乐与饵"那般具有能使过客止步的吸引力。"道之出口，淡乎其无味"，正所谓"信言不美，美言不信"，真理被言说出来，总是质实平淡的，不像"巧言令色"那般地悦人耳目。"视之不足见"，"视之"，犹"际之"，出示之意，道被展示出来，却不足以让人们见到它，因为道原本是不可见的；"听之不足闻"，"听之"，使听之也，若使听之，则不足以使人们听到它，因为道原本是不可听闻的。出言而质实平淡，示之而不可得见，听之而不可得闻，人们便往往信有不及。但若得道之真，则道之用为"绵绵不勤"，不可穷竭。"既"，即穷尽之意。"不可既"，王弼本原作"不足既"，据帛书甲、乙本改，义长也。

三十六章

将欲歙之,必固张之;将欲弱之,必固强之;将欲废之,必固兴之;将欲夺之,必固与之。是谓微明。柔弱胜刚强。鱼不可脱于渊,国之利器不可以示人。

基于道的深邃领悟,老子要求把"反者道之动"的本质原理转换到现实事务的处置之中,从而使自己在现实关系的对峙中立于不败之地。凡处于相对关系之中的一切事物,其自身的存在状态在时空连续性中必然趋向其相对面的转换,这是由道体自然而又必然的运动所导致的,是人力无法干预、更不可改变的。但对于一个真正能够对道的这种自然的必然性加以深刻理解与领悟的人来说,他却可以利用道之动的必然性来助成、促成事物向其对立面的转化。这种助成与促成之功,在老子那里是不算"有为"的,而是"以辅万物之自然而不敢为"。既促成了事物向其对立面的转化,便即实现了自己战胜对方的目的。

"将欲歙之,必固张之","歙"是"收束"、"收敛","张"是"扩张"、"张大",两者相对。"必固",犹言"固必","固然一定要"、"本来就一定要"之意。如果要达到收束、收敛某一对象的目的,那么固然就一定要先使它进一步扩张。"将欲弱之,必固强之",如果要达到削弱某一对象的目的,那么固然就一定要先使它强大。"将欲废之,必固兴之","废"是衰颓,"兴"是振兴,或说"兴"当作"举",意义相去不远。如果要达到使某一对象衰颓的目的,那么固然就一定要先使它振兴繁荣。"将欲夺之,必固与之",如果要达到剥夺或夺取某一对象的目的,那么固然就一定要先更多地给予它。现象世界一切事物是必然处于相对状态之中的,而由道所引导的

"反"的本原性运动,必使一切相对物向其自身的对立面转化。"物壮则老",故因物之势而助成其"壮",也即所以助成其"老"。

"是谓微明",四字单独成句,是对上面所举四种相对关系中的做法,也即是"欲歙之而张之"、"欲弱之而强之"、"欲废之而兴之"、"欲夺之而与之"的总结性肯定或判断,犹言"这就叫做微明"。但"微明"之意,后世异义迭起。《韩非子·喻老》说:"起事于无形,而要大功于天下,是谓微明。"后世注解,大都承韩子"由微之显"之意,如范应元说:"张之、强之、兴之、与之之时,已有歙之、弱之、废之、取之之几伏在其中矣。几虽幽微,而事已显明也,故曰'是谓微明'。"陈鼓应先生则解释为"几先的征兆",实更为不切。其实"微明"之义,即是"洞烛玄微的智慧"之意。"明"者,智也;"微"者,昧也,深玄也。如当强弱对峙之时,一个对道之幽昧深玄不能洞察通达的人,对"反者道之动"这一自然的必然性不能领悟与把握的人,是无法做到"将欲弱之,必固强之"的;能做到的,便无疑体现了一种非凡的"洞烛玄微的智慧",所以说"是谓微明"。

"柔弱胜刚强",这一句实际上即是讲"微明"之用。既能洞烛玄微而通达道体之用,即能以柔弱而胜刚强。虽然这种"胜"不是角力之胜,而是基于道体自身之存在及其运动之玄微的洞察与领悟而实现出来的"自然之胜",但由此同样也可以清楚地看到,老子的目的其实还在于"胜",只不过采用了更为"智慧"的方式而已。

"鱼不可脱于渊,国之利器不可以示人。""鱼不可脱于渊"是"国之利器不可以示人"的比喻。本句的困难不在于文字,而在于"国之利器"究竟何指的理解。古来的解释,可谓纷繁而莫衷一是。不过我以为最有意味的理解,大略有三。一是以韩非子为代表,以"赏罚"为"国之利器"。《喻老》说:"势重者,人君之渊也。君人者势重于人臣之间,失则不可复得也。……故曰'鱼不可脱于深渊'。赏罚者,邦之利器也。在君则制臣,在臣则胜君,君见赏臣则损之以为德,君见罚臣则益之以为威,人君见赏而人臣用其势,人君见罚而人臣乘其威。故曰'邦之利器不可以示人'。"韩非子是以"赏罚"为"国之利器",实即是所谓"权柄",是治人之术。二是以薛蕙为代表,以"威武权势之属"为"国之利器"。《老子集解》说:"利器者,

老子研读

喻国之威武权势之属。示，观也，犹《春秋传》所云'观兵黩武'也。……今夫鱼能深潜则常活，不可躁动而脱于渊，不尔则为人所制，而灾害及之矣。譬国能守柔则常安，不可矜其威力以观示于天下，不尔则势穷力屈，而国家不可保矣。"三是以王纯甫为代表，以"微明"为"国之利器"。王纯甫说："利器，兵也，设喻之言。盖微明之理，圣人用之则为大道，奸雄窃之则为纵横捭阖之术，其害有甚于兵刃也，故圣人喻之以利器云。"

从文本的整体语境来看，我个人更赞同王纯甫的观点。"国之利器"，犹言"治国之利器"。治国必以道，而洞达于道的自然的必然性，即实现了烛照幽微、洞达道体的智慧，是为"微明"。这种"微明"是能够实现"柔弱胜刚强"的非常效用的，所以也即是治国之利器。这一基于道的内在体认而实现出来的"微明"，因它原本幽深微妙，自然是"不可以示人"的；若"示人"，则不成其为"微明"矣，所以用"鱼不可脱于渊"为喻。

韩非子把老子之"道"转换成了"术"，这是显而易见的。不过韩子的解释，并非空穴来风，而仍有其相当的合理性。今人或不喜老子讲"权谋"之说，各出异见，强为之说，虽其初心可原，但未必尽合《老子》文本之义。虽然我本人也不愿把本章这样的文字作"权谋"看，但也仍要指出：将"道"转换为"术"，甚或为人事的权谋，确实是包含在《老子》之中的一种明显倾向。

三十七章

道常无为而无不为。侯王若能守之，万物将自化。化而欲作，吾将镇之以无名之朴。无名之朴，夫亦将无欲。不欲以静，天下将自定。

本章意思，实基于道的体用来讲致治之用。开头一句最为重要，总说道之体用。"道常无为而无不为"，"道常无为"是体，"而无不为"是用。"常"是就道体自身的存在状态而言，它永远是它自身的本真实在，是为有"常"，也即"独立而不改"；"无为"是就道体自身存在的无意志、无目的、无意向、无愿欲而言，也即"自然"。"无为"不是"不动"，恰恰相反，道是永恒运动的，是周流不息的。故所谓"无为"，是指道的存在及其全部运动，都没有除它"自身本然"以外的任何别的原因，所以"无为"即是"自然"，"自然"即是"无为"。但是，道体自身的"无为"之在，却在现实性上实现了它"无不为"的效用：一切万物都因道体自身的"无为"而获得其各自的生存本质并体现其现实生存。故所谓"无为而无不为"，其实是涵摄了道之体用的总相而作的一种表述。"无为"是体，"无不为"是用；或者说，"无为"是原因，"无不为"是结果。体用一原，因果不二，故总说为"无为而无不为"。

我这里略举二例以明之。且如黄河之水，滚滚东流，它只是依其"自然"而东流而已，而不是以形成其中下游的冲积平原为目的，但正因其自然地东流，便有了冲积平原的肥沃，便养育了众多的人口，便有了中华文明的发祥。黄河东流就是"无为"，冲积平原的形成、人口的繁衍就是"无不为"。再如太阳的东升西落，没有谁去推动太阳，它原本如此；没有谁使

老子研读

太阳闪耀,它原本如此,是为"自然",也即"无为"。但正因为有了太阳东升西落的"无为",才有阴阳晦明、四时代序、风雨霜露、庶物露生,是即"无不为"。因此,如果把"无为而无不为"作为道体自身存在的统一性与连续性过程来看,那么"无为"的同时即是"无不为"。我们既需要晓得此二者是就体用不同的层面而言,也需要晓得体用不二以及道自身运动作为过程的统一性。

"侯王若能守之,万物将自化。"三十二章说"侯王若能守之,万物将自宾",义理大抵一致。"之"在本句即是指"道常无为而无不为"。"侯王"若是能守道之"常",法道之"无为",那么就能实现"无不为"的治效,"万物将自化"。所谓"自化",即"自然而化",不知其然而然,民生的秩序便能在"自然"的状态之下而"自然"地形成,是即治效之极致。以"无为"的方式而实现"万物自化"的治效,即所谓"无为而治"。

"化而欲作,吾将镇之以无名之朴。""无名之朴",即是道。"道"之所以为"无名",我们已经多次讲过,实在是因它"无可名";"朴"的本义是原木,取其原始之意。"化而欲作",是就民众而言。民众既处于自然的生活秩序之中,却也难保其不有"欲作","欲作"则争,争则相夺,夺则乱离,必与道乖;如欲制其"欲作",便无如"镇之以无名之朴",也即是"以无名之朴镇之"。"镇"者,安也,安止、安抚、安定之意。在老子看来,政治是应当以"道"这一恒久的真理为本原性根据的,政治的效果在总相上则应当是道的自然秩序的实现;如果政治在现实性上一旦偏离于道的秩序,则道的本原性法则即应成为对现实政治进行纠偏的"利器"。但与此同时,在"吾将镇之以无名之朴"这一表述之中,"无名之朴"已经被用为"器"了。在"道"的运用者那里,"道"既转而为"器",也即转而为"术"。

"无名之朴,夫亦将无欲。不欲以静,天下将自定。"这两句帛书乙本作"镇之以无名之朴,夫将不欲;不欲以静,天地将自正"。如按照帛书本的文句,那么大意就是:镇之以无名之朴,那么民众就会不起贪欲;不起贪欲而至于安宁清静,天地就自然回归于正定。所谓"不欲以静,天地将自正",高明先生说:"谓根绝贪欲,清静无为,天象乃运转正常,地气与四时相应,则风调雨顺,百姓安居乐业。"但如按今通行本的文字,除了可以做以上意义的理解之外，还包含着另一种可能的解释：尽管"镇之以无名之朴"是可以制止民众之"欲作"的，但对于"无名之朴"本身，"夫亦将无欲"，也即不要把"无名之朴"当作是一个可以执持的、可以把持的、可以欲求的对象，因为真正的"无名之朴"是不可执持的，"大道氾兮，其可左右"？不把"无名之朴"作为可以执持、可以欲求的对象，而只使自己归于清静无为无欲之境，则"天下将自定"，天下自然回归于正定状态。"定"、"正"义通。

三十八章

上德不德，是以有德；下德不失德，是以无德。上德无为而无以为，[下德为之而有以为。]上仁为之而无以为，上义为之而有以为。上礼为之而莫之应，则攘臂而扔之。故失道而后德，失德而后仁，失仁而后义，失义而后礼。夫礼者，忠信之薄而乱之首。前识者，道之华而愚之始。是以大丈夫处其厚，不居其薄；处其实，不居其华。故去彼取此。

按通常的分篇方式，自本篇以上，称为"道经"；自本篇以下，称为"德经"。在本章中，老子特别阐明了"道"、"德"、"仁"、"义"、"礼"五个范畴之间的内在关系，体现了老子独特的价值理念、价值取向及其批判现实的精神，其重要性是不言而喻的。

"上德不德，是以有德；下德不失德，是以无德。""德"者，得也，有得于道谓之德。"德"是必以"道"为本原的，故通常谓之"道德"。"上德"即是全然合乎"道"之"德"。"道"对一切万物无不生养，无不覆育，然而"生而不有，为而不恃，长而不宰"，无亲疏、无差别而一往平等，是所谓"天地不仁"。"不仁"似乎是"不德"，但此之"不德"，却是最高的"玄德"。"上德"之人，无疑即是能够体现"道"的最高"玄德"的人，所以说"上德不德，是以有德"。"下德"则是"玄德"的分离形式，即是通行于人间世的"仁"、"义"、"礼"、"智"等等。正所谓"朴散则为器"，作为"玄德"这一价值原始的分离形式，"下德"的任何一种形式都不可能如"玄德"本身那样无所不施、无所不遍、无所不化，而总是局于一隅，仅得"玄德"之一偏的。"下德"之人或以行仁，或以行义，以"仁"、"义"为"有德"，既滞于一偏，便失其遍全，所以说"下德不失德,是以无德"。不以自身之德的普遍施与为有德,反而能得道德之全体,"是以有德";拘拘于自身之德的施与,自以为有德,非但不能得道德之全体,而且以德的施与为目的,反而失德,"是以无德"。老子在这里不仅深刻地揭示了"价值逆转"现象,而且同样深刻地揭示了"目的与手段"的二律背反。《金刚经》说:"若菩萨不住相布施,其福德不可思量。""不住相布施",即无能施之人、无所施之物、无施与之对象,所谓"三轮清净",而其福德不可思量,"是以有德"也。

"上德无为而无以为,下德为之而有以为。"这两句比较麻烦,因为"下德为之而有以为"一句,传世版本不一。帛书甲、乙本出土之后,基本上可以断定这句话原是没有的,是后人在传抄过程中添加的。高明先生做了一番极有说服力的考证:"帛书甲、乙本无'下德'一句,世传本皆有之。此是帛书与今本重要分歧之一。《老子》原本当如何?从经文分析,此章主要讲论老子以道观察德、仁、义、礼四者之不同层次,而以德为上,其次为仁,再次为义,最次为礼。德仁义礼不仅递相差次,每况愈下,而且相继而生。……德仁义礼之间各自差距如何?老子用'无为'作为衡量四者的标准,以'无为而无以为'最上,'为之而无以为'其次,'为之而有以为'再次,'为之而莫之应,则攘臂而扔之'最次。据帛书甲、乙本分析,德仁义礼四者的差别非常整齐,逻辑意义也很清楚。今本衍'下德'一句,不仅词义重叠,造成内容混乱,而且各本衍文不一,众议纷纭。如王弼诸本衍作'下德为之而有以为',则同'上义为之而有以为'相重;傅奕诸本衍作'下德为之而无以为',则同'上仁为之而无以为'相重。由此可见,'下德'一句在此纯属多余,绝非《老子》原文所有,当为后人妄增。验之《韩非子·解老》,亦只言'上德'、'上仁'、'上义'、'上礼',而无'下德',与帛书甲、乙本相同,足证《老子》原本即应如此,今本多有衍误。"高明先生的这一考证是令人信服的,解决了《老子》文本中的一个重大问题,所以我们这里就略去"下德为之而有以为"一句。

"上德无为而无以为","上德"即如道之"玄德",上文已明。不以其普遍之德的施与为有德,自然如此,不着丝毫勉强,是为"无为";因其"自然",略无个人的意图、目的、意志、愿欲,是为"无以为"。"以"是目的、意图之意。"无为而无以为",即是纯粹"无为"。

"上仁为之而无以为","上仁"已不如"上德"之"无为",而已是"为之",但还没有掺杂个人的私意私欲,没有把"为仁"当作实现个人意图的手段,所以是虽"为之"而"无以为",突出了"上仁"的特征乃是无私的普遍施与,是没有个人私心私利掺杂其中的。

"上义为之而有以为","上义"比"上仁"又差一等,非但"为之",而且还在"为之"的过程之中掺杂有个人的私意私欲,虽是"为义",实是为己之利,所以是"为之而有以为"。

"上礼为之而莫之应,则攘臂而扔之","上礼"比"上义"更差一等,"为之"而得不到对方的响应,就伸出胳膊,强使人从之。"扔"的意思是"引"、"拉"。

就"仁"、"义"、"礼"的一般内涵而言,"仁"是"爱"的普遍表达,虽不如"上德"之"无为",但还体现出"爱"的普遍性,所以居于"上德"之后;"义"者,宜也,宜而行之是为"义",那么也就已经不如"仁"那般地具有普施博化的普遍性了,所以居于"上仁"之后;"礼"则是由制度来保证的关于社会公共生活的秩序规范,"名分"不同,则"礼"有别异,是具有某种意义上的外在强制性的,所以老子用"攘臂而扔之"来作形象的比喻。

我们且不说这里关于"仁"、"义"、"礼"的观点是否合乎儒家思想本身,仅就老子的观点而论,我们实际上是可以清楚地看出这样一点的,即老子关于"德"之高下的判断准则主要有二:一是"德"的体现是否有私意私欲的掺杂。就此而言,"无为"而"无以为"为上,"为之"而"无以为"为次,"为之"而"有以为"为下,"为之"而强使人从为最下;二是"德"的体现是否具有平等的无差别性。就此而言,则"上德"(玄德)为上,"仁"、"义"、"礼"皆等而下之。处老子之世,王纲解纽,非但"上德"早已成为古先圣人的往事,即如等而为最下的"礼",也已然趋于崩溃,以至如孔子还四处奔走呼号,试图实现"礼"的回归,但在老子看来,处于这样一个价值颠覆错乱的世界,只有揭示了人们当前所提倡的"价值"本身的无价值、无意义,才有可能对世人有所惊醒,才有可能重新唤起人们对于道作为本原性价值或价值原始的信仰。所以说:"故失道而后德,失德而后仁,失仁而后义,失义而后礼。夫礼者,忠信之薄而乱之首。"

这段话常被人们引用为老子反对儒家仁、义、礼之德性价值的"证明",其实非也。而今研究老子的人,则或许觉得老子连"仁"、"义"、"礼"都一概反对,似乎便对老子不利,于是便曲为之说,如有学者把此段译为:"所以丧失道就会失去德,失了德就会失去仁,丧失了仁就会失去义,失了义就会失去礼。"如照这样的理解,以这样的语序来表达,那么毫无疑问,"礼"就是最为重要的了!这显然与《老子》文本的原意相去不啻千里!实际上,所谓"失……而后……",是继前"失"者而生"后"者。"失道"之后而有"德"的产生,"失德"之后而有"仁"的产生,"失仁"之后而有"义"的产生,"失义"之后而有"礼"的产生;价值世界每况愈下,至于"礼"的出现,已经是不能再"下"的了,所以说"夫礼者,忠信之薄而乱之首。"原情而论,这段话正体现了老子对于现实的价值世界的严厉批判,体现了他试图用"道"之"玄德"来重建人群之价值信仰的初衷。

"前识者,道之华而愚之始。""前识"二字,似乎古来皆不得其确解。如河上公注:"不知而言知为前识。"王弼注:"前识者,前人而识也,即下德之伦也。"范应元说:"前识,犹言先见也。"焦竑说:"前识,如释典'前尘'之前,非有诸己之谓也。"任继愈释之为"先见之明",陈鼓应说:"'前识',指预设种种礼仪规范。"真可谓意见纷纭!愚以为当从文本语境而求其义,而不必求之过深,反生胶葛。

所谓"前识者",即"前所识者","识"音"志",标记、标识也。"前所标识者",即指前文所指称的"失道"而后的"德"、"仁"、"义"、"礼",所有这些,皆是"道之华而愚之始"也。"华"是"本"之所发,"德"、"仁"、"义"、"礼"皆是"道"作为价值原始之"朴"的分离形态,是"朴"之"散"的结果,所以称之为"道之华";既以"道之华"为倡导,便是舍本而逐末,便无由返归于"道"的本原性真实,是真把民众引向愚顽的开端,所以称之为"愚之始"。

天下纷纷,人心不古,"道之华"虽遍满天下,但既失于"道",则"朴"之原始的浑然统一性即已为解体,虽予以提倡的"德目"愈趋繁多,而"道"之德的本然醇厚却愈趋沦丧,人心便愈趋浇薄,"是以大丈夫处其厚,不居其薄；处其实，不居其华"。一个真正有价值信仰的"大丈夫"，便当回归于"道"的原始天成的浑朴醇厚，是为"处其厚"；而不当以"忠信之薄"已趋于极致的"礼"为自处之地，是为"不居其薄"；当回归于"道"之敦朴的本原实质，是为"处其实"；而不当以"道"之散在状态的、不得其根本要领的"仁"、"义"、"礼"为自居之地，是为"不居其华"。此"当"与"不当"，是一个选择问题，所以最后有一个关于价值选择的总判断："故去彼取此"，自然是去其薄华而取其厚实。

关于本章所言"失道而后德"云云，我们还需要再做一些解释。道的自身实在无疑是永恒的，也即是说，它原本无所谓"失"，也无所谓"得"，它永远只是其自身本然的实在状态。因此所谓"失道"，只能是从人的角度来说的，当人们丧失了对于道的终极把握而不能把其真实状态实现出来的时候，即是"失道"。"道"是自然而无为，"失道"就必然"有为"，所以自"下德不失德"以下而至于"礼"，一切相对价值的主张与倡导，便都是"人为"。而凡一切相对价值的提倡，按老子的洞察，在现实性上都必然导致其"价值逆转"，"道"的本原性价值的灭裂便愈甚，这一点足可以解释老子为什么反对"下德"以至于"礼"的全部相对价值的倡导。但与此同时，我们又应当公平地指出这样一点，即老子虽然反对"下德"以至于"礼"的提倡，但他实际上并不反对作为价值的"德"、"仁"、"义"、"礼"本身。只不过在他看来，所有这些相对价值，就其实质而言，乃是原本为"道"这一本原性价值所内含的。换句话说，"道"作为价值之原始，也即是价值之绝对，它是普遍涵摄了包括"德"、"仁"、"义"、"礼"在内的一切相对价值形态的。因此"道"一旦实现于天下，则所谓"德"、"仁"、"义"、"礼"的相对价值便必然同时获得其实现。而今天下纷纷，众口呶呶，弃置"道"的本原性价值于不顾，却以其分离的、散在的相对价值为倡导，是无异于舍本而逐末、弃实而寻华，其结果就必使价值世界愈趋颠倒。"失道而后德"云云，以及"夫礼者，忠信之薄而乱之首"，实在是愤世嫉俗的话，而"故去彼取此"的结论性意见，则清晰地体现了老子试图以"道"的天真浑沦、敦厚朴茂的价值原始来消解相对价值的纷乱状态，而重新回归于本原性、绝对性之"道"的根本价值取向。

三十九章

昔之得一者：天得一以清，地得一以宁，神得一以灵，谷得一以盈，万物得一以生，侯王得一以为天下贞。其致之，天无以清将恐裂，地无以宁将恐发，神无以灵将恐歇，谷无以盈将恐竭，万物无以生将恐灭，侯王无以贵高将恐蹶。故贵以贱为本，高以下为基。是以侯王自谓孤、寡、不穀，此非以贱为本邪？非乎？故致数舆无舆。不欲琭琭如玉，珞珞如石。

本章讲起来也是十分麻烦，涉及不少文句上的问题。不过我们可以先明确两点：一是本章中的"一"即是"道"，因为"道"是原始浑沦的整全实在；老子称之为"朴"，是强调它的原始性，而这里称之为"一"，则是强调它未分化之前的整全性与独立性。二是本章的总体意趣，是通过"一"的本质实在性及其根本重要性的充分揭示，而领会一种"应当"的生活态度。

"昔之得一者：天得一以清，地得一以宁，神得一以灵，谷得一以盈，万物得一以生，侯王得一以为天下贞。""昔之得一者"，"昔"是个时间副词，但并没有确定的时间起点，犹佛书所谓"无始以来"。这一段是总说天地山川人物神灵皆以"一"为其本原性存在的根基。天因"得一"而显现其清明深湛之态，地因"得一"而显现其宁静安泰之貌，神因"得一"而成就其灵妙不测之能，溪谷因"得一"而呈现其盈满奔流之状，万物因"得一"而呈现其生命的仪态万千，侯王也因"得一"而能够成为天下的法式。"贞"，也作"正"，字义相同。"为天下正"，也即为天下的法式。法式即是准则，所以"一"即是天下的根本准则。由此可知，宇宙一切万物都由于"得一"而成就其原本如此的、真实的存在状态，"一"即是一切存在的本原；一切生命都由于"得一"而显现其生命的原始本真，"一"即是一切生命的本原。"一"既是宇宙一切万物之所以能够获得真实存在的本初原始，也是一切万物之所以能够实现其终极统一的本质根据。"一"即是宇宙的终极实相。

以上总说宇宙一切万象必因"得一"才获得其存在的本然真实状态。"其致之"以下，则反论宇宙万物若不得"一"即不得其存在之本真状态的显现。"其致之"，即做进一步推论之意。天以"清"为"本体"或本然状态，"天无以清"，也即天若不能得其"清"之本体，则恐怕将会灭裂；天若灭裂，则不成其为天矣。地以"宁"为本体状态，地若不得其"宁"之本体状态，则将恐"发"，发者，动也；地若动而不宁，则不得为地矣。刘师培《老子斠补》以为"发"当作"废"，"发"为"废"之形省。今不少研究者也都从"废"义作解，有的便径改经文为"废"，似未的确。窃以为"发"当读如字。本段"裂"、"发"、"歇"、"竭"、"灭"、"蹶"皆以入声为韵。若作"废"，则不韵矣。神以"灵"为其本然之能，神若不得其灵妙之能，则将恐"歇"，歇者，停歇，即不能继续其变化不测之能；神若不能继续其变化不测之能，则不得为神矣。川谷以"盈"为其本然状态，川谷若不得其"盈"之本体，则将恐"竭"，竭者，涸也；川谷若竭，则不得为川谷矣。万物以"生"为其本然状态，万物若不得其"生"，则将恐"灭"，灭者，绝也；万物若"灭"，则不得为万物矣。侯王之所以为侯王，以其"贵高"也，侯王若不得其"贵高"，则将恐"蹶"，蹶者，仆也；侯王若"蹶"，则不得为侯王矣。

以上是我按照今通行本所做的解释，皆极言"得一"才使宇宙一切万物获得其本然真实的存在状态。但这几句话，在帛书甲、乙本的文字有差别，最重要的差别是"无以"二字作"毋已"，高明先生说："今本将'毋已'二字改作'无以'，尤其是将其中一个关键字'已'改作'以'，则原义全失。""因此一字之差，本义全非，后人因讹袭谬，连绵千载，各家注释皆各持己见，自以为说。"此一字之差是否就"本义全非"，其实也另当别论。但高明先生据帛书校雠，勘定本段文字为："其诚之也，谓天毋已清将恐裂，地毋已宁将恐发，神毋已灵将恐歇，谷毋已盈将恐竭，侯王毋已贵以高将恐蹶。"所谓"毋已"，便犹言"无已"，也即所谓"无休止"、"无节制"、"持续不断"之意。那么这段文字的大意就成为：要引以为戒啊！如果天无休止地"清"便恐怕将会灭裂，地无休止地"宁"便恐怕将会发动，神无休止地"灵"便恐怕将会停歇，谷无休止地"盈"便恐怕将会枯竭，侯王无休止地自以为贵、自以为高便恐怕将会颠仆。天之所以"清"是因为"得一"，但天若无休止地"清"便恐怕将要灭裂，等等，如照这样的理解，那么这段话实际上就在谈论这样一个事实，即：宇宙一切万物在因得道而获得其存在本质并得以显现其本然应有的真实存在状态的同时，也获得了其自身存在的否定性本质；因此就一切万物本身而言，其作为存在之"有"与作为非存在之"无"本质上是同时共在的。如果要想更多、更久地保持其"有"的真实状态，那么就应以收敛含藏为主，这或许倒可以成为五十九章所谓"治人事天莫若啬"的理由。

"贵以贱为本，高以下为基。""贵贱"、"高下"都是相对状态，有此则有彼，无此则无彼，其存在是互为前提的。离"贱"则无"贵"，离"下"则无"高"。"本"与"基"同义。这两句是就事物的一般相对状态而言，由此一般原理，而引出下面一句："是以侯王自谓孤、寡、不穀。""孤"、"寡"、"不穀"是"贱称"而不是"贵称"，而侯王用以自称，以明"贵以贱为本"。不过关于"孤"、"寡"、"不穀"之称谓的由来，实与西周独特的政治理念有关，我们这里且不做展开。

"故致数舆无舆"，本句河上公本作"数车无车"，当是传抄之误。盖原作"譽"，"譽"、"與"字通，遂写为"與"，又讹为"舆"，再后来"舆"也就变成了"车"。"数车无车"原是句不通的话，但朱谦之在《老子校释》中引用了李道纯的解释，却非常有趣："诸家解不通。予谓数车之各件，无一名车者，喻我是一身，无一名我也。成玄英曰：'舆，车也，箱、辐、轂、辋，假合而成，徒有车名，数即无实。五物四大，为幻亦然。所以身既浮处，贵将安寄？'"李道纯的这一解释，显而易见用的是佛教的缘起说，说明一切现象物皆无自性，缘起而已。从李道纯引成玄英的说法可知，大概这一解释路数即来源于成玄英，却可见佛教思想到了唐代是多么地深入人心，援佛入老，恐怕是一种相当普遍的现象了。这一因文本讹误而造成的解释现象，确实透露了唐代佛、道混融的独特思想面貌。不过不管成玄英、李道纯的解释有多么美妙，其实与《老子》这里的文本内涵并不相切。"致数舆无舆"，"舆"通"誉"；"数"，多。要想获得人们更多的赞誉，最终反而"无誉"；如自处低下，不自夸耀，却终究不失其赞誉。

正因为相对的事物双方总是包含着向其相对面转变的可能性，所以正确的处世方式便是："不欲琭琭如玉，珞珞如石。""珞珞"，不同本子也作"落落"，帛书甲、乙本作"硌硌"。琭琭，是玉温润之貌；硌硌，是石坚确之貌。世人皆贵玉而贱石，但贱为贵之本，下为高之基，所以不欲自居高贵如玉之琭琭，而宁自处低贱如石之硌硌。这是一种理解。另一种可能的理解，则是以"不欲"贯通全句，犹言"不欲琭琭如玉，不欲硌硌如石"。如河上公说："琭琭，喻少；落落，喻多。玉少故见贵，石多故见贱。言不欲如玉为人所贵，如石为人所贱，当处其中也。"从语法上说，这一理解同样是可以的。而所谓"当处其中"，便即如庄子之所谓"处夫材与不材之间"。如果"玉"是"材"，而"石"是"不材"，那么"处夫材与不材之间"的处中之道，便即是对于"材"与"不材"的一种双边共摄，也即是对于相对性的一种超越，是为"中道"。二说皆通。

四十章

反者道之动,弱者道之用。天下万物生于有,有生于无。

这一章虽然简单,但在《老子》全书中却是非常的重要,代表了老子关于道自身存在之运动性的特殊领悟。"反者道之动",所谓"反",首先不是对立、相反之意,而是返归、回归之意,字即通"返"。这句话的意思是说:道的自身运动是向其自身回归的。这简单的一句话,却包含着极为丰富的思想内容。以下我提出一些自己的阐释性意见:

一、道作为宇宙万物之存在本体的运动性的确认,消弭了"本体"与"现象"之间的可能隙裂,从而使形而上的本体世界与形而下的现象世界实现其整全的、整体的统一性。东西方哲学对于现象世界一切万物的流变性,都具有极为深刻的洞察。赫拉克利特说:"人不能两次踏进同一条河流",意在表明一切万物都处于永恒的流变过程之中。同样用到"河流"的比喻来表达一切事物皆永恒消逝观念的,则是孔子。"子在川上曰:逝者如斯夫! 不舍昼夜。"一切皆流的观念,在佛教中的表述则是"诸行无常"。如果关于现象事物的流变性观点是东西方一致的,那么由这种流变性所进一步引导出来的观念却存在巨大差异。按西方思想,流变性即是暂时性,即是处于运动过程当中的不稳定性,即非永恒性,即不具有终极意义上的真实性。这一观点大概在柏拉图那里是表现得最为清晰的。由于一切事物都处于瞬间变化的流动之中,因此我们实际上是无法真实地认识某一事物的真实存在的,因为哪怕是对于"同一个"事物,我们通过感官所摄取的感觉印象,也总是瞬间不同,所以本质上并不存在所谓"同一个"事物。正因为如此,一切关于现象的观点,本质上都只可能是关于事物之当前存在状态的"意见",而不可能是关于真理的"知识"。"真理"必须超越于流变性本身,只有超越了流变性才可能获得"永恒"。从赫拉克利特开始,经由巴门尼德,而到了柏拉图那里,寻求"真理"便成为哲学的终极使命。也正是在柏拉图那里,"理念"世界与事物世界形成了确定的二重分割,形而上的本体世界与形而下的现象世界遂处于二重分裂的对峙之中,超越现象的流变而到达理念的永恒便成为哲学家通达于真理的必由之路。

对柏拉图来说,"本体自身是运动的",这种观念一定是非常陌生的,因为按通常的观念,所谓运动便即意味着时空连续性,即意味着暂时性,而"本体"的理念是不可能不具有永恒性的。正是在这一点上,"反者道之动"体现出了独特的中国智慧。正由于作为宇宙万物之"本体"的道本身是运动的,运动性即是其存在方式,因此一切现象的流变与运动便被理解为道自身运动性的即时展开,是"本体"自身存在方式的对象性表呈。运动正是道体展示其真实存在的方式,而现象世界一切万物的运动性则不仅是道体之运动性的展开方式,并且是道体自身之真实存在的实现方式。那么显而易见,在道的这一观点之下,所谓形而上的道本体的世界与形而下的现象世界之间是并不存在二重分割的,而完全是统一的;与此相关,现象物的流变性也并不是现象物不具有真实性的证明,而是永远具有真实性的,因为流变性本身即是道体之运动性的对象性呈现。尽管一切个体事物总是在流变性,在时空连续性中来实现其自身存在的全部过程,是不具有其某种存在状态的永恒性的,但一切个体事物在流变性中来实现其存在的全部过程这一点本身是永恒的。或者说,流变性本身是永恒的。

二、正因为道体与现象的关系是在道体的自身运动中来实现的,所以形而上之"道"与形而下之"器"实质上即是道体之存在的两个基本"阈";前者是道体自身的本然实在状态,后者则是实在者之本然的呈现状态。这样便可以理解,一方面,道体自身的实在本质是普遍在于一切现象的,遍一切处,遍一切时,无所不在,其大无外;另一方面,任何具体的单独现象都不是道本身,因为道虽以其自身的实在性而展开为时间与空间的共相连续,但它本身却又以"虚寂"的方式而"独立不改","自古以固存"。借用《大乘起信论》的话,"道"即是"一大总相法门体",它既可以"随缘",也可以"不变"。不变而随缘，无物不生，无处不在；随缘而不变，则生物而不有，独立而不改，周行而不殆。

三、"道"之动的"反"，即是关于道体运动的"方向性"领悟。而所谓"反"，也即是"大曰逝，逝曰远，远曰反"。道体既以自身的本原性实在而展开一切万物之现象的无限性，但"展开"并不是它自身之本然实在的终极形态，而不过其实是在过程中的一个必要"阶段"，它总是向其自体之原初的本在状态回归，是回归于无限者自身之渊默静深的虚寂的。正因为如此，由道之"反动"所对象化地展开的一切现象，便必然经由"微"而之"显"、"显"而之"壮"、"壮"而之"老"、"老"而之"寂"的整体过程，是即为宇宙生命之共相的总体秩序。因有这一必然性秩序的存在，一切万物便都无有例外地向其所从来的本初原始状态回复。因此之故，"夫物芸芸，各复归其根"是必然的，而"吾以观复"则不仅是可能的，而且正是基于道体自身之"反动"的本质领悟而实现其生命更新的唯一之途。

"反者道之动"是道体之动的自然的必然性，而"弱者道之用"则是基于道体之"反动"的领悟而对其"用"的把握，"明体"即在于"达用"。但这句话如果简单地理解为"柔弱是道的作用"或"道的作用是柔弱的"，恐怕便有毫厘千里之失，并不确切。我们已经晓得，道的"作用"不仅是"柔弱"而已，也是包括了"刚强"的，一切万物之存在的全部过程，无不为"道的作用"，不仅为"柔弱"而已。此所谓"弱"，实是"处弱"或"守弱"之意。处弱或守弱，是体现了"道之用"的，或者说，是体现了对于"道之用"的恰当把握的，是为"弱者道之用"。因为道是以"反动"的方式来呈现其自身的运动性的，所以"弱"必定包含了"强"，既已至"强"，则也已然离衰老死亡不远。"弱"即是"生"的代名词，因为万物无不生于柔弱而死于刚强。正是在道的作用之下，"弱"是含摄了"强"的，是包含着"强"的无限可能性的，所以处弱即是对于"道之用"的恰当把握。

"天下万物生于有，有生于无。"这句话虽然大家都熟悉，但要讲解，却最是复杂。我个人觉得这句话可以从"形下"、"形上"两个维度来进行不同的诠释。就"形下"维度，也即是经验世界中的事物现象而言，"天下万物生于有"便是常识，一切"有"的现象无不从"有"的现象而产生；而所谓

"有生于无"一句中的"生",更确切的理解当是"形见",而不是"产生",一切"有"都因"无"而得以呈现,没有"无"就不会有"有"的显现。"有"、"无"便为"敌对种",故说为"有生于无"。在这一意义上,"有"为有限之物,"无"为虚空或空间,是所谓"有无相生",这与"三十辐共一毂,当其无,有车之用。埏埴以为器,当其无,有器之用"的表述相一致。这表明在事物的经验状态,"有"、"无"之间也原是处于共相的统一之中的。

不过更重要的理解或许应当深入于道体自身的洞察,需要就"形上"维度来加以领会。如果我们把"天下万物"作为一个"有"的整体,那么按照老子的整体观念,道为天下万物之"母",一切万有皆从道所产生,所以"天下万物生于有",这个"有"即是指"道"而言的。一切万物都从"道"那里获得其存在的本质,"道"即是一切万物的本原性实在。作为本原性实在,"道"之为"有",乃是纯粹存在。正因为它是纯粹存在,是非质料性的,所以它同时即是"无",是所谓无形无象、无界无边、视之不见、听之不闻、搏之不得,并不以任何质料的形式来诉诸人们的官能感觉的。它是作为纯粹存在的无限者本身。在道本身为一切万物的本初原始之实在的意义上,道既是"有",也是"无",原是"有"、"无"共在的统一。"天下万物生于有",即是道以其自身周旋的运动而赋予一切万物以存在的本质;"有生于无",则是指道体自身之"有"原是无限者的纯粹存在,这种纯粹存在之"有"是通过无限者本身的无限性来呈现的,所以说为"有生于无"。

世界原始的"有"、"无"问题,是哲学思考的一个重要问题,《梨俱吠陀》与《奥义书》中都有关于世界源起于"有"还是源起于"无"的讨论。在印度教的背景之中,"上梵"(*Nirguna Brahman*)、"下梵"(*Saguna Brahman*)及其"不二"观念的确立,为世界原始之"有"、"无"问题找到了统一的本原性依据,并成为印度教的经典性诠释。这一观点对我们是有启发的。希腊早期哲学关于"始基"的追寻,则试图从"有"的层面来解释世界现象多样性的终极统一性。《老子》的这一文本,不仅代表了中国古代关于"有"、"无"问题的追索,并且在思想史上直接启迪了玄学时代的"有无之辩"。虽然在逻辑上把"天下万物生于有,有生于无"排序为"无"—"有"—"万物之有"是可能的,但就思维的限度或理论解释的限度而言,如果确认"有"之先有一个纯粹"无"存在,则可能使思维陷入困境;因为说"无存在"实在是无异于说"有"的。依照老子的整体观念,道体自身的实在是即有即无、即无即有的,是有无不二的。正因此故,道体依其自然的本原性运动而展开的全部世界现象,便不仅终究统一于"有",也同样终究统一于"无"。

四十一章

　　上士闻道，勤而行之；中士闻道，若存若亡；下士闻道，大笑之，不笑不足以为道。故建言有之：明道若昧，进道若退，夷道若颣；上德若谷，大白若辱，广德若不足，建德若偷；质真若渝，大方无隅，大器晚成，大音希声，大象无形，道隐无名。夫唯道，善贷且成。

　　本章体现了老子的一种感慨，而"建言有之"以下，则以"反者道之动"为根据，阐明道体的这一本原性运动在现象事物的体现，同时又为"弱者道之用"张本。

　　"上士闻道，勤而行之；中士闻道，若存若亡；下士闻道，大笑之。"这里的所谓"上士"、"中士"、"下士"，套用佛教的话，"上士"是"利根之人"，"中士"是"中根之人"，"下士"是"钝根之人"。"上士"利根，智慧特达，而又质实敦朴，一经闻道，即勤勉有加，付诸实践，故说"勤而行之"。"中士"智愚参半，一经闻道，或信或疑，或行或辍，所以谓之"若存若亡"。所谓"存亡"，是指对道的践行或有或无，即不能如"上士"那般的勤勉持续。"下士"愚昧，而又自恃其知，一经闻道，顽然不信，更加非笑，"大笑之"，即是大加嘲笑。在老子看来，"道"是如此地深邃玄妙，的确是不能轻易地就被"下士"所领会的，"下士闻道"而"大笑之"，便是再正常不过的事情，若其闻道而不"大笑之"，反而是不正常的了，所以说"不笑不足以为道"。这段话读起来总透出一些孤独的悲凉。世上的"利根"之人是极少数，孤明独运的先知先觉者总是少之又少的，"中根"、"钝根"却是绝大多数。而"中根"者对道信之不确、行之不坚，虽有而若无，"钝根"者对道则非但不信，且大加嘲讽,真理正因世俗的痴愚而总是难以彰显,而领悟到"道"之真理的人,便总是必不可免地要被孤独感所包围。老子或许就处于这种因道的领悟而带来的精神孤独之中吧!

"故建言有之",所谓"建言",任继愈先生说:"可能是古代的现成的谚语,或歌谣。或以'建言'为书名,但《老子》从未征引过古书,此说恐难成立。"故所谓"建言",大概就是自古以来"建立起来的言语"之意。但这一"建言",似乎也可以理解为老子本人的"建言",犹今语的"建议",是针对"上"、"中"、"下"三士而说的,也即是"闻道"的具体内容。此下所说,从"明道若昧"到"道隐无名",即是"建言"之说。

"明道若昧",道体自身原本光明,但它的存在又是幽昧的,因为它从来都不以它自身的实在状态单独地呈现出来,一切显现的东西都不是道本身,因此说它"若昧"。只有能洞达玄微、穿越幽昧而契入道体本然真实之实在状态的人,方能洞见其自体的光明。所以说"明道若昧"。

"进道若退","进道"是"进于道","若退"是"进道"的表现形式。向着"道"趋进,其表现方式反而似乎是后退的。何以故?"反者道之动"。

"夷道若纇","夷"是坦夷、平坦;"纇"是丝的结节,丝有结节则不平滑,引申为崎岖不平。道为一切万物之所从出,也为一切万物之所共由,原本平坦,是为"夷道"。虽为大道坦途,而人不识其真,不愿由之而趋进,似是崎岖不平之险途,故谓"大道若纇"。

"上德若谷",上德之人,得道之真,与道同进退,自然而无为,故其心怀虚豁,无所不容,故谓"若谷"。

"大白若辱","大白"就是纯白;"辱",污垢。朱谦之先生说:"《玉篇》:'黧,垢黑也。'当为'辱'之古文。"其说可取。"辱"字原有"污垢"之义,如所谓"侮辱",即是玷污。污垢是暗昧的,"大白若辱",纯白却似乎含垢而暗昧,其义与"明道若昧"相类。

"广德若不足","广德"是普遍之德,"不足"即不充分、不充足。能普遍施与的大德,其本身却似乎是并不充足的。道之广德,随物而平施,不如飘风骤雨之强劲,但其用绵绵不勤,故谓"若不足"。

"建德若偷","建"通"健","建德"即是刚健之德。"偷",意为懈怠、偷惰。刚健之德,却似乎是怠惰。道以"周行不殆"而普施其德与一切万物,实为"健德";然其周旋之动是以"反"的"退行"来呈现的,故谓之"若偷"。

"质真若渝",关于"真"字,刘师培认为当作"悳",也即是"德",与上文"广德"、"建德"对文,窃以为此说可取。"质德"也即是"朴德"。"渝",变也。朴质之德似乎易变。道即是"朴","朴散则为器",其德随"器"而施,随物而变,故谓"若渝"。但若读"真"如字,其义也通。所谓"真",即是"实","真实"之义,就存在物而言,即是指存在物本身在时空连续性的续存过程中是永远能够保持其原来的自体状态的,也即是"不变的"。"质真"便即是"本质真实"之谓,实指"道"而言。道不会在时空连续性中改变其自身存在的本然真实状态,但它同时又变易无方、居流不息,不可为典要,故又谓之"若渝"。

"大方无隅","方"是"方分"之意,"隅"是角落。"大方"为"方"之极致,"方"之极致则为"无限",自然"无隅"。

"大器晚成",这句话现在成了成语,意为贵重之器需要更长时间才能完成,人之大才的成就通常较晚。但这句话在帛书乙本为"大器免成",高明《帛书老子校注》引陈柱《老子韩氏说》:"'晚'犹'免'也,'免成'犹'无成'也。"就《老子》文本而言,宜作"免成"为是,因为"无隅"、"免成"、"希声"、"无形"均为对文,其义相通。而所谓"大器",非谓"贵重的器物",而是谓不局于一用之器。凡"器"皆有其用,然局于一用之"器",则是"小器"。"小器"既局于一用,便必有所成;"大器"不局于一用,便似无所成,所以谓"大器免成"。老子也说"大成若缺",其义一也。

"大音希声","希"即"稀",是"稀疏"、"薄少"之意。真正的"大音"是含蕴了一切声音的,是声音之原始的未分化形态,而一切已然发出的声音,再响亮也皆是有限,故谓"大音希声"。若就音乐而言,其始而金声,大声镗鎝,必疏而不密,也可谓之"大音希声"。

"大象无形",一切具体事物皆是有"象",而有"象"也就意味着有边界、有形状,是为有限。而若"大象",则是蕴含了一切众象之"象"。既蕴含一切众象,则无边界而不落具体之"象",所以谓"大象无形"。

"道隐无名","隐"是隐显之"隐",即是隐幽、暗昧之意。道的存在是普遍在于一切方分、时分的,是内在于一切有形有象之物的。一切有形有象之物,正因有得于道的本质才获得其自身的存在,但有趣的是,一切物皆各因其色而各有其名,而没有名为"道"的。道内在于一切物,是为"道隐";一切物皆各有其名,不以"道"名,是道为"无名"。大而广之宇宙间一切万物的总相,道为其体,体物不遗,而道并不以任何具体形象来显现其自身实在的整全,它即是无限者。无限者无可命名,所以说"道隐无名"。

以上所谓"建言",从"明道若昧"至"质真若渝",实质都在讲"弱者道之用";"大方"以下四句,实质都在讲"有生于无"。道即是"大方"、"大器"、"大音"、"大象",是一切有形有象之物之所以获得其存在的本原性根据。而作为一切万物的本初原始,道本身却是"隐"于一切万物之中的,故以"道隐无名"作结。

"夫唯道,善贷且成。""贷"的意思是给予、施与。道是善于施与的;它把自己的真实本质普遍施与一切万物,一切万物都因获得其所施与的存在本质而显现其自身所应有的存在状态,所以谓道是善于施与并且成就一切万物的。但与此同时,道既善于施与其存在本质并使一切万物皆得以成就,那么一切万物就都成为道的体现者。道在施与的过程中成就了一切万物,而万物的成就,同时也即是道体自身的圆成。

四十二章

　　道生一，一生二，二生三，三生万物。万物负阴而抱阳，冲气以为和。人之所恶，唯孤、寡、不穀，而王公以为称。故物，或损之而益，或益之而损。人之所教，我亦教之："强梁者不得其死。"吾将以为教父。

　　本章的"一二三"引起了人们的极大兴趣，而古来的解释也异见纷纭。从这几句话来看，总体是在讲"道"与"万物"的关系，则应当是没有疑问的。

　　"道生一，一生二，二生三，三生万物。"对于宇宙万物的形成，大概从秦汉以后，人们即形成了以"气"为主导形式的基本解释路向。《吕氏春秋·太乐》说："太一出两仪，两仪出阴阳。阴阳变化，一上一下，合而成章。……万物所出，造于太一，化于阴阳。"《吕氏春秋》的这段话虽然不是关于《老子》"一二三"的专门解释，但用"气"来解释由"太一"而"万物"的观点则是十分清晰的。"太一"即是"一"，"两仪（阴阳）"即是"二"，"阴阳合而成章"即是"三"。《淮南子·天文训》说："道日规始于一。一而不生，故分而为阴阳，阴阳合和而万物生。故曰：'一生二，二生三，三生万物。'"（"道日规始于一"，据王念孙说，"日规"二字是衍文，当作"道始于一"。）按《淮南子》的这一观点，"一"是道之原始的浑沦，"二"为"阴阳"，是原始之"一"的自身分化，"阴阳合和"则为"三"，一切万物皆因"阴阳合和"而生，所以为"三生万物"。但"道始于一"与"道生一"的语义并不相同，"一"究竟何指？《天文训》开头提到："道始于虚霩。虚霩生宇宙，宇宙生气。气有涯垠，清阳者薄靡而为天，重浊者凝滞而为地。清妙之合专易，重浊之凝竭难,故天先成而地后定。天地之袭精为阴阳,阴阳之专精为四时,四时之散精为万物。"如果按照这里的论述,那么实际上可以得到两种"一二三"的序列:首先,"虚霩"是"一";"虚霩生宇宙",则"宇宙"是二;"宇宙生气",则"宇宙"合"气"为"三"。其次,"气有涯垠",则"气"是"一";"气"分"清阳"、"重浊"(天、地),是为"二";"清妙之合"、"重浊之凝"而有万物,是为"三"。但不论是"虚霩"还是"气",其为"无形"是一致的,所以在《原道训》中又说:"所谓无形者,一之谓也。所谓一者,无匹合于天下者也。卓然独立,块然独处,上通九天,下贯九野。"照此观点,则"一"即是"无形"而"独立"者。由此也可见,在《淮南子》那里,说"道生一"与"道始于一"、"道始于虚霩"或"道始于无形",在意义上是没有区别的。

以"无形"释"一",以"一"为"道",这一观点总体上对后世有甚深影响。如王弼说:"万物万形,其归一也。何由致一? 由于无也。由无乃一,一可谓无。已谓之一,岂得无言乎? 有言有一,非二如何有一? 有二遂生乎三。从无之有,数尽乎斯。过此以往,非道之流。故万物之生,吾知其主。虽有万形,冲气一焉。"王弼"贵无",其学说原受庄子的根本启迪,以"无"为"道",也是其一贯主张。但我们应当注意到,尽管王弼也以"无"释"一",但他的意思与《淮南子》其实是不同的。王弼是就"万物万形,其归一也"而论"一",可以算是一种"逆序"的溯源,一切多样性的最终归趣是一致的,所以是"一";多样性最终统一于"无",所以"无"即是"一"。但作为"无"之"一"如何有"二"、有"三",王弼之说实在也语焉不详。

就《老子》这一文本"一二三"的解释来看,汉代以后,《淮南子》与王弼基本上就代表了两个不同的解释路数:即"顺推"与"逆溯"。前者是从"形而上"向"形而下"顺序推论,后者则是从"形而下"向"形而上"逆序归原(这一解释路数来自于《庄子》。《齐物论》说:"有始也者,有未始有始也者,有未始有夫未始有始也者。有有也者,有无也者,有未始有无也者,有未始有夫未始有无也者。")。但这一解释现象本身就已经表明:要给出"一二三"的确定所指,并由此而给出确切的解释,实在是一件未必能取得共识的困难事情。或许有见于此,人们解释的思路便又发生了改变,认为不必执定"一二三"的确切所指。如蒋锡昌说:"道始所生者一,一即道也。

自其名而言之谓之道,自其数而言之谓之一。……然有一即有二,有二即有三,有三即有万,至是巧历不能得其穷焉。《老子》一二三,只是以三数字表示道生万物,愈生愈多之义。如必以一、二、三为天、地、人,或以一为太极,二为天地,三为天地相合之和气,则凿矣。"任继愈则说:"这里的道理并不复杂,道生一,一生二,二生三,只说明事物由简单到复杂逐渐分化的过程。前人注解虽多,但失于穿凿,替老子说了一些老子没有说过的话。可供参考,但不能当真。"

"一二三"之解释的困难,我个人以为实际上不在于"二"、"三",而在于"道生一"。因为如果按照这个语序,那么应当说"道"产生了"一","一"产生了"二","二"产生了"三"。"道"是在"一"之前的。但古今解释虽多,关于"道生一"的理解却基本一致,达成了"共识":不能认为"道"在"一"之前,而是"道"即是"一"。如果"道即是一",那么"生"字的理解,就应是"形见"、"呈现"之意,即"道是通过一来呈现的"或"道呈现为一"。从《老子》全体来看,这一理解是可以接受的。如果按蒋锡昌先生之说,一二三"只是以三数字表示道生万物愈生愈多之义",那么就数字而论数字,我觉得便不妨说"道"即是 0,没有 0 也就不会有 1,这是就"数字的逻辑"来说。0即是原点,是一切数字的基原。因此 0 并不是"纯粹无",而只是 1 得以产生的逻辑前导。方之于道,由 0 而至 1,便是"道"由"不形见"而"形见"。"形见"是"道","不形见"同样是"道","形见"、"不形见"不过是"道"之自体的两种存在状态而已。如且谓 0 是"无",1 是"有",那么道体自身便以0(无)、1(有)为其实在的基本状态,两者皆为真实,共为实相。就此而言,道体自身由"不形见"而"形见",即是所谓"道生一",即是"有生于无";由 1 而 2 而 3,即是"天下万物生于有"。

我的以上"解释"或许会被批评为"穿凿",但没有关系,因为我只想说明在老子那里,道体自身原是以"有"、"无"两种状态而存在的,"有"、"无"是统一于道体本身的。正因为如此,天下一切万物便既统一于"有",也统一于"无",道既是一切万物所从产生的本原性实在,也同样是一切万物最终所归极统一的原点。试图为现象世界之纷纭的杂多寻找到统一的根据,大概是人类思想面对世界多样性时的共性。如在古希腊,大家都晓得毕达哥拉斯是十分重视"数"的，认为"数"是万物之原，而"一"则是万物的"始基"。"他们把数目的元素描写成奇和偶，前者是有限的，后者是无限的；一这个数目他们认为是由这两个元素合成的（因为它既是奇数又是偶数），并且由一这个数目中产生出其他一切的数目，整个的天都只不过是一些数目。"①"一"如何产生出其他数目？毕达哥拉斯学派认为："万物的始基是'一元'。从'一元'产生出'二元'，'二元'是从属于'一元'的不定的质料，'一元'则是原因。从完满的'一元'与不定的'二元'中产生出各种数目……"②这里也几乎就是在讲"一生二，二生三，三生万物"。因"一"是统摄了一切"奇数"与"偶数"的，所以"一"便是宇宙全体所最终统一的原点。佛教则从一切构成物本身在空间—时间的连续性过程中发现了解构其自身的必然性，"空"即是一切万物所最终归极统一的原点，所以"空"即是实相。

"万物负阴而抱阳，冲气以为和"，是"三生万物"之后一切万物之存在的基本状态。如"物"是"一"，"阴阳"是"二"，那么"二"即内含于"一"。正因为"一"是"二"的统合形态，是内含了"二"的，所以才有"冲气以为和"一句，以说明作为"物"的"一"在现象上是如何可能的。"冲气"的意思，我并不主张把"冲"理解为"交冲"、"激荡"，最基本的理由有二：一是应当尽可能保持《老子》全体文本字义解释的统一性；二是"冲"原是"盅"的借字。在解释第四章"道冲，而用之或不盈"一句时，朱谦之引俞樾曰："'道盅而用之'，'盅'训虚，与'盈'正相对，作'冲'者，假字也。"而实际上，"盅"字原本即是表虚受之器意义上的"中"字。由于这个理由，所以我只把"冲气"理解为"中气"。而所谓"中气"，则可有二义：一是指阴、阳二气的"中和"状态，所以谓之"中气"；二是"中气"也即是"虚气"，气以虚为体。但就本句来说，既说"冲气以为和"，那么就当以第一义为主。就"物"的存在而言，凡处于阴、阳二气之"中和"状态，则"物"即保持其"现在"的相对稳定；二气一旦失"中"则不"和"，不和则变，变则迁矣化矣。由此而作引申，要

———————

① 《古希腊罗马哲学》，北京：商务印书馆，1961年，第38页。
② 同上书，第34页。

保持事物当前存在的稳定性，唯一可能的途径便是保持二气之处于"中和"，所以《周易》也说："保合太和，乃利贞。"但事情的另一方面是，正因为作为"物"之"一"的内部原是包含了"二"的，所以一切物的当前存在状态的稳定性都是相对的、暂时的，丧失其内部二气之"中"而失"和"，并因而变动迁化则是必然的。所以一切物就其作为现象的存在而言，它便时时地处于既是它自己又不是它自己的过程之中。这一过程，既是"物"作为"一"的内部均衡被突破的过程，又是新"物"之"一"的形成过程。

"人之所恶，唯孤、寡、不穀，而王公以为称。"从这里到本章末尾，似乎意思与以上所说的不相干，所以有些学者如高亨、陈柱、陈鼓应等，都认为此下这些话是三十九章的文本错简到了本章。这一观点显然是有些道理的。不过从另一方面来看，如果"万物负阴而抱阳，冲气以为和"一句的重点，是在变化的必然性前提之下来谈论如何保持事物当前存在状态的相对稳定性，那么接着说以下这些话，就不是完全没有其内在理路。处下、处弱、处卑之所以是必要的，实在即是保持其"中气"的方式。如不明此理，以强制强，以高制高，则反而会导致事物的加速变化，适与其目的相反，所以说："故物，或损之而益，或益之而损。"处于低下卑弱之地，是所谓"损之"，其结果却是"益之"；"益之"，其结果却是"损之"。也即是说，如果以人为的妄作而破坏事物阴阳和合的相对稳定状态，那就一定会走向其自身目的的背反。

有鉴于此，老子接着便引古语而教人。"人之所教，我亦教人：'强梁者不得其死。'吾将以为教父。""人之所教，我亦教人"一句表明，"强梁者不得其死"原是"人之所教"，大概是古来流传的俗语，老子便把这句话来"教人"。"吾将以为教父"，朱谦之先生说："'教父'即'学父'，犹今言师傅。""教父"即"学父"是没有问题的，因为"教"、"学"二字原本相通。但说"教父"之义"犹今言师傅"，窃不敢苟同。窃意"父"字当读如字，"父"者，本也。"教父"，犹言"教言之本"，也即是根本教言。既是"强梁者不得其死"，那么就应当去强而就弱，去高而就下，此即其教言之根本。

四十三章

　　天下之至柔，驰骋天下之至坚。无有入无间，吾是以知无为之有益。不言之教，无为之益，天下希及之。

　　本章讲"无为"之用。"天下之至柔，驰骋天下之至坚"，"驰骋"一词，原是对马奔竞驰逐而无所阻挡之状的形容，这里则用来形容"天下之至柔"能够在"天下之至坚"之中自由往来，是即所谓"柔能克刚"。高明先生关于本句有很好的解释："成玄英云：'至柔，水也。坚，金也。驰骋是攻击贯穿之义也。言水至柔，能攻金石之坚，喻无为至弱能破有为之累。'第七十八章：'天下莫柔弱于水，而攻坚者莫之能先。'老子以水为天下至柔之物，则用水而攻之，无坚而不摧，无孔而不入。"就具体物象之"至柔驰骋天下之至坚"而言，成玄英与高明的解释已经十分清楚。不过还更应注意的是，在老子的思想中，道本身即是无形无象的，其存在是无为而自然的，是真正为"天下之至柔"。而道则普遍地存在于一切万物，并且实际主导着一切万物之生存毁亡的全部存在过程，是正所谓"天下之至柔"而"驰骋天下之至坚"。

　　"无有入无间"一句，承接"至柔驰骋至坚"而来。"无有"即无形体，即是"至柔"；"无间"即无间隙，即是"至坚"。"至柔"而能驰骋于"至坚"，"无有"而能入于"无间"，根本原因即在其无为而自然，所以说"吾是以知无为之有益"。

　　"不言之教，无为之益，天下希及之。""至柔"而能驰骋于天下之"至坚"，如气之无所不入，如水之无所不湿，即是"不言之教"；"无有"而能入于"无间"，"至柔"而毕竟能够"克刚"，即是"无为之益"。然在老子看来，道以其现象之全体所呈现出来的"不言之教"是如此显著，"无为"所产生

老子研读

的效用是如此卓越，天下之人却罕有能善加领会的，所以说"天下希及之"。"及之"之意，当如《论语》"智及之，仁不能守之"的"及之"，是"达到"之意。智力的"达到"，就是"领会"。"天下希及之"，就是天下人极少有能够加以领会的，这里自然也包含了老子的一份感慨。

因这里的"不言之教"，我顺便指出一点，即中国文化传统中向来是十分重视"不言之教"的。而所谓"不言之教"，即是非语言形式的默会意义系统，或所言非所指的、超出语言表面意义的默会意义系统。前者大多通过特定现象的"隐喻"来呈现，如老子所说的"水善利万物而不争"等等。孔子则说："天何言哉？四时行焉，百物生焉。天何言哉！""四时行，百物生"即是"不言之教"，是特定现象的隐喻性表示，因为现象的存在状态本身即是"教"，而"所教"则是需要透过现象来加以默会的。《孔子闲居》说："天有四时，春秋冬夏，风雨霜露，无非教也。地载神气，神气风霆，风霆流形，庶物露生，无非教也。"这就是天地的"不言之教"。佛教也讲"不言之教"，凡语默动静，皆无非是教，如"拈花微笑"，正是"教外别传"。至于所言非所指或超出表面语意的默会意义，更是大量存在于佛教禅宗的"公案"、"话头"之中，如"麻三斤"、"庭前柏树子"之类，无不是也。"不言之教"四字听起来简单，但实在是中国文化的一种独特现象，也代表了一种独特的文化理念。

四十四章

　　名与身孰亲？身与货孰多？得与亡孰病？是故甚爱必大费，多藏必厚亡。知足不辱，知止不殆，可以长久。

　　道以"不言之教"明白无误地昭示天下以"无为之益"，但天下之人罕能及之，往往追名逐利，背道妄作，终至于身败名裂，与物同趣。老子在本章中对这种生活的俗态提出了严重针砭，体现了他基于道的领悟而要求"贵身"的思想。

　　"名与身孰亲？身与货孰多？得与亡孰病？"这是三个严重问题。"亲"的意思是"近"，"多"的意思是"重"，"病"的意思是"忧虑"。"名誉"与"身体"哪一个更切近于我们自己？"身体"与"财货"哪一个更为重要？名利之"得"与身体之"亡"（失）哪一个更值得忧虑？这三个设问，答案其实是人人都清楚明白的。但在现实的生活经验之中，人们却往往以身徇名，舍身逐利，为名誉货利之"得"而舍身忘死，全然不曾想到，我们正是在这种对外物的无休止的追逐之中走向了自身生命目的的背反。正如庄子《齐物论》所说："与物相刃相靡，其行尽如驰而莫之能止，不亦悲乎！终身役役而不见其成功，薾然疲役而不知其所归，可不哀耶！"我们正是在对名誉货利的"莫之能止"的追逐之中放逸了我们本真的心灵，从而使自己也不过成为"一物"而已；我们甘愿"心为形役"，居然还乐此不疲，而不顾心灵这片自己的"田园"已然蓁莽丛棘。真如陶渊明那样懂得"归去来兮"的人实在是并不多的。老子的三个设问，尤其是在今天，更值得人们去细加反思。他基于道体的深刻洞察而提出这三个问题，表达了独特的"贵身"思想，表达了对于生命自身价值的深沉关切。在他那里，"贵身"即是"贵生"。而在中国思想史上，这恐怕也是对物质的过度追求必然导致生命自身目的的背反、导致生存本质之异化这一问题的最早触及，此后如庄子、孟子等，则都从各自不同的理论义域而对这一问题有深刻论述。

"是故甚爱必大费，多藏必厚亡"，帛书乙本无"是故"二字，宜从。基于现象世界本身的相对性，基于道体之运动的必然性，现实世界中"价值逆转"的可能性是普遍存在的，而手段与目的的背反现象也同样是普遍存在的。"爱"的意思是"爱惜"、"舍不得"；"甚爱"就是非常爱惜以至于吝啬。贪爱货利而至于吝啬，必然造成更大的靡费；对财货多多地积蓄保藏，必然造成更多的散亡。正如《大学》所说："言悖而出者亦悖而入，货悖而入者亦悖而出。"这就是生活的"辩证法"。

正因为手段与目的存在着事实上的背反现象，所以要确保目的的实现，就需要手段与目的能保持均衡的恰当限度。"知足不辱，知止不殆"，"足"、"止"即是限度。懂得名誉货利之满足的限度，即是"知足"，"知足"则不会招致羞辱而丧失生命的尊严；懂得追求名誉货利之手段的限度，即是"知止"，"知止"则不会导致目的的背反而使自己陷入危险境地。唯有"知足"、"知止"，才能使目的与手段保持在两相均衡的限度之内，才"可以长久"。"知足"、"知止"之限度的保持，可以避免"身体"被过度地用于名誉货利的追逐，所以即是"贵身"，即是"养生"。

四十五章

　　大成若缺，其用不弊；大盈若冲，其用不穷。大直若屈，大巧若拙，大辩若讷。躁胜寒，静胜热，清静为天下正。

　　本章的表述大概算是《老子》中的一种典范句式，也是人们所乐道的"辩证法"的体现。但本章的内容，其实不是就存在物的自身存在状态而言，而是就其表现方式而言。这点我们是要先行指出的。

　　"大成若缺"，"大成"即是圆满成就。既是圆满成就，自然是无缺的；说它"若缺"，是指表现"大成"的方式"若缺"，而不是说"大成"本身的存在状态"若缺"。"大盈若冲"，"大盈"是完满充盈，完满充盈就不是"冲"，冲者，虚也，而是指表现"大盈"的方式"若冲"。虽然事物已然臻于圆满成就的状态，但在表现上仍然"若缺"，如此方能使"大成"本身的功用不至于弊坏；虽然事物已经到达完满充盈的程度，但在表现上仍然"若冲"，如此方能使"大盈"的作用不至于穷竭。真正的完满成就者，是并不以"完满"来呈现它自身的，所以"若缺"、"若冲"便即成为呈现"完满"的限度，也即是为"知足"、"知止"。唯在"知足"、"知止"的前提之下，以"若缺"来呈现"大成"，以"若冲"来呈现"大盈"，才能真正保持其"大成"、"大盈"的状态，否则事态便必然向其相对面逆转，虽"成"而必"缺"，虽"盈"而必"冲"。且如"道"，它自身无疑是最高的完满成就者，但它现实的呈现方式也是"若缺"的，因为我们在经验的任何处所都无法见到其自身完满状态的显现。凡其自体为充分完满的东西，是不以"完满"来显现它自己的；正因为不以"完满"来显现它自己，所以才成就其自身真实的究竟完满。

　　"大直若屈，大巧若拙，大辩若讷。"最高的正直，在表现上"若屈"；"屈"与"直"对，弯曲。最高的技巧，在表现上"若拙"，"拙"与"巧"对，笨拙。最高的辩才,在表现上"若讷","讷"与"辩"对,口拙。

　　"躁胜寒,静胜热","躁"的意思是动,与"静"相对;"胜"是克制之义。不论是身体的"躁动"还是心理、情绪上的"躁动",都能克制"寒冷",是为"躁胜寒";而身体的"安静"或心理与情绪上的"安静"都能克制"烦热",是为"静胜热"。处于相对关系之中的事物现象,同时也处于相互制约之中。不过在老子那里,"静"是更为重要的。"静"不仅能"胜热",更能制动,所谓"静为躁君"。依老子之见,"动"最有可能掺杂"人为",所以也最有可能成为"妄作";"静"则本质上与道相应,所以也没有"妄静"之说;若是循道而动,则虽动而非动,仍然是"静"。正因此故,"清静"非但在现象上能够制约"躁动",并且在本质上是契合于道的,所以说:"清静为天下正。""正"者,中也;"中"者,极也。"清静"可以为天下的最高准则。"清静",也即是"无为"。

四十六章

天下有道，却走马以粪；天下无道，戎马生于郊。祸莫大于不知足，咎莫大于欲得。故知足之足，常足矣。

"天下有道"、"天下无道"是老子对现实社会状况的两种评判，"道"是极则，是最高标准。"有道"的状况，应当是天下无事，人民安和，能自然形成并处于良好的生活与生产秩序之中；若是"无道"，则天下多事，人民扰动不安，自然的生活与生产秩序不能继续，不免于乱离迁播。战争是欲望争夺的最高形式，必然造成生活秩序的破坏，必然使人民脱离其生活的常态，必然使生命大量消亡，是对道的自然秩序的根本违背，所以老子便拿战争来作为"无道"的标志。

"天下有道"，则马用于农耕劳作，"却走马以粪"。"却"的意思是"退"、"还"。"粪"的本义是扫除、清洁污秽，而即引申为污秽之物。污秽之物可以肥田，所以又引申为治田之义。《礼记·月令》："季夏之月，……可以粪田畴，可以美土疆。"孔颖达疏："粪，壅苗之根也。……言烂草可以粪田使肥也。""却走马以粪"，就是指使马回归到它治田的本务。"天下无道"，则马被用为作战的工具，"戎马生于郊"。邑外谓之"郊"。古时作战，多在郊野，所以这里的"郊"也可指战场。"戎马"即是战马。"生"有可能的两种理解：一是"生产"；一是"出现"。若是"生产"义，那么意思就是战马在战场上产下马驹。《盐铁论·未通》载"文学"曰："闻往者未伐胡越之时……却走马以粪。其后师旅数发，戎马不足，牸牝入阵，故驹犊生于战地。"这大概即是对《老子》这一文本的解释。"牸"是母牛；"牸牝"则当指母马。古时用作"戎马"的是牡马，及至"牸牝入阵"，则战争已是惨烈。本句的"生"若作"出现"解，那么意思就是戎马出现在了郊野，意指发生了战

老子研读

争。窃以为"生"字二解都能讲通,但就对战争之残酷性的揭露而言,则以"生产"义胜。

"祸莫大于不知足,咎莫大于欲得",这两句其实是对战争之原因的追溯。按老子的观点,战争本身即是"灾祸",即是"罪咎";而人们之所以发动战争,则根源于欲望的无止境,"不知足"、"欲得";因"不知足"、"欲得"而有战争,然战争的"灾祸"与"罪咎"必还归于战争的发动者本身。由"不知足"、"欲得"所导致的人间争夺,以战争为最后手段,也以战争为祸最烈,所以说"莫大于"。既然如此,那么避祸之方、免咎之途,就是要"知足",要戒除"欲得"之心,所以最后总结说:"知足之足,常足矣。"我们前面已经说过,"知足"也即是"知止",也即是要懂得限度。人的欲望是无止境的,正因为它是无止境的,所以是不能被无节制地释放的,而必须给它一个恰当的限度。对欲望的恰当限度即是"止",限于"止"即是"足"。只有"止"于限度的"满足",才有可能是持之以恒的"满足",故谓"知足之足常足"。"知足之足常足",乃是老子的幸福观。

四十七章

　　不出户，知天下；不闚牖，见天道。其出弥远，其知弥少。
是以圣人不行而知，不见而明，不为而成。

　　本章之意，大抵是在讲"为道"的方式以及"为道"的结果。我们不能
在惯常的"知识论"意义上来对本章加以理解。"不出户，知天下；不闚牖，
见天道。""户"是门，"牖"是窗。"出户"、"闚牖"是"动"，"不出户"、"不闚
牖"就是"静"。要"知天下"、"见天道"，大抵不能通过"动"的方式来实现，
而只能通过"静"的方式来实现。此其一。其二，"出户"、"闚牖"是感觉官
能的运用，"不出户"、"不闚牖"即是感觉官能的祛除；前者不可能实现"知
天下"、"见天道"，因为"天道"根本不是感官的对象，其真实的存在状态是
不诉诸任何官能感觉的；后者反而有可能实现"知天下"、"见天道"，因为
清静无为原本是"天道"的自身存在状态，所以人的清静无为便能与之相
契。因有此种相契，则道之自体得以真实呈现，而能明见天道。其三，这
里的"知天下"、"见天道"，不是"知"天下一切万物之个体的具体状态，而
是"知"天下一切万物之整体存在的总相；不是"见"天道之实在的具体形
态，天道无形态，而是对天道自身之实在的领悟与洞达。事实上，"知天
下"即是"见天道"，"见天道"即是"知天下"。因天下一切万物之总相即为
天道之实在状态的整体呈现，万物皆归原于、统一于道体自身；道是一切
万物作为总相之"体"，是天下万物之有序运行的"枢要"或"圜中"，既得其
"要"，既得其"中"，便犹纲举目张。所以"见天道"是直契于本体的洞达，
"知天下"则是明体而达用。

　　这就表明，道不是知识的对象，因此对道的领悟与洞达也就不能诉诸
知识方式。"知天道"乃是一个不断去除关于现象知识的过程，是不断消

除由现象知识（或"意见"、"成心"）所带来的心灵障蔽的过程，是心灵从外物的驰逐当中不断撤退而还归其自体之清静无为的过程。荀子在《解蔽》中的论述，反而最能得老子此旨："知道察，知道行，体道者也。虚一而静，谓之大清明。万物莫形而不见，莫见而不论，莫论而失位。坐于室而见四海，处于今而论久远，疏观万物而知其情，参稽治乱而通其度，经纬天地而材官万物，制割大理而宇宙理矣。""虚一而静"，即是心灵排除一切外物的扰动而还归其自体之虚静，"大清明"则是因"虚静"而呈现的境界。只有在这种"大清明"的境界之中，心灵本身的"虚静"才与道体自身的清静灵明两相契合，如此方能了了分明，明明见于天道。"坐于室而见四海"以下，即是"知天下"之后的明体达用。

既然"见道"不是知识活动所能实现的，而是"涤除玄览"的结果，那么如果把"见道"当作一个知识活动，而把自己投身于现象事物的观察了知，便无异于南辕北辙、缘木求鱼了。所以老子接着说："其出弥远，其知弥少。"越是把自己投入到对事物现象的认知活动当中去，越是驰逐于外物，是为"其出弥远"；其结果是离道体自身的实在状态就越远，越不可能实现对于道体的了知，是为"其知弥少"。

正因此之故，"是以圣人不行而知，不见而明，不为而成"。"明"，王弼本作"名"，二者相通，以"明"为妥，参见高明《帛书老子校注》。圣人无疑是能够实现对于"天道"的真实领悟的，是能体道而与道为一的，是能保持其心灵状态的虚静无为与"大清明"的，所以圣人"不行而知"，行不出户，不须投身于现象世界而能"知天下"；"不见而明"，不须诉诸感官活动而能明达一切万物的根本实相；"不为而成"，不须人为的妄作而能遂顺成就一切万物的应有状态。

四十八章

为学日益，为道日损。损之又损，以至于无为。无为而无不为。取天下常以无事，及其有事，不足以取天下。

本章以"为学"与"为道"对举，以明"为道"的特殊性，实与上一章有内在联系。"为学日益，为道日损"，"益"是增益，"损"是减损。"为学"犹今天通常所说的"做学问"，那是需要知识的不断积累的，故谓之"日益"；"为道"则是要实现对道的体悟与洞达，不应"日益"，而应"日损"。而所谓"日损"，并不是对道的自身存在状态有分毫减损，因为道的自在原是不增不减的，是以其自身固有的、本然的、自然的方式来实现其常在的无限周普、无所不遍、无物不成的。但也正因此故，在日常的生活实践之中，我们并不直接与"道"进行交往，而只是与"现象"发生互动，是在与"现象"的交往过程中来实现关于"现象"的知识的。现象知识的累积越多，我们就越容易产生关于现象的"意见"，"意见"的重复与积累则会形成"成见"（庄子谓之"成心"），竟至于把"意见"与"成见"当做真理。殊不知道体自在的真理，正因我们本身作为现象物的有限性以及与现象物进行交往的有限性而被不断遮蔽。因此，要实现关于真理的洞见，我们就必须不断剥离一切关于现象的"意见"与"成见"，如此才有可能使道体的自在以其自身的本然状态而真实地呈现出来，才有可能使我们直接面对真理本身。故所谓"日损"，即是要不断剥离现象的杂多与纷纭繁复，不断去除由现象的杂多所导致的关于现象的"知识"、"意见"、"成见"，只有穿越了一切意见的蓁莽丛棘，我们才可能洞达真理本身。

这一剥离的过程，即是"损"的过程，它显然不可能一蹴而就，而是需要不断地持续努力的，所以谓之"日损"。"日损"的持续，也即是不断地

"解蔽",终究能够使我们消除心灵世界的一切梗阻,放下一切固有之意见的偏滞执着,而直契道体本然的实在。所以说:"损之又损,以至于无为。"在老子那里,道体自身的本然实在状态,即是其无为的自在,而自我的心灵既经"日损"之功而摆脱了一切外物的羁绊,以至于"无为",也即从外物的追逐之中撤回到了心灵自体的本然清明,回归到了其自体的真实状态本身,那么我之"无为"与道之"无为"便相应相契,两相交融而浑然一体,"我"既消融于"道","道"也消融于"我",是为与道同体而与物无对。正因为与道同体,或者说实现了与道体的同一,那么道体本身的固有品格同时便即成为"我"的固有品格。换句话说,"无为"即成为"我"与"道"的共在的同一状态,所以再续一句:"无为而无不为。"

"无为而无不为"原是道体自身的固有品格,关于这句话的意义我们已经做过解释。这里我只想指出一点,"为道者"一旦实现了与道体实在状态之间的一体圆融,那么道体的全部品格或特征同时即转成为"为道者"的自身品格或特征。"无为"是实在的本然,"无不为"则是实在的自然结果,这两者在实在者那里便是纯粹统一的。

"取天下常以无事,及其有事,不足以取天下"。这里的意义领域已经发生转移,是就"为道者"对现实世界事务的一般处理原则而言的,但在语势上仍承上"无为"之意而来。"取"字之义,河上公注:"取,治也。"历来均取"治"义为释。"事"的理解则可以相当广泛,理解为通常所说的"事件"也没有关系。"无事"也即是"无为"。对善于"为道"并且已经实现了与道体相同一的人而言,道体的"无为"即应成为他处理世界事务的根本原则,小则治身,大则治天下,都以"无事"、"无为"为常。若背离"无为"这一根本原则,身且不保,岂能治天下? 所以说:"及其有事,不足以取天下。""有事"即是"有为",而在老子的语境之中,"有为"即等同于"人为","人为"即等同于"妄作",是对于道之"无为"的背离与违越。要求把"无为"的原则运用于现实政治的实践,以"无为"为治,正代表了老子关于政治的根本理念。

四十九章

圣人无常心，以百姓心为心。善者吾善之，不善者吾亦善之，德善；信者吾信之，不信者吾亦信之，德信。圣人在天下，歙歙为天下浑其心。百姓皆注其耳目，圣人皆孩之。

前章讲"有事"不足以治天下，本章便接着讲"无事"如何治天下。本章大意，是讲"圣人"的无为而治，是把道之"无为"转换为政治原理，以实现天下皆治的政治效果。

"圣人无常心，以百姓心为心。""无常心"，帛书乙本作"恒无心"，"恒无心"也即"常无心"，与"无常心"的意义似有不同。但我们首先要晓得，这里的"心"指的是思虑之心，而不是"本心"意义上的"心"。"无心"也即是"无意"，没有自己所执持的私意；"常心"则是在经验生活中形成的常常执持的"成心"、"成见"。在这一意义上，说"无常心"与说"常无心"，虽有意义上的差别，但还不至于有根本上的重大差别。在老子那里，"圣人"是必能体道而实现与道体同一的人，他已经"日损"了自己关于现象的各种偏见、边见、私心、私欲，因而能洞达于道体之于一切万物的一往平等，以清静之心而处无为之事，所以是"无常心"或"常无心"的。正因他"无常心"，他才可能"以百姓心为心"。"百姓心"是天下人之心，所以"以百姓心为心"，便即是出以公心，是以公天下之心而行公天下之事。"以百姓心为心"，则无私心、无私意、无私利、无私欲，是为"清静"；行公天下之事，则是因势利导，辅万物之自然而曲成万物，是为"无为"。

"圣人无常心"而"以百姓心为心"，在公而无私的意义上，这一观点便完全可以与儒家的基本主张相互通贯。孔子也说："毋意，毋必，毋固，毋我。"同样强调必须去除个人之私心、私见、私利、私欲在公共事务,特别是政治事务中的介入,只有这样,才有可能体现天道的"无私":"天无私覆,地无私载,日月无私照。"去除"意必固我"而至于"空空如也",才有可能还归事物之"现在"的真实状态而得其中道,才有可能"君子无所不用其极"而行于中道。

"德善"、"德信"两句,初看起来似乎是不分"善"与"不善"、"信"与"不信",其实非也。这里主要是在讲一个已与道体同一的"圣人"对待相对价值所应有的超越态度。"善者吾善之,不善者吾亦善之,德善;信者吾信之,不信者吾亦信之,德信。""善"与"不善"、"信"与"不信",都是经验世界中的相对价值;既是相对价值,便只具有相对的价值意义,而不具有绝对的价值分野。正因"圣人无常心",他是消除了一切私己的偏见与成心的,所以是超越了一切价值的相对形态的。人所谓"善"者吾善之,人所谓"不善"者吾亦善之,"人"的"善之"、"不善之",无非是意见的执持而已;而"吾"的这种"善之",却是皆从已然体道的虚静本心流出,所以即是对于意见之"善"以及相对价值之"善"的超越;唯有超越了相对价值之"善",才能真正体现出道体之于一切万物的无分别之善(玄德),这正是对最高善的把握与表达,所以谓"德善"。人所谓"信"者吾信之,人所谓"不信"者吾亦信之,"人"的"信之"、"不信之",也无非意见或"成心"而已,而"吾"的"信之",则皆从道体流出,因此便即是对于作为意见之"信"以及作为相对价值之"信"的超越;超越了"信"的相对价值,才真实体现了道体于一切万物无不生、无不养、无不成的最高诚信,所以谓"德信"。"德"者,得也。

"圣人在天下,歙歙为天下浑其心。"帛书甲、乙本分别作"愉愉"、"欱欱",后均有"焉"字。"欱欱"与"歙歙"义同,合貌。"愉"则当为"歙"之借字。"歙歙"后有"焉"字更好,更见其语气舒缓,语意清晰。"浑其心","浑"通"混",即"混同其心"。"圣人无常心",无善无不善,无有分别,等视万物,是其心之"浑";故"圣人在天下",便也当混同天下人之心,使皆无分别,无识无知,是即所谓"浑其心"。然"浑其心"并不是浑浑噩噩,而是以"朴"示人,不以任何相对价值为倡导,使天下人心皆回归于原始的、未经分化的、因而是平等无分别的价值原始。"歙歙",在这里正是用来形容天下人心皆归于"混同"的那种状态的。

"百姓皆注其耳目,圣人皆孩之。"王弼本无"百姓皆注其耳目"一句,然别本,如苏辙本、焦竑《老子翼》本皆有之,帛书甲本作"百姓皆属耳目焉",乙本有残,留"皆注其"三字。王弼注:"如此,则言者言其所知,行者行其所能,百姓各皆注其耳目焉,吾皆孩之而已。"可证王弼本原有"百姓皆注其耳目"一句,盖传写脱漏耳。"注",犹今言"注意"之注,集中、聚集之意。意的集聚谓之"注意",耳目的集中关注即所谓"注其耳目"。百姓在日常生活之中,都是运用其耳目而关注其生活事务的,凡一切高低大小、善恶美丑之类的相对价值,都分辨得清清楚楚,明明白白,由此便会产生各种意见分别,纷争不息。"圣人皆孩之","之"即是指上文的"耳目";"孩",通"阂",隔阂、关闭。"圣人在天下",就应当隔阂、闭锁百姓之"注其耳目",消除其分别知见,使其归于无知无识的浑然状态,也即上面所说的"浑其心"。"孩"百姓之耳目,即所以"浑其心",所以"皆孩之"即是使"浑其心"得以实现的方式。

顺便指出,"孩"字的解释,任继愈、陈鼓应都作如字解,任先生的理解是:"圣人都使他们像无知无欲的婴儿",陈先生的解释是:"圣人孩童般看待他们"。如果任先生的理解在基本意义上还不至于有太大问题,那么陈先生的解释,实在就有点令人不敢苟同了。高亨先生说:"按'孩'借为'阂'。《说文》:'阂,外闭也。'……'圣人皆孩之'者,言圣人皆闭百姓之耳目也。上文云'歙歙为天下浑其心',即谓使天下人心胥浑浑噩噩无识无知也。此文云'百姓皆注其耳目,圣人皆阂之',即谓闭塞百姓耳目之聪明使无闻无见也。此老子之愚民政策耳。"高亨先生之说,得之也。

五十章

出生入死。生之徒十有三，死之徒十有三。人之生，动之死地，亦十有三。夫何故？以其生生之厚。盖闻善摄生者，陆行不遇兕虎，入军不被甲兵。兕无所投其角，虎无所措其爪，兵无所容其刃。夫何故？以其无死地。

本章的大意是讲"善摄生"之可贵。所谓"出生入死"，总说人的生命无非两种状况：出现于世谓之"生"，入于死地谓之"死"。虽"生死"为常，但由"出生"而"入死"的过程，却有种种不同情形。"生之徒"，是天性长寿的人，约有十分之三；"死之徒"，是天性短寿的人，约有十分之三。除去此两类，普通的人群，原是未必不长寿的，但因其"妄动"而过早入于死地，也占十分之三。这类人为什么会"动之死地"呢？"以其生生之厚"。"生生之厚"，大概便如我们今人的一般心态，总觉得"要对自己好一点"，不要亏欠了自己，于是竞奔于名利之途，纵情于声色之娱，食必厚味，饮必辛辣，驰逐其形，放逸其心。殊不知这般的"生生之厚"，恰好适得其反，是斫丧其生而速之死地也。

可见名利的追逐与物质的丰厚，并非"厚生"的正当途径。真能"厚生"的人，则是"善摄生"之人。"摄"的意思是收敛，收敛则不骛外，所以"摄生"就是要收敛生命骛外的活动，而爱养其精神。这一意思到了庄子那里，就是"养生主"。"生主"即是生命的主本，精神也。善于"摄生"的人，盖是少之又少，只有十分之一而已。但"善摄生"给人带来的利益却是常人不可思议的："陆行不遇兕虎，入军不被甲兵。兕无所投其角，虎无所措其爪，兵无所容其刃。"这几句，按我的理解，并不是说"善摄生者"真的能够兕虎不遇、刀枪不入，而只是极言"善摄生"之真能有益于生命，能够使生命实现其本然的、无为的自在境界。一个真正的"善摄生者"，他不仅了知生命之本原，并且能依循生命自然的本来状态去爱养它，少私寡欲，恬静质朴，收摄内敛，不逐外物，而实现其生命状态在本质上的与道为一。正因他与道为一，所以也就实现了他本身生命的"自在"，而不再受到任何外界力量的影响，不再为外在的环境所侵扰，而始终把自己保持在与道同一的状态。"兕虎"是猛兽，"甲兵"是险地，虽遇险如此，"善摄生者"，也即与道为一者，仍能因得其自在而泰然处之，不为所动。强调已得自在的"善摄生者"不受外界任何力量的干扰与影响（否则即非自在），窃以为是本章"兕虎"、"甲兵"之说的本意。而已经获得生命本身之自为存在的"善摄生者"，何以能使"兕虎"、"甲兵"皆无所施其猛利？老子说："以其无死地。""其"是指"善摄生者"，所以这句的意思是："因为善摄生者是没有死地的。"何以故？"善摄生者"既已与道为一矣，也即实现了生命与道体的同一，则凡其所遇，皆无非生生之地，哪里还会有"死地"？

本章的"兕虎"、"甲兵"之说，实在是讲"善摄生者"所能达到的一种特殊的精神境界，是即与道体同一而超越于相对性的羁绊，从而还归其生命之自然真实的本相，而得转进于绝对的自在之境。自在即是超越了一切相对性的自身本然的真实存在，正因为它是超越了相对性的，是实现了对于一切挂碍系缚的摆脱的，所以"自在者"也是不受任何外在因素的影响的。庄子"藐姑射之山之神人"，其寓意也与此完全相同。老、庄实际上都并无长生不死之说，但这样一些文字上的表述，仍然启迪了后世道教长生久视的遐思。

五十一章

　　道生之，德畜之，物形之，势成之，是以万物莫不尊道而贵德。道之尊，德之贵，夫莫之命而常自然。故道生之，德畜之，长之育之，亭之毒之，养之覆之。生而不有，为而不恃，长而不宰，是谓玄德。

　　一切万物的现象不论有多么的千差万别、纷纭繁复，但追本溯源，却有其存在本原的统一性。本章以一切万物的本原性同一的论述为开始，而再以道之"玄德"为结论，以见自然无为之可贵。

　　现象世界的一切万物，皆无有例外地以道为其存在的本原，所以道即是一切万物的本原性实在。这一意思我们已经多次说过。而在本章中，老子首先解释了万物是如何可能获得其"现在"状态的。"道生、德畜、物形、势成"，即是"物"的自然成就过程。"道生之"，是就本原而言，一切物都以道为"生"的根据。"德畜之"，"德"即是"得"。就"物"而言谓之"德"，就"道"而言则谓之"散"。"道"以其自身的本然性运动来体现其本原性实在，并因此而把它存在的本质衍散出来，所以谓之"散"；因"道"之原质的"散"，"物"才可能有得于"道"的纯粹存在本质而获得其自身的存在，所以谓之"德"。"物"既有其"德"，便即获得"德"的畜养，所以说"德畜之"。如果说"道"是一切万物都共同享有的根本原质，那么"德"即是特殊之"物"之所以成其为特殊的"特质"。"物形之"，因有"德"的畜养，得之于"道"的存在"特质"便以其特殊样态而呈现出来，是即为"物"获得其具体形态的过程。"势成之"，"势"的意思，应是阴阳、寒暑、山泽、风土之类的质料性的环境条件，"物"的最后成就还须依赖于此类的"势"。"道生、德畜、物形、势成"，是一个自然的连续过程，也是一切万物得以赋形而成就其作为单个物之体用的过程。"道"是一切物之"生"的本初原始，故"道生"是终极根本，无"道"则无"德"；但就单个物的存在而言，则又以"德"为本，其"德"如此，则"物形"随之，"势"以成之，"是以万物莫不尊道而贵德"。"尊"、"贵"二字，皆作动词，即"以道为尊"、"以德为贵"。"道"是总相，"德"是别相，本质不二，总别不异。汇别而归总，则会"德"于"道"；由总而显别，则"道"散为"德"。所以世界一切万物，虽异象纷呈，而原始要终，无非"道德"，是"道德"之所以为尊贵也。正因此故，"道德"即是现象世界的统一原理。重视现象世界的本原性统一、重视人与万物的统一，无分于儒、道，而是中国哲学所坚持的一贯思想。但最为清楚阐述这一观点的最初代表，恐怕还是老子。"道德"作为存在的原理，正是"人与天下万物为一体"这一在历史上不断被阐述的观点在哲学上的可靠根据。

但"道德"之所以为尊贵，并不是因其赋予万物以存在本质就尊贵，而是因其"无为"地、"自然"地赋予万物以存在本质而尊贵，是即所谓"莫之命而常自然"。"莫之命"是不受任何外在力量的命令。不受任何外在力量的命令，也即是"自然"，是其自身的本然状态，所以谓之"常自然"。这是强调"道生、德畜、物形、势成"的全部过程，皆是"无为"而"自然"的过程，并且也正是"无为"而"自然"才使"道尊德贵"。所以接下去便进一步展开"道德"对一切万物之自然而无为的成就过程的描述："道生之，德畜之，长之育之，亭之毒之，养之覆之。"这里重复"道生之，德畜之"，正是对"道德"为一切万物之存在本原的强调。而"长育"、"亭毒"、"养覆"，义皆相属。"亭之毒之"一句，朱谦之校本作"成之熟之"，高亨说："'亭'当读为'成'，'毒'当读为'熟'，皆音同通用。"然帛书甲、乙本也作"亭之毒之"。"亭"、"毒"二字，前人解释多歧。我的理解比较简单，以音求义即可。"亭"犹"停"，定也；"毒"通"笃"，厚也。"毒"、"笃"相通，古书原有其例。俞樾《古书疑义举例》说："《尚书·微子篇》'天毒降灾荒殷国'，《史记·微子世家》作'天笃下灾亡殷国'。笃者，厚也，言天厚降灾咎以亡殷国也。'笃'与'毒'，'亡'与'荒'，皆叠韵，此以叠韵字代本字之例也。""长之育之"即是上文的"道生德畜"，而"亭之"是就上文"物形之"而言，物既有形，则定其形;"毒之"是就上文的"势成之"而言,既势以成之,则更厚之,使完其德。所以"亭之"是使事物保持其自身的相对稳定状态,"毒之"是据其德而进一步使其"厚",使"德"能得到完备的体现。"养之覆之","覆"即是"盖","养之"指地,"覆之"指天,天无不覆,地无不育,一切万物遂得以自然成就其自身所应有的本然状态。

"生而不有,为而不恃,长而不宰,是谓玄德。"这几句已经见于第十章。如我们已经指出的那样,这里是总说"道"的无为之德。道虽然赋予一切万物以本质、以形体、以功用,使其性相完具,体用兼备,而得以体现其本然真实的存在,但"道"对它自己成就一切万物的"功绩"却是疏离的,是功成而弗居的,所以称之为"玄德"。"玄德"即是深邃醇厚的无为之德。

五十二章

　　天下有始，以为天下母。既得其母，以知其子；既知其子，复守其母，没身不殆。塞其兑，闭其门，终身不勤。开其兑，济其事，终身不救。见小曰明，守柔曰强。用其光，复归其明，无遗身殃，是谓习常。

　　本章是要求基于本原之"道"与现象之"物"的通体把握而在现实生活中还原出道体之用。

　　先讲几句不算题外的题外话。关于天下万物是否有"始"，实在是个非常有趣的问题。在中国哲学中，孔子基本上没有去思考天下是否"有始"，他只把人的当前存在境域来做系统的思考，是以人的群体性、群体生活的公共性来作为人生的基本场域的，所以"鸟兽"是不可与同群的。老子是要思考天下是否"有始"的，并且是以这一思考的基本结论："天下有始"来作为其哲学建构的全部基础的，只不过"始"本身还有个"有无"问题，但"有始"是肯定的。老子的"有始"，到了庄子那里，却遭受了极大的怀疑，变成了"有始也者，有未始有始也者，有未始有夫未始有始也者"。当然，启迪庄子这一怀疑的，仍然是老子的"有无"之说。佛教原是反对婆罗门教的世界神创说，所以是不讲"有始"的，而经常说"无始以来"。释迦牟尼与孔子很相像，只把人在这个世界当中的当前存在状态作为一个"给定的"基本情境，而运用他的全部心力来谋求人生问题的根本解决。基督教认为世界是上帝创造的，所以是持"有始"说的。有趣的是，现代宇宙学的主流观点，即所谓"宇宙大爆炸"理论，也是持"有始"观点的。这一理论认为，宇宙起源于137亿年前的一次"大爆炸"，而"大爆炸"前的状态，则是被叫做"奇点"的 singularity，那么这个 singularity 即是全部宇宙的"原始点"。不论是哲学的理性思考、宗教的想象性归元还是现代科学的观测实验，似乎都表明一点，即人类始终在不懈地探寻宇宙万物的统一性原理。

"有始"即是宇宙之本初的原始。老子这里说"天下有始"，便是肯定宇宙是有其统一的原始起点的。而实际上我们已经晓得，这个"始"即是"道"，"道"是宇宙一切万物之存在的本初原始，是一切万物所从产生的本原性实在，是一切万物之"母"。我们也曾经提到过，"母"是取其"能生"之意，"能生"也即是给予生命。在这一意义上，老子不啻是表明了这样一种观点，即宇宙全体便是一个生命的共同体，是生命存在的公共场域，宇宙是有机地统一的。宇宙万物的全体既存在着本原性的统一性，那么这种统一性就一定是可以领会与把握的。所以他接着说："既得其母，以知其子；既知其子，复守其母，没身不殆。"显而易见的是，"得母"即是"得道"，"知子"即是"知物"（也包括"知己"、"知人"）。"得母"即是要实现对一切万物之本根原始的了达，故"得母"也即是"知始"、"知宗"。既已"得母"，既知其宗，则也已能"知子"，而不失万物之情。如果由"得母"而"知子"是可能的，那么由"知子"而"得母"便同样是可能的，只不过在老子看来，对一切万物的"知"，最终必达于其本根原始的洞彻，方是真实之"知"，也只有了达一切万物之本根原始的本然真实，才能实现对一切现象之全体的本原性把握，所以说"既知其子，复守其母，没身不殆"。如果由"得母"而"知子"是由本体以即现象，那么由"知子"而"得母"便是由现象而即本体。不过我们这里一定要清楚一点，即这里的"知"，不论是在"得母"的意义上还是在"知子"的意义上，都不是关于现象的"知识"，而是关于实在，也即是真理本身的真实了知。"知子"即是得万物之情状，"得母"即是知实在之本然。唯此方是彻上彻下，才可能"没身不殆"。

"塞其兑，闭其门，终身不勤。开其兑，济其事，终身不救。""兑"是人身之窍穴，所谓"七窍"。"勤"的意思，通常都作"勤劳"或"扰攘"来理解，窃以为不当。"不勤"与"不救"为对文，"不救"即是危殆，所以"不勤"应有"不危殆"之类的意思。马叙伦说："'勤'借为'瘽'。《说文》曰：'病也。'"

其解释的大方向是正确的。如从《老子》文本本身来解释,我认为"不勤"与"绵绵不勤"之"不勤"同义,"勤"通"尽"。"塞其兑,闭其门",是承上文而讲"得母"的方法。"母"或道不是一个知识的对象,所以是不能诉诸通常的知识方式的,是不能通过耳目口鼻之类的人身之"兑"、"门"的开放性活动来实现的,恰恰相反,这些都必在"涤除"之列,如此方能进入"玄览"之境。因"玄览"而有得于"母",有得于道,则其用便终身不尽,所以谓之"终身不勤"。如果不是这样,不懂得于"玄览"之境而得道母,而是把自己投身于外物的竞逐之中,把自己完全开放给外在的世界,以名誉利欲的达成为目的,也即是"开其兑,济其事",那么其身不能长保,必遇危殆,便是理之所必然,所以说"终身不救"。

"见小曰明,守柔曰强。""小"的意思是细微。能清楚地洞见微细之物才称为"明";能持守"柔弱"也即是"强"。这里的"见小",我觉得应当包含两方面意思:一是"见小"即是"见微知几",道是不以任何形象来呈现其自身的,在这一意义上,道也即是"小",也即是"微",所以"见小"是指见道而言;二是"见小"是指对具体事物之微细状态的洞察与把握。我们曾多次提到过,在老子那里,相对之物的存在状态及其价值在现实性上都是包含着相互逆转的充分可能性的,而"柔弱"、"幼小"则包含着未来之"刚强"、"强大"的充分可能性。由于道自身的回归性运动,"柔弱"、"幼小"转变为"刚强"、"强大"是具有某种自然的必然性的。但也只有在"见小"之"明"的光照之下,才能明了"守柔"之用。

所以接着说:"用其光,复归其明,无遗身殃,是谓习常。""用其光",实际上是就上文的"见小曰明"而说的。在把"见小"领会为"见道"的意义上,那么"见小"之"明"即是德性自体所固有之"明"。道体原本光明,德性之自体也原本光明,只是我们往往驰逐于外,常蔽于物,不能凭藉"玄览"而照见自我德性的本来光明,所以便也往往陷入"妄作"。既能见小而知微,洞达于道体,则道体之明即为自我德性之本明。能用自我德性之本明于日常生活实践,即是这里的所谓"用其光";用德性之光而明鉴万物之理,方能"守柔"而持虚,从而还归一切事物之本来情状,是为"复归其明"。"复归其明",显然是在体道前提之下对于道之智慧的运用,是必能循道而动的,这样也就自然不会使自身陷入现实的危殆之境,所以说"无遗身殃"。"无"作"毋"解。"是谓习常",这就叫做对于常道的实践。"习",《说文》曰:"数飞也。"是指鸟不断练习飞翔,引申为"运用"、"实践"之意。《论语》"学而时习之",义同。"用其光,复归其明,无遗身殃",正是体道、明道、用道,是对于道的切身实践,所以说"是谓习常"。通常的解释认为"习"通"袭",其意为领受、接受,"袭常"即是对于常道的接受与服从,义也可通。袭有"受"义,如《左传·昭公二十八年》:"九德不愆,作事无悔,故袭天禄,子孙赖之。"杜预注:"袭,受也。"既领受、接受之,则便服从之。而若把"袭"理解为"继承"、"沿袭",其义也通。帛书甲本作"袭常",高明说:"按'袭'字与'习'古音相同通用,从经义分析,在此当假'习'字为'袭',《老子》本义乃为'袭常'。"然马叙伦则认为当以"习"为正,说:"'袭'、'习'古通。《周礼·胥师》注曰:'故书袭为习。'是其例证。此当作习。""袭"、"习"古通,但就《老子》这一文本而言,究竟是"习"假为"袭",还是"袭"假为"习",似有不同意见。就意义内涵而言,窃赞同马叙伦先生之说,当以"习常"为正。

五十三章

使我介然有知，行于大道，唯施是畏。大道甚夷，而民好径。朝甚除，田甚芜，仓甚虚；服文采，带利剑，厌饮食，财货有余，是谓盗夸。非道也哉！

本章体现了老子对现实政治不遵道而行之现象的批判。"使我介然有知，行于大道，唯施是畏。"这一句中的"介"字，歧义颇多。或训"大"，或训"小"，马叙伦以为通"哲"，高亨以为通"黠"，真可谓莫衷一是。我以为不必求之过深，"介"的意思即通常所谓"耿介"之"介"，卓异、特别之意。"有知"的"知"，并不是一般意义上的所谓"知识"，从下句"行于大道"可知，这里的"知"是就道的知识而言的。然"大道"一词，语带双关，既指实际上的大路，也指抽象之大道，所以在理解上要稍加注意。这几句的意思是：如果我能特别地具有关于大道的知识，在大道上行走，那么我就一定是会畏惧那些旁歧的小径的。"施"，通"迤"。王念孙《读书杂志余编上·老子》说："'施'读为'迤'。迤，邪也。""唯施是畏"，就是唯恐入于邪路之意。

行于大道，为什么要"唯施是畏"？因为"一达谓之道"，邪曲小径，则不谓之道，是为非道。大道虽然无歧，但它的沿途却往往多旁蹊小径，故行于大道，遂也多有误入歧途的危险，所以"唯施是畏"。然有道之士之所畏者，世人往往不畏，不循大道，而更愿意走入邪曲小径，所以说"大道甚夷，而民好径"。"夷"是平坦之意，"径"是小路；小路虽不平坦而崎岖，但往往能更快地到达目的地，故谓之"捷径"。然所谓"捷径"，一定是脱离了"大道"的，所以"好径"便即是误入歧途。

人民为什么会误入歧途？实质上正是统治者因不明大道而有以致之，原是统治者之"不道"的结果，所以接着便转向对统治者之"不道"的批判。"朝甚除，田甚芜，仓甚虚"，"朝甚除"一句，王弼注："朝，宫室也。除，洁好也。"意为宫室整洁美观，而与下"田甚芜，仓甚虚"相对，以为对统治者之不道的批判，其义自可通畅。不过若据马叙伦先生说，"除"假为"污"或"塗"，污秽之意，则其义可能较胜。马叙伦说："'除'借为'污'，犹'杇'之作'塗'也。诸家以'除治'解之，非也。"朝堂是行政之处，"甚除"即极言其法令之滋甚、政治之污秽。若人民宁处，力勤于田，则田野不应荒芜；而今"田甚芜"，则极见其民生之不安。若田野不芜，则仓廪应殷实而不虚，而今"仓甚虚"，则极见其生产之凋敝。朝政荒芜已极，民生凋敝已极，财力空虚已极，而统治者却依然是"服文采，带利剑，厌饮食，财货有余"，穿着华丽的服饰，佩戴锋利的长剑，饱足于肥美的厚味，府库财货充盈，"是谓盗夸"。"夸"者，夸耀、炫耀之意。"是谓盗夸"，意为这是对其盗民之行为的夸耀。刘伯温曾说，上古之世的圣人是"天地之盗"，然后世的人君，却只成了"人盗"，并且不至于"人盗"之极而不止，要窃取天下人民之财货而供其一己之享用。刘伯温的这一观点可能就是来源于老子。大为"人盗"，并且用其盗得的财物来夸耀、炫耀其强盗之行，乃"非道也哉"，是为老子对统治者之背道妄行的严厉指责。

然"盗夸"，《韩非子·解老》作"盗竽"。韩子说："大奸作则小盗随，大奸唱则小盗和。竽也者，五声之长者也。故竽先则钟瑟皆随，竽唱则诸乐皆和。今大奸作则俗之民唱，俗之民唱则小盗必和。故服文采，带利剑，厌饮食，而资货有余者，是之谓盗竽矣。"照此理解，则所谓"盗竽"者，即为"盗首"也。其义也通。

五十四章

　　善建者不拔,善抱者不脱,子孙以祭祀不辍。修之于身,其德乃真;修之于家,其德乃余;修之于乡,其德乃长;修之于国,其德乃丰;修之于天下,其德乃普。故以身观身,以家观家,以乡观乡,以国观国,以天下观天下。吾何以知天下然哉? 以此。

　　本章大意,盖是讲以道修德所带来的福惠,其中也体现了先秦时代核心文化精神的统一性。

　　"善建者不拔,善抱者不脱","建"即是"树立","不拔"就是不可拔除、不可动摇。善于建立的人,其所建立者是不可拔除的;善于持抱的人,其所持抱者是不会脱落的。"善建者"要建立在何处才会"不拔"? "善抱者"当持抱何物方能不脱? 这是需要考虑的,也是理解本章的关键。凡一切有形之物,不论植根如何深固,终究不可能不拔;凡所执持之物,不论其持守如何坚牢,终究不可能不脱。所以这两句,并不是就任何现象事物的"建"、"抱"而言,其实是就"道德"而言的。正如吕吉甫所说:"凡物以建而立者,未有不拔者也,惟为道者建之以常无有,则善建而不拔矣;凡物以抱而固者,未有不脱者也,惟为道者抱神以静,则善抱而不脱矣。""善建者不拔",是讲生命须建立于道的根基,道是一切万物所得以建立的本根,是为常道,故建立于道则不拔;"善抱者不脱",是讲有道者既于道而建立起生命的根本,便应能抱德而不脱。立于道,抱于德,则道德之泽,流于百世,是"子孙以祭祀不辍"也。薛蕙说:"子孙祭祀不辍,言德盛而流泽远也。"是也正所谓"死而不亡者寿"。

下面几句，即"修之于身"到"其德乃普"，是总说以道而修德的普遍效用。"修之于身"，"修"是以道而修，也即是要基于"善建者"的洞达而使自己成为"善抱者"，成为据于道而抱于德的真实存在者。"其德乃真"，"真"即是"实"，以道而修身，便能使自己内在所固有的、本原于道的"德"真实地、以它自己所固有的本原性方式真实地呈现出来。"修之于家，其德乃余"，一个懂得如此以道而修德的人，如在一家，则一家德性皆见充实，优然而有余裕；"修之于乡，其德乃长"，其人如在一乡，以道而修德，则一乡之人，皆见其德性之旺盛；"修之于国，其德乃丰"，其人如在一国，以道而修德，则一国之民，皆见其德性之丰沛；"修之于天下，其德乃普"，其人如在天下，以道而修德，则天下之民，皆见其德性之普博，是即道德普遍实现于天下矣。正因为道德既为人身之本，也为一乡、一国、天下之本，所以观于一人的言语行为，便可知其人是否以道而修德，是为"以身观身"；观于一家之风气，便可知其家长是否以道而修德，是为"以家观家"；观于一乡之风习，便可知其乡长是否以道而修德，是为"以乡观乡"；观于一国之风俗，便可知其国君是否以道而修德，是为"以国观国"；观于天下之风尚，便可知其天子是否以道而修德，是为"以天下观天下"。正因为天子一人的内在德性、是否有道，是必然通过民众现实的生活情态而具体展现出来的，所以民众的现实生活状况便成为对现实的政治状态进行判断的基本依据。所以说："吾何以知天下然哉？以此。"我为什么能够了解天下是否有道的实际状况呢？正是根据这一"观"的原理。

虽然老子关于"道德"的内涵与儒家未必完全相同，但据本章所说，一人的内在道德状况必然通过其言行来表达，而一家、一乡、一国、天下的风尚习俗，则为其管理者个人之内在道德的外化形式，因而可以通过风尚习俗的考察来反观管理者本人之是否以道修德，这一基本观点其实完全与儒家是相通的。儒家也说："入其国，其教可知也。"同样强调"修身、齐家、治国、平天下"，"自天子以至于庶人，一是皆以修身为本"。这些方面的可相通性，正提示了先秦诸子文化在核心精神上的统一性。

五十五章

　　含德之厚，比于赤子。蜂虿虺蛇不螫，猛兽不据，攫鸟不搏。骨弱筋柔而握固。未知牝牡之合而朘作，精之至也；终日号而不嗄，和之至也。知和曰常，知常曰明，益生曰祥，心使气曰强。物壮则老，谓之不道，不道早已。

　　本章用"赤子"比喻"含德之厚"的人，实际则是讲能得道而抱德的人，他是能够保持其生命的本真状态的，是能够回归其生命的本然真实的，因他与道为一体，所以他便不受任何外在力量的侵扰。

　　"含德之厚，比于赤子"，即是说一个内在地蕴含了浑厚道德的人，他就好比是"赤子"一般。"赤子"即是"婴儿"。按古来的讲法，刚出生的婴儿，皮肤显红，所以叫做"赤子"。《汉书·贾谊传》："故自为赤子，而教固已行矣。"颜师古注："赤子，言其新生未有眉发，其色赤。"刘奉世曰："婴儿体色赤，故曰赤子耳。""赤子"为纯阳之体，其先天元气浑厚，包含其未来发展的无限可能性；"赤子"无识无知，于外物无有分别，无有任何偏见的附加，所为皆是"自然"。这些"特征"与老子之所谓"道"是相合的，所以便用"赤子"来比喻"含德之厚"的人，也即是能得道而抱德、与道浑然一体的人。

　　此下所说，即从"蜂虿虺蛇不螫"到"和之至也"，都是"赤子"的形象性描写，而实际则是对于有道者的比喻。"蜂虿虺蛇不螫，猛兽不据，攫鸟不搏"，犹五十章之所谓"陆行不遇兕虎，入军不被甲兵"，并不是真的说所有毒虫蛇蝎都不螫"赤子"，猛兽、猛禽对他也不攫不搏，而只是通过这种夸大其词的说法来表明这样的意思，即"含德之厚"的有道者是因还原了生命的本然真实而实现了其生命的自在，所以他是不受外在环境的任何影响或侵扰的，是能够"柔弱胜刚强"的。据，读"击"上声，搏击也。"骨弱筋柔而握固"，即是说"赤子"虽"柔弱"而有其"刚强"之用。"未知牝牡之合而朘作，精之至也"，"朘"是小男孩的生殖器。"未知牝牡之合"，也即无"牝牡之合"的欲望，是即"无欲"；而其所以"朘作"，则因其"精之至也"，是即"自然"。本句王弼本"朘"作"全"，义似难通；帛书乙本作"未知牝牡之会而朘怒"，据以改。赤子"终日号而不嗄"，终日哭声不断而声不嘶哑，原因何在？"和之至也"。"和"也即是"自然"，因为"万物负阴而抱阳，冲气以为和"，"和"即是事物存在的本来状态。"赤子"无知无欲，不以心使气，不以气役心，故气和而无伤。

正因"和"原是事物存在的本来状态，是祛除了任何"人为"的"自然"本真，是一切万物从道体那里获得其存在的本来样式，故明了"和"的真义才能保持事物本身的恒久，所以说"知和曰常"。"知和"也即是"知道"，惟道体为恒久真实，所以说"知常曰明"，明了道体的恒常，即能烛照玄微，而明达一切万物的本原之理，自能保其"和"而恒久不已。"益生曰祥"，所谓"益生"，即是五十章之所谓"生生之厚"，不循自然而"益"，即是"有为"，是人为之欲望的表现，而"有为"则必有灾殃，所以说"益生曰祥"。句中的"祥"，其义为妖殃，古汉语有所谓"反训"，此其例也。"心使气曰强"，以心使气，"心"则为"意欲"之义，以意欲去役使先天之气，正是气之所以失其本然之"和"的原因，"强"是刚强之意。以心使气，逞其意欲，破坏天和，则是使自己更加迅速地走向"刚强"。基于"反者道之动"的洞察，既已至于"刚强"，则离死亡不远，所以最后再次指出："物壮则老，谓之不道，不道早已。"这三句已见第三十章，此处不赘。

本章以"赤子"的形象而说"含德之厚"的妙用，也即得道之用，而重点则落实于无为无欲之自然。"知和曰常，知常曰明"是正说，"益生曰祥，心使气曰强"是反说，正说反说，皆明自然无为之道。

五十六章

　　知者不言，言者不知。塞其兑，闭其门，挫其锐，解其分，和其光，同其尘，是谓玄同。故不可得而亲，不可得而疏；不可得而利，不可得而害；不可得而贵，不可得而贱。故为天下贵。

　　本章的重点是"玄同"，这是一种超越于一切现象的多样性分别而又实现了个体生命之独立自在的精神境界。"玄同"的境界，即是道的境界。

　　"知者不言，言者不知"，"知者"即是"知道者"。"知道者"之所以"不言"，是因为道体自身的真实相状、其存在的本然真实状态，原是不可言说的，而只可能默契心领。"道可道，非常道"，"常道"之在，总是自在，其体无限，无形无象，是超越于语言有限的表述功能的，所以是不能言说的。"言者不知"，即是说：凡是把"道"当作一个现象性的存在物而用语言来进行谈论、言说的，实际上就并不真的"知道"。这两句中的"知"字，有人主张读为"智"，如陈鼓应先生的理解是："智慧的人是不多说话的，多话的就不是智者。""知"、"智"字义相通，是古文常例，其意义自然是可以讲得过去的。不过在本句中，我觉得还是读如字更好，因为下文所说"玄同"，正是"知道者"方能达到的境界，而这种"玄同"之境，正是不可言说的。

　　"塞其兑，闭其门，挫其锐，解其分，和其光，同其尘，是谓玄同。""塞兑"、"闭门"二句，已见于五十二章，这实际上是讲"知道"的方式或途径。道体自身不是现象，其自身的真实存在状态是并不诉诸官能感觉的，因此也不可能凭藉感官能力来实现对它的了达，反而必须把感官活动从对现象的追逐之中撤退回来，隔绝对于外物的应感，方有可能内契于道体自身

老子研读

的本在,从而进入道的"玄同"之境。所以接下去便讲"玄同"。

"挫其锐,解其分,和其光,同其尘",即是"玄同"之境。"解其分",第四章作"解其纷",可知"分"即"纷"义。但这四句中的"其"字究竟何指,似颇费斟酌。我个人以为本节六句"其"字的真实所指不尽相同。"塞兑"、"闭门"二句的"其",是指知道、体道者,也即是指人。"挫锐"句的"其"是指人,"解分"句的"其"则指物;"和光"句的"其"是指人,"同尘"句的"其"则指物。就体道者而言,既"塞兑"、"闭门",则能"挫其锐",折其外露的锋芒而含藏内敛;既能含藏内敛,则能内契本原,而消解一切现象的纷纭繁杂,是为"解其分";既能消解现象的纷纭繁杂而入于无分别的境界,则能使"知道者"自身原本于道体的本明得以呈现,是为"和其光";既能呈现出道体的本然光明,则能对感官分别对境的现象皆无所区分,在体道的"玄览"之下实现对于一切万物的浑然同一,是为"同其尘"。焦竑《老子翼》引李息斋说:"挫其锐者,治其内也;解其纷者,理其外也;和其光者,抑其在己也;同其尘者,随其在物也。无出无入,无内无外,无己无物,是谓玄同。"除了"和其光"一句说"抑其在己也"我本人有不同意见以外,窃以为这一解释路数是正确的。这一"玄同"境界,正是无内无外,亦内亦外,内外一体,万物一齐。"玄同"境界的"解分"、"同尘",正是庄子"齐物"思想的根本来源。本章"挫锐"四句,虽与第四章四句全同,但第四章是就"道"而言,本章则主要就人也即是"知道者"而论,其语境并不完全相同。不过如果按照我在第四章的解释,把四个"其"字都理解为现象世界,就"知道者"而言,能消泯一切现象的差别而进入玄冥混同之境,似乎也得。

"知道者"实现了"玄同"之境,本质上即实现了对于现象之纷繁的多样性的超越,实现了对于道体的本原性复归,因此他是必然能够超越于一切现象事物之存在的相对性及其价值的相对性的,这样他就同时实现了在存在意义上的"自在"、在价值意义上的"绝对"。所以接着说:"故不可得而亲,不可得而疏;不可得而利,不可得而害;不可得而贵,不可得而贱。""亲疏"、"利害"、"贵贱",皆所谓相对性,常人滞着于相对性而不能自拔,妄加分别,取此去彼,而在实现了"玄同"的"知道者"那里,一切事物并无亲疏,并无利害,并无贵贱,因他已然超越了一切相对性、穿越了一切关于相对性的意见,而洞达了绝对的道的本然实在,从而能等视万物,与物浑然同一。"故为天下贵",是对上文的总结,是说这样的"玄同"为天下所贵,而"玄同"是"知道者"才有的境界,所以终究说来,仍是"道"或"知道"乃为天下贵。

五十七章

以正治国，以奇用兵，以无事取天下。吾何以知其然哉？以此：天下多忌讳，而民弥贫；民多利器，国家滋昏；人多伎巧，奇物滋起；法令滋彰，盗贼多有。故圣人云："我无为而民自化，我好静而民自正，我无事而民自富，我无欲而民自朴。"

本章的主题是讲"无为而治"。开头三句："以正治国，以奇用兵，以无事取天下"，是老子关于"治国"、"用兵"、"取天下"三事的总原则。"以正治国"，治国必以正，而"正"者，政也；国家管理的政治措施、方针策略，必须体现大中至正之道，所以"政"即是"正"，这点是先秦关于政治的基本共识，孔子也说"政者，正也"。"以奇用兵"，"奇"与"正"对，即是"不正"。兵者诡道，但因为战争原本是非常事件，且以克敌制胜为目的，所以为取得战争的胜利而"出奇"是可以的，但"奇"必用于"正"，必归于"正"，"正"乃是"奇"的限度。"取天下"或"治天下"，则须"无事"，"无事"即是"无为"。以上三点是老子在本章所论述的重点。

"吾何以知其然哉？"其实是紧接着"以无事取天下"一句的设问。"以此"的"此"，是指下文所说的内容。"天下多忌讳，而民弥贫"，"忌讳"是在政治意义上讲的各种禁忌、禁令，包括各种法令、法规、观念、"主义"在内。禁忌多了，人民动辄得咎，言论、行为都失去自由，这个不能说，那个不许做，自然就不会有创造财富的自由，只能是越来越贫困。我们这里稍加引申，老子似乎是在说：社会物质财富的充裕，是要以人民生活的自由为前提的。郭店简本"贫"作"畔"，"畔"通"叛"，背叛之意，其义显明。"民多利器，国家滋昏"，"利器"的意思，王弼说："利器，凡所以利己之器也,民强则国家弱。"河上公注:"利器者,权也。"高亨则以"利器"为"武器"。如民间多藏武器,拥兵革之利,则国家就愈加昏乱。"人多伎巧,奇物滋起","伎巧",一作"知巧",其义相通。"伎巧"即是"技巧",凡技术巧利之为,无不出于"智慧",民既多智慧巧利,则新奇之物便愈加繁多,人民之心就愈加向往,也就愈加丧失其敦厚朴茂的天真,离道也就愈远。"法令滋彰,盗贼多有","法令"的目的,原是用来防止狡诈奸伪之行的,但"法令滋彰",不仅名目繁多而且条目清晰,规定苛严,其结果就反而会"盗贼多有"。如前文所说:"天下多忌讳,而民弥贫",既贫而至于极,则所谓人民起而反叛,自然是理所当然之事。值得一提的是,"法令"的"令"字,河上公本、帛书乙本均作"物"。河上公注:"法物,好物也。珍好之物滋生彰著,则农事废,饥寒并至,故盗贼多有也。"如"法物"作"好物"解,则与上文"奇物"意义相近。就本章的总体意思来说,似乎还是作"法令"义更深长。

以上是对政治乱象之原因的揭示。既明其所以致乱的原由,所以最后给出治乱之方:"我无为而民自化,我好静而民自正,我无事而民自富,我无欲而民自朴。""我"当然是指统治者。"无为"、"好静"、"无事"、"无欲",是对"多忌讳"、"多利器"、"多伎巧"、"多法令"的对治;"自化"、"自正"、"自富"、"自朴",则是"对治"的结果;前者是"无为",后者是"无不为"。

这里我们再次看到了老子将他关于道的哲学原理运用于政治事务的思考。从积极的方面来说,"无为"政治的实质是要求统治者至少不要过多地干预人民生活的自有样态。在不干预的前提之下,人民是可以实现其生活与生产的自我组织的,是可以自动地、自然地形成其生活与生产秩序的。这种秩序的形成,便是天下大治,是即所谓"无为而治"。在中国历史上,汉初黄老之学主导之下的政治状态,不妨视为对"无为而治"的实践,"文景之治"在某种意义上便是统治者之"无为"的结果。如果把"文景之治"看作是一种历史经验,那么这一经验就已经表明:民众生活与生产的自由,是良好的政治状态之所以可能出现、社会物质财富之所以可能积累的必要条件。就此而言,则老子在本章中所体现的"无为而治"的思想,便是对当时社会政治状态的尖锐批判。而仅就思想本身来说，把道体自在的"无为"转换为统治者之现实政治活动的"无为"，即已经把"无为"转换成了一种统治之"术"，"无为"成了手段，而"无不为"则是目的。这一转换，正是老子思想在政治意义上之所以不具有公共性与公开性的根源。

五十八章

其政闷闷，其民淳淳；其政察察，其民缺缺。祸兮福之所倚，福兮祸之所伏，孰知其极？其无正？正复为奇，善复为妖。人之迷，其日固久。是以圣人方而不割，廉而不刿，直而不肆，光而不耀。

事物世界的相对性是普遍的，相对性向其相对一方的转变这一独特现象同样是普遍的。本章主旨，即在揭示政治领域与生活领域都普遍存在的"价值逆转"现象，而以含藏内敛、顺其自然为归结。

"其政闷闷，其民淳淳；其政察察，其民缺缺。"这是就政治领域而言。"闷闷"与"察察"为对文，"察察"是清楚明白，则"闷闷"就是模糊、不清晰；清楚明白的"察察"，是说法令繁多、苛刻细密、规定严格；不清晰的"闷闷"，便与此相对，指法令不细，疏而不密。法令政令不细，规定不严，疏而不密，则人民便享有较高的生活自由度，有利于生活与生产秩序的自然形成，民风归趋于敦厚朴素，所以说"其民淳淳"。"淳淳"，也作"惇惇"或"屯屯"，皆是双声联绵词，其义一致。如若政令繁多，法网细密，严明苛细，则民众无所措其手足，则生产凋敝，民生废弛，自是必然之理。"缺缺"，与"淳淳"相对，是废弛、废缺之义。然高亨先生以为"缺"借为"狭"，"狭"与"狯"同，狡猾诈伪之意，于义也通。

"祸兮福之所倚，福兮祸之所伏，孰知其极？"这是就一般的生活领域而言。"祸"、"福"相对，而正因其相对，所以也相互包含、相互转化。"祸"本身就与"福"相倚傍，"福"本身就潜藏着"祸"。"塞翁失马"的故事，便是对这两句最为形象的解释。这种"祸福"的相倚相伏，谁能晓得其最终的

老子研读

究竟或极则呢？难道如"祸福"之类情形的相互转化，是没有一个定准的吗？所以说"其无正"？"其"读为"岂"，"难道"之意；"正"的意思是"定"。朱谦之说："'正'读为'定'，言其无定也。"既说到"正"，可是谁又晓得，"正"又变为"不正"，"不正"又变为"正"；"善"变为"妖"，"妖"又变为"善"，原本也是无定，所以说"正复为奇，善复为妖"。"善"是"祥"，"妖"是"不祥"。然而人们对于这种相对事物之存在状态及其价值的现实逆转，却没有真实的洞察，而仍然拘执于一端，要求"福"而避"祸"、求"善"而去"妖"，殊不知在这种分别执滞之中，早已陷入"祸"、"妖"而不自知了。所以说："人之迷，其日固久。"人们的迷惑啊，本来就已经有长久的时日了！

为破除人们如此这般的"固久"之"迷"，老子提出正确的处世之方："是以圣人方而不割，廉而不刿，直而不肆，光而不耀。"此所谓"圣人"，即是知道者，是明达于道的人。"方"通常解释为"方正"，"割"是"刀割"，意思是虽方正而不割伤人。我觉得这里的"方"，读音为"旁"，普遍、广大之意。"割"者，害也。《尧典》说："汤汤洪水方割，荡荡怀山襄陵，浩浩滔天。"此所谓"方而不割"，即谓明达于道的人，能"磅礴万物以为一"，普遍等视一切万物，无所分别，与物逶迤，而于物无伤。"廉而不刿"，"廉"是"棱"，"刿"是以刃伤人，即是"刀割"。明达于道的人，虽有棱角，却不如刀刃之利，不以伤人。"直而不肆"，"直"者，率真、廉直；"肆"者，纵恣、过度。明达于道的人，虽廉直率真，直道而行，但不放恣，不过度。"光而不耀"，"光"是闪亮，"耀"是炫目。明达于道的人，虽有闪光，却不刺人眼目。这数句总说对一个明达于道的人来说，他应当是磅礴而通于一切万物的，是能了达事物之相对性及其转化之理的，因而能无所滞着，韬晦内敛，而不陷入于任何相对价值之一偏。这种表象上的"和光同尘"，却有其内在心灵的终极归依，是即为道体之内在的自得。正因有此自得，道体遂即成为一切事物之本真存在的尺度。

五十九章

治人事天，莫若啬。夫唯啬，是谓早服，早服谓之重积德。重积德则无不克，无不克则莫知其极。莫知其极，可以有国；有国之母，可以长久。是谓深根固柢、长生久视之道。

本章主旨是讲"治人"、"修身"之道本质上是同一的，用一个字来说，即是"啬"。"啬"以修身，也以治国。这一"原理性"的观点，大家一看就明白，与儒家思想其实是一致的，尽管其"修身"、"治国"的具体内容儒、道之间可以存在着重大差异。

"治人事天，莫若啬"，"治人"是指对人民的统治；"事天"则是治身，也即通常所谓修身。身是天之所予我者，所以"修身"即谓之"事天"。孟子也说："存其心，养其性，所以事天也。""啬"的意思是"收敛"、"含藏"。《吕氏春秋·先己》说："凡事之本，必先治身，啬其大宝。"正以"啬"讲"治身"。高诱注："啬，爱也。""爱"即今所谓"爱惜"，既"爱惜"之，则敛藏而少用，或弗用，就是要使精神内敛，不使外驰。"啬"以"治人"，则凡政令之出，必不"察察"而以"闷闷"，必事"无为"而不"妄作"；"啬"以"治身"，则必爱养精神，韬光养晦，精神收敛于内，身不驰逐于外，是也"无为"而不"妄作"也。

"夫唯啬，是谓早服"，"服"的意思，任继愈、陈鼓应二先生均以为通"备"，陈先生又以"郭店简本"作"早备"为据，谓"早服"即"早作准备"之意。古无轻唇音，故"服"、"备"同声部，可相通假，古书也有其例。然窃以为"简本"的"备"当通"服"，"服"为正字。帛书乙本作"是以啬服"，与今本同。《韩非子·解老》："夫能啬也，是从于道而服于理者也。"高明先生说："以啬治国，民不劳；以啬事天，民不厌。故早从于道，服于理，则积德深厚矣。"可见诸解"服"者,即"服从"之意,谓尽早服从于道,此义自然可通。然窃意以为"服"字当作"习"解。《礼记·孔子闲居》:"君子之服之也,犹有五起焉。"郑玄注:"服,犹习也。"也即实施、实行、从事之意。"服"原也作"事"解,如《诗经·小雅·六月》:"有严有翼,共武之服。"郑玄笺:"服,事也。"王弼本句注曰:"早服,常也。"楼宇烈先生说:"王弼此句注文疑于'早服'下夺一'其'字,文当作'早服其常也'。是为释经文'是谓早服'之意为'早服'于'其常'也。"然则"是谓早服",即犹五十二章之"是谓习常",乃尽早从事于道之意。四十一章"上士闻道,勤而行之",是即所谓"早服"也。"啬"以收敛、含藏为义,"治人事天"之所以"莫若啬",即因"反者道之动",所以"啬"是合乎道之动的本原性之理的。"啬"既能与道相契,则从事于"啬",即是对于道的切身实践,谓之"早服",即要求尽早地从事于、实践于道。"早服谓之重积德",对于"啬"的"早服"既与道的实践相同一,那么"早服"于"啬",即是以道而修德,所以谓之"重积德"。"重"是"厚重","积"即是"蓄",如《周易》所谓"多识前言往行以畜其德","德"者,得也,是人有得于道体的本然之性。所以"重积德",便即是要浑厚地蓄养其有得于道的本然之性。

"重积德则无不克,无不克则莫知其极",人若能厚重地蓄养其本原于道的"德",犹水之积也厚,则其负舟也有力,便能于物无所不能。"克"者,能也。既于物无所不能,则未知其极限究竟抵止于何所,所以说"莫知其极"。"极"就是极限、究竟。然所谓"莫知其极",实际上却是知其有极,也即是抵止于"道"之全境全体。道无限,则其所臻之极致也无限。

人之"重积德"而至于"无所不克",而至于抵止于道之全体,则自然便"可以有国";岂止"有国",也可以"有天下"矣。"有国"即保有其国,而保有其国,则在于保有其国之根本,是即道也,故谓"有国之母,可以长久"。只有以道去保有其国,以道治国,才是可以长久的。"母"即是"道"。

"是谓深根固柢、长生久视之道",二句为"治人事天"作结。"深根固柢"就"治人"也即是"治国"而言。"深"、"固"二字皆用为动词,"使根深"、"使柢固"之意。"柢"也是"根","根柢"即犹言根本,谓"啬"之道,是能使国家根柢深固而维持恒久之道。"长生久视"就"事天"也即是"治身"而言,"长"、"久"二字也用为动词,"使生长"、"使视久"之意。"视"是眼目能看,唯活人为能视,所以"久视"即是久生,谓"啬"之道,是能使个体生命垂于长久而不衰之道。不论就"治人"还是就"事天"而言,"啬"都在于爱养精神,摄养天和,蓄养天德,涵养根柢。唯根柢深固,国家方能长治久安;唯精神醇厚,个体方能长生久视。

六十章

治大国若烹小鲜。以道莅天下，其鬼不神。非其鬼不神，其神不伤人。非其神不伤人，圣人亦不伤人。夫两不相伤，故德交归焉。

本章讲"治大国"所应有的态度以及以道治国所带来的不可思议的效果。"治大国若烹小鲜"，这句话现在已经成为名言了。"小鲜"是小鱼。"烹小鲜"大概不是件容易的事，火力大了容易焦，火力小了不易熟，翻得勤了容易糊，不去翻动又会夹生，所以必须顺其自然，不温不火，得其适中，而又郑重其事，小心翼翼。苏辙说："烹小鲜者不可挠，治大国者不可烦；烦则人劳，挠则鱼烂。"把"烹小鲜"与"治大国"联系到一起，的确是老子的一个奇妙比喻！就其喻义来说，这句话的核心意思即是说"治大国"要像"烹小鲜"一般地郑重其事而又小心翼翼，各种政令措施必须合宜适中，宽猛有度，总以"自然"而不烦挠为准则。为什么要这样？因为道体实在的本然状态就是"无为"而"自然"的，就是永恒地处于中正的；治国不以道，则不可能会长久。所以接着便转而论述"以道治国"的妙用。

"以道莅天下，其鬼不神。非其鬼不神，其神不伤人。非其神不伤人，圣人亦不伤人。"这里用了一种特殊的层递修辞手法，来突出"以道莅天下"的治效。"以道莅天下"，即是以道临天下，也即是以道治天下。以道治天下，那么"鬼"就丧失了它"神"的作用；所谓"神"，即是变化不测之谓。道体之动，原本是其大无外，其小无内，居无方所，唯变所适，不可为典要的，是正为"神"的极致，一切事物现象的变化，皆不可能超越于道体自身的变化，所以说"其鬼不神"；但"以道莅天下"，必使一切万物各得其所，各

遂其性,各正其命,各归其存在的本然状态。"鬼"若能"神",则仍然应
"神",所以又接着说:"非其鬼不神,其神不伤人",不是"鬼"不"神"了,而
是"鬼"的一切"神",也即是它的全部不测之变,都不会对人造成伤害。
"鬼"若能"神",且其阴阳不测、变化无方若能伤人,那么它就仍然能够伤
人,所以又再接一句:"非其神不伤人,圣人亦不伤人。"不是"鬼"的"神"不
再伤人,而是因为"圣人"不伤人。这就把最后的重点落实到了"圣人"身
上。"圣人"是知道者、体道者、行道者,是衣被万物而不为主的,圣人"以
道莅天下",必使群生各得其生,各遂其性,各正其命,虽有"鬼"之"神"而
能伤人,圣人也必使终究归于"无伤",所以特为强调"圣人亦不伤人"。

　　"以道莅天下",道即能真实地呈现于天下;道呈现于天下,则无物不
生,无物不养,群生各遂其性,万物各得其生。鬼神无伤于人,圣人不伤于
物,这个就叫做"两不相伤";既是"两不相伤",所以其德也两相"交归"焉。
"交归"之义,即是鬼神之德归于圣人,圣人之德归于鬼神,正如《周易》所
说:"夫大人者,与天地合其德,与日月合其明,与四时合其序,与鬼神合其
吉凶。先天而天弗违,后天而奉天时。天且弗违,而况于人乎? 况于鬼神
乎?""交归"之说,强调了"圣人"与"鬼神"合德,而这正是"以道莅天下"的
结果。

六十一章

大国者下流，天下之牝。天下之交也，牝常以静胜牡。其为静也，故宜为下。故大国以下小国，则取小国；小国以下大国，则取于大国。故或下以取，或下而取。大国不过欲兼畜人，小国不过欲入事人。夫两者各得其所欲，大者宜为下。

本章大意是讲"大国者下流"的好处。居于"下流"，即是居于必胜之地。不过开头几句，王弼本作"大国者下流，天下之交，天下之牝。牝常以静胜牡，以静为下。"我们这里的文本是根据帛书甲、乙本校订的。高明先生说："帛书本'大国者下流也，天下之牝也'，言大国如自谦似水而居下，可为'天下之牝'。'牝'乃雌性动物之总称，《说文》云：'畜母也。'老子将其比作始生宇宙万物之母体，称为'玄牝'，用其作为道生万物之形象性比喻，并称'牝'为'天地根'。从而可知老子视大国如能自谦居下，其意若'天下之牝'。于是在下文进一步以雄雌交配为喻，说明牝近于道。如云：'天下之交也，牝恒以静胜牡，为其静也，故宜为下。'这里主要说明大国如能自谦居下的意义。老子将牝喻为'天下根'，而将自谦似水甘居下流的大国比作'天下之牝'。依帛书甲、乙本行文次序，不仅体现出哲理博深，语言明畅，而且经文所论意旨，是针对当时列国诸侯兴兵黩武、大兼小、强凌弱、称雄争霸的东周社会，历史背景非常清楚。今本文次倒误，旧注多失《老子》本义。"高明先生据帛书甲、乙本所作的注释，义理畅达，今即从之。

"大国以下小国，则取小国；小国以下大国，则取于大国。""则取于大国"，王弼本无"于"字，据帛书甲、乙本增。高明先生说："'大国以下小国，则取小国',乃谓大国对待小国能谦恭自下,可取得小国的归附。'小国以下大国,则取于大国',言小国对大国谦恭自下,可取于大国之容纳。""故或下以取,或下而取",上句指大国谦恭居下而取得小国的归附;下句指小国谦恭居下而取得大国的容纳。

"大国不过欲兼畜人,小国不过欲入事人",当时社会上诸侯各国之间的战争,大国以战小国,不过是想要兼并小国的土地人民,是为"欲兼畜人";小国不胜大国,只想依附于大国以自保,是为"欲入事人";但不论是大国的目的还是小国的目的,按老子的观点,只要恭谦居下,便是都能达成的,所以说"夫两者各得其所欲"。不过小国居下不难,大国居下不易,所以又特别强调"大者宜为下"。

六十二章

　　道者,万物之奥。善人之宝,不善人之所保。美言可以市,尊行可以加人。人之不善,何弃之有? 故立天子,置三公,虽有拱璧以先驷马,不如坐进此道。古之所以贵此道者何? 不曰求以得、有罪以免耶? 故为天下贵。

　　不论人、物,都因为有得于"道"才获得其现实的存在,所以"道"是一切万物的本根,是万物之所以能够以其当前状态而存在的最为深玄的本原性根据,所以说"道者,万物之奥"。"奥"是屋室的西南隅,是隐秘之处,引申为隐秘、幽深之义。但"奥"字帛书甲、乙本均作"注"。作"注"则应有二义:一是通"主","万物之主",此义显明;二是水流汇入之义,如说"江河竞注"。"万物之注",犹言一切万物之所汇注。"道"既是一切万物之所从起的本原,也是一切万物之最终归趋的所在,万物之"生"的全部过程,即是回归其本根来源的过程,也即是向"道"本身回归的过程,所以说"万物之注"。

　　"善人之宝,不善人之所保",所谓"善人"、"不善人",仅是相对意义上的区分。"善人"之所以为善,是因为有得于"道"才成其为善,所以"道"即是"善人之宝";"不善人"之所以为不善,则因不体于"道"而有不善,但"道"等视万物,无所分别,不因"不善人"不体于"道"便予弃绝,而仍加荫庇,所以说"不善人之所保"。苏辙说:"夫贤者得而有之,故曰'善人之宝';愚者虽不能有,然而非道则不能安也,故曰'不善人之所保'。"实际上,"善人"、"不善人"即是"一切人",前句说"道者,万物之奥",此两句实说"道者人之所宝"。物若无道则不得其生,人若无道则不得其立,只有

"志于道，据于德"，把自己的全部生活建立于道的基础，我们才有了做人的根基，才有真正意义上的人的主体性的自觉建立。"道"使生命获得其本原性的基础，"德"则使人显现出愉色婉容，如此我们才会有"美言"、"尊行"。道德之言，即是"美言"；道德之行，即是"尊行"。"美言可以市，尊行可以加人。""市"，犹言"售"。既可以"售"，则必有"购"之者，人之愿"购"，以其可欲也。所以"美言"是人之所愿欲，而己有"美言"，则可以有利于人；己有"尊行"，则可以加被于人。"加"即是"加被"之意，谓影响他人而使有利益。一个有道的人，既以"美言"、"尊行"而出现于世，则"善人"得其善，"不善人"也得其善，正所谓"善者吾善之，不善者吾亦善之"，所以便接着说："人之不善，何弃之有？""何弃之有"，即是无所抛弃。

正因为"道"是人之所宝，是人之所以为人的本原实在，是一切"美言"、"尊行"之所本，是使生命存在的价值得以挺立的根据，所以是任何名位与物质财富都是不足以与之相比拟的："故立天子，置三公，虽有拱璧以先驷马，不如坐进此道。"虽位至三公（太师、太傅、太保，或司马、司徒、司空），拥有"拱璧"（两手合抱的大璧）、四马之车，都不如"坐进此道"之可宝贵。"古之所以贵此道者何？不曰求以得、有罪以免邪？""求以得"，王弼本作"以求得"，帛书乙本作"求以得"，据改。这句话的意思是：古人为什么要以道为贵呢？不正是说：求道者可以有所得，有罪者则可以免于罪吗？所以最后作结说："故为天下贵。"即道为天下贵也。

六十三章

为无为,事无事,味无味。大小、多少,报怨以德。图难于其易,为大于其细。天下难事必作于易,天下大事必作于细。是以圣人终不为大,故能成其大。夫轻诺必寡信,多易必多难。是以圣人犹难之,故终无难矣。

本章大意不难理解,但开头数句颇有异议。"为无为,事无事,味无味"三句,陈鼓应先生的理解是:"以无为的态度去作为,以不搅扰的方式去做事,以恬淡无味当作味。"高明先生则说:"过去解此经文,皆把'为无为,事无事,味无味'视为三个并列的动宾结构的短句,即所谓'为所无为,事所无事,味所无味'。果真如此,则同下文'大小多少,报怨以德'语谊全不相应,故姚鼐、奚侗、马叙伦等皆疑'大小'以下有捝简佚文。仔细分析经文'为无为,事无事,味无味'三句,皆非动宾结构,而是三个词义相近的并列句,如果用标点断开,当写作:'为、无为,事、无事,味、无味',即为与无为,事与无事,味与无味。而同下文大与小、多与少、怨与德、难与易、大与细等同属一种结构,每一个并列句中的两个词都是相对的。老子则以'报怨以德,图难乎其易也,为大乎其细也',处理二者的关系。对待为首的三句,显然以同一种处理方法,即为以无为,事以无事,味以无味。以此理解则文畅义顺,毫不勉强。"从高明先生的解释中,我们至少可以看出关于这三句话的理解,在不同的学者那里是有很大偏差的。我个人的意见,则既不十分赞同陈鼓应先生的说法,也并不十分赞同高明先生的观点。不过高先生关于"相对"的理解,则对我们有所启发。

"为无为,事无事,味无味"三句,我仍然主张将它们理解为三个并列的"动宾结构的短句"。只不过我想强调指出的是："无为"、"无事"、"无味"三者，其所指的"对象"其实是同一的，是即为"道"。因为道原是"自然"的实在者，即是"无为"者；"无为"者只以其本身的"自然"来呈现它自己，所以便是"无事"者；道是不以任何单独的具体现象来呈现其自身的，原是"视之不见，听之不闻，搏之不得"的，便也自然是"无味"者。道虽"无为"、"无事"、"无味"，但最为天下贵，所以对一个真能懂得道之可贵的人来说，便当以知道、体道、明道、行道为要务，便当"为无为，事无事，味无味"，即从事于道、践行于道、体味于道。

一个能践行于道、体味于道、明达于道的人，便定然是一个能够超越事物现象之相对性的人。"大小"、"多少"、"德怨"，皆是相对，皆无绝对价值，皆当超越。所以说："大小、多少，报怨以德。"关于这两句的理解，"报怨以德"的文义似乎是显明的，但"大小多少"却往往难以落实。我的意见是：这里老子其实是提出了在生活中如何化解或超越"大小"、"多少"、"德怨"这些相对价值的方法。

"报怨以德"，也即是"以德报怨"，是用来化解或超越"德怨"之相对性的方式。而从这一句式结构来看，它其实是隐括了如何处理前面的"大小"、"多少"这两对相对关系的方式的，也即是"报小以大"、"报少以多"。"德"、"怨"的相对性最为显著，在常人那里也最难超越，所以特为揭示"报怨以德"。若能"报怨以德"，则"报小以大"、"报少以多"，自然无难。"投我以木瓜，报之以琼琚"、"投我以木桃，报之以琼瑶"，即是"报小以大"、"报少以多"。"报小以大"，则"大"、"小"得以超越；"报少以多"，则"多"、"少"得以超越；"报怨以德"，则"德"、"怨"得以超越。超越即是解构，即是相对关系及其相对价值的根本消解。因有这种消解，事物存在才可能还归其本然的真实状态，才有可能实现道的视域之下的一切万物的真实平等。

"图难于其易，为大于其细"以下，其实是讲在经验世界之中，我们如何实现超越相对性的具体方式。"难易"、"大细"皆为相对，若要"图难"，也即是图谋"难"的对象，那就要从其"易"处下手；要做成"大"，那就要从"细"处入手；因为"易"的经验积累可用于"难"的图谋，终至于无"易"无

"难"，而超越"易难"；"细"的积累可为"大"，至于"大"，则不仅超越于"细"，同时也超越于"大"，是为无"细"无"大"。"易事"尚不能谋，自不可谋其"难事"；"细事"尚不能作，自不可成其"大事"。何以故？"天下难事必作于易，天下大事必作于细。"所以从"细事"、"易事"下手，反有可能把握"大事"、"难事"，从而实现对"细大"、"难易"的根本超越。我常与学生言：若真想做学问，就必须要"眼高手低"。眼界要高，心量要大，学术视域要宽宏，但下手处要低，落脚处要实，持之以恒，这样才可能成其学问之"大"。如荀子所说："不积跬步，无以至千里；不积小流，无以成江海。"是也"图难于易、为大于细"之意。圣人于此道理自然明畅通达，"是以圣人终不为大，故能成其大"。"终不为大"，是说从来都不以"大"自居，不是人为地要做"大"，但最终能自然成就其"大"，正所谓"以其不争，故天下莫能与之争"。

"夫轻诺必寡信，多易必多难。"轻易给予承诺的人必然丧失其诚信，把事情看得太过容易而多加忽视的人，必然会遇到更多的艰难。这个无疑是生活事实，也是生活的真理。古人之所以要"重然诺"，是深恐其行不掩言，失其诚信。圣人深明此理，所以虽为"细事"、"易事"，而仍战战兢兢，如临深履薄，谨言慎行，视若艰难，如此"故终无难矣"，终究没有难事，而能够实现对于"难易"的超越。

关于本章的"报怨以德"，《论语》中也讨论过这个问题。"或曰：'以德报怨，何如？'子曰：'何以报德？以直报怨，以德报德。'""以德报怨"即老子之说，但在孔子看来，如"以德报怨"，那么用什么来"报德"呢？所以他的主张是："以直报怨，以德报德。""直"即是正，即是公，出以公正廉直之心来"报怨"，那就不是泄私愤，而是对社会正义的维护。孔子强调德行的社会性，强调道德体现于生活共同体的公开性与公共性，这与老子的语境其实是有差别的。

六十四章

　　其安易持，其未兆易谋，其脆易泮，其微易散。为之于未有，治之于未乱。合抱之木，生于毫末；九层之台，起于累土；千里之行，始于足下。为者败之，执者失之。是以圣人无为，故无败；无执，故无失。民之从事，常于几成而败之。慎终如始，则无败事。是以圣人欲不欲，不贵难得之货；学不学，复众人之所过。以辅万物之自然而不敢为。

　　任何现象事物的存在，都有一个由未萌而萌、由萌而微、由微而显、由显而大、由大而著的过程。事物总是处于动态的发展演变过程之中，所以一个明道而达理的人，便应对当前事物所处的发展状态有恰当把握。"其安易持，其未兆易谋，其脆易泮，其微易散。"事物处于安定状态则易于把握，当其未萌生之时则易于图谋，尚处于脆弱的阶段则易于破坏，处于微细的状态则易于分解。"兆"是征兆之意，事物将萌生时的迹象。"泮"原是冰释，引申为剖判、分离。帛书甲本作"破"，义同。"散"是分散、分解之意。

　　正因为事物自未形而形、从微而著是有一个动态的发展过程的，所以依老子之见，如要对治某一对象，最好的时机是要当它还处于未形未显之时；如要治乱，最好的时机也就是当乱象未形之际，所以说："为之于未有，治之于未乱。"这一观点无疑是充满智慧的，在现实性上也定然是行之有效的，它要求人们有见微知著的洞察力，从而对事物发展的整体状况及其当前动态做出恰当的判断与把握，因其态势而实施对治之功，以奏其效。老子的这一观点大概深刻地影响了中国思想的整体发展。比如《素问》

说："圣人不治已病,治未病;不治已乱,治未乱。"无疑是老子思想在中医学中的运用。

"合抱之木,生于毫末;九层之台,起于累土;千里之行,始于足下。"这是列举三例,以明凡事物皆由微而至著,由小而至大,是为事物存在的普遍原理。凡事物之理,皆本原于道,因此就本原处立论,则凡事之起,由未兆而兆,由既兆而生,由既生而显著,均为道体自身运动的自然结果。对于这一事物之现起的自然秩序,真能明道达理之人,如若试图对事物存在之整体有所把握,就只能顺应而不能拂逆,只能因势利导而不能妄自强为,所以接着说:"为者败之,执者失之。""为"即是"有为",也即是"妄作";"执"则是私意把持而不达顺变之理。圣人明道体而达众理,去私意而无嗜欲,便能顺应事势而"无为",不加妄执而成事,故谓"是以圣人无为,故无败;无执,故无失"。"无为"、"无执"即是本质上的与道为一,道成就一切,所以便自然"无败"、"无失"。

然常人不达此道甚深之理,总是以"有为"、"执持"为事,以为"为"而能成、"执"而能久,殊不知事随时变,往往功亏一篑。"民之从事,常几于成而败之",正就此而言。要杜绝垂成之败,便当"慎终如始"。"慎"者,敬慎之谓。当事情即将成就之际,要像它刚开始时那般用敬畏、谨慎的态度来对待,这样才可能使事情达到它应有的圆满成就。所以说"慎终如始,则无败事"。儒家常引《诗》说"靡不有初,鲜克有终",实在也是"慎终如始"之意。

圣人与常人的不同,在于他是明达道体、深通道用的,所以圣人为治,便是能够以道而导民的,是能够使人民回归到无知无欲的敦厚淳朴状态的。"是以圣人欲不欲,不贵难得之货;学不学,复众人之所过。""欲不欲",是以无欲为欲,实即是"无欲";"学不学",是以不学为学,实即是"不学"。"难得之货"是稀有物品,若是"贵"之,则必然激起民众的贪欲,群起而趋,争夺必烈,是焉得为治?"不贵难得之货",正为"窒其欲"而"使民不争"之意。"不学"则无知,无知则无欲,无欲则不争,不争则民见其朴,所以"不学"即所以"复众人之所过"。句中"复"字,今常作"补救"解,如任继愈先生说:"以补救众人所经常犯的过错",陈鼓应先生说:"补救众人的过

六十四章

241

错",窃以为非也。"复"作"补救"解,在本句虽未必讲不通,但与《老子》整书所见"复"字之义不相协,是故不取。"复"者,仍应为"回归"、"复归"之义,复归于正也。"复众人之所过","复"字为使动用法,不是说圣人去补救众人的过错,而是说圣人能够"使众人之所过复",也即是使民众改其过而复归于正。"过"即是"不正","复其所过"则重归于正。后世有"改复"一词,即改而归正之意。如圣人去"补救众人的过错",则是圣人有为,而又一任民之妄为,显然非自然无为之道也。

　　最后一句:"以辅万物之自然而不敢为",既承上文"欲不欲"、"学不学"之意,而又为本章作结。"辅"即是"辅佐","辅佐"即非"有为"而是"无为",因为"辅佐"必为顺从的而不是违逆的;"万物之自然"即是万物自身的本然状态。凡《老子》所谓"自然",皆为"自身本然"之意,也即是事物自身的本然状态。"欲不欲"而使民无欲,"学不学"而使民无知,"不贵难得之货"而使民无争,以道导民而使众人复其所过,皆是"辅佐"之意,也是"不敢为"之意。上下无欲,上下无知,依老子之见,便自然见其秩序井然之治效矣。

六十五章

古之善为道者，非以明民，将以愚之。民之难治，以其智多。故以智治国，国之贼；不以智治国，国之福。知此两者亦稽式，常知稽式，是谓玄德。玄德深矣、远矣，与物反矣，然后乃至大顺。

本章最能见出老子将"道"转换为"治术"之意，也最为明显地体现出儒、道二家在政治上的不同见解。

"古之善为道者，非以明民，将以愚之"，"善为道者"是指善于用道来治理国家的统治者。一个善于"为道"的统治者，即是能够把"道"的存在原理应用于实际政治管理当中的人。正是在这一"应用"的意义上，"道"就实际上被转变成为"治术"。但就道体的自身实在而言，道永远是它自己，它本身并不是"术"，因此要把"道"运用于现实政治，实际就是要求统治者基于道体的明达而把道体本身的"性质"运用出来，贯彻到现实的政治活动之中去。因此在统治者那里，要实现把"道"转换为"治术"，其前提性的必要条件是统治者个人必须"明道"，必须明达于道体自身的无为、自然、玄冥、敦朴等等"性质"，从而把这些"性质"体现于实际政治。这一体现的过程，就是"非以明民，将以愚之"。"明"的意思是"启"，即所谓"开明"；"明民"是启迪民智，"非以明民"即"不是用道来使民智开明"。"愚"与"明"对，其义为"昧"，不明也。"将以愚之"，意为"而是用道来使民众归于愚昧"。这两句意义显著，原无任何滞碍，然古今主老子之说者皆曲为之说，必欲去其所谓"愚民"之意。事实上，老子有"愚民"的思想是显然的，不必掩饰。只不过在老子本身的语境之中，"愚昧"即是朴拙敦厚、自然无巧、淳朴天真，无分别，无利欲，无争夺，是体现了其生命存在的本真状态的，所以这样的生存状态才是合乎道体自然无为的存在"性质"的。正因为这样的"愚"是合乎道的，所以即为最高善。

"民之难治，以其智多。"这两句是承上而补充说明为什么要"将以愚之"。在政治的意义上，在老子看来，民就是被管理者，是被治者，而民之所以难于管理、统治者之所以难收治效，根源即在于民的"智"多了。"智慧出，有大伪"，各种智巧狡诈之事便会层出不穷，自然无法收到良好的政治管理的绩效。本句帛书乙本作"夫民之难治也，以其知也。""知"、"智"二字义通。"知"多则慧黠，是所谓"智"也。知识既将妨害统治者的现实统治，所以就不能"明民"，而必以"愚之"也。

"以智治国，国之贼；不以智治国，国之福。"这两句是从"民之难治，以其智多"所得出的结论。"以智治国"，试图通过知识的启迪来实现政治的统治，试图通过统治者本人的所谓聪明才智来进行统治，都必然会越治越乱，自然是"国之贼"；"不以智治国"，也即是"将以愚之"，不见可欲、不贵难得之货而窒民之欲，使民无知无欲而复归于婴儿，所谓返朴归真，自然不治而国自治，是为"国之福"。不过这两句从另一角度来说，却正是对统治者的严重警示。"以智治国"，即统治者"以智力把持天下"，是为自作聪明而违逆于道，必致国家大乱而不止，是为"国之贼"；"不以智治国"，即要求统治者不要自恃聪明，不以智力把持天下，而将道之公正平直还归于天下，此自然是"国之福"。宋代以降对天下是否"可以智力把持"的问题曾有诸多论述，如发生在朱熹与陈亮之间的"三代汉唐之辩"，朱熹即将汉唐政治归结为"以智力把持天下"，所以道未显现于天下。作为古代一个重要的政治论题，这一问题的源起恐怕正是从老子这里开始的。

"知此两者亦稽式"，"稽"通"楷"，"楷式"也即是法式、模式。"此两者"，是指上文所说的"以智治国"、"不以智治国"。也就是说，老子在这里确认了两种政治模式："以智治国"与"不以智治国"；前者为"国之贼"而实非"治国"，后者为"国之福"，是为"治国"。既明乎此，则正确的选择便自然在了，是即为"不以智治国"。所以下句"常知稽式，是谓玄德"，便是专就"不以智治国"而言的。永远懂得"不以智治国"所应遵循的法度，便即是"玄德"。"玄德"之义,老子自己的典范性表述即是"生而不有,为而不恃,长而不宰"。"玄德"即是道的无为之德。道幽深玄远、浑然无别,故谓"玄德深矣、远矣"。道的"玄德"是遍在于一切处、一切时的,是与物逶迤而又与物无对的,是磅礴于万物而又于物无伤的,是不论在空间上还是在时间上都为无限的,是即为"深远"。以"不以智治国"为"稽式"的"善为道者",既以道为治,实现道之"玄德",便也自然能够"与物反矣,然后乃至大顺",也即是与一切万物同趋同化,顺物之自然而不敢为,则天下归于大治。"与物反矣"之"反",即"反者道之动"之"反",回复、复归之意。"与物反"即与物同趋而返归于道;"大顺"即是"大治",因为真正的大治,即是道的自然秩序的普遍实现。

我们或许已经注意到了一个有趣的现象:老子讲"玄德",儒家则讲"明德";老子讲善为道者"非以明民,将以愚之",孔子则使自己成为一位教育者,"有教无类",实际承担起了"明民"的工作。但就其政治上的最终观念而言,两者又都充分期盼着"道"在天下的普遍实现。就我个人的理解而言,且搁置儒、道关于"道"之不同面相的理解差异,仅就导致"道"普遍实现于天下的途径或方式而论,儒、道之间的确是体现出重大差异的。若依老子之见,"道"是一个应当被统治者所直观领悟的对象,基于这一领悟,统治者的最高任务即是通过现实的政治手段把"道"之"玄德"实现出来,从而使天下之民皆为"玄德"所覆,是即为"道"的普遍实现。值得注意的是,由于老子并没有提出确保"道"之实现的任何制度性建设的意见,因此把"道"转换为现实的政治手段,似乎就成为统治者的一项个人事务。正因为如此,这一转换的"程序"在现实性上就不可避免地会成为统治者个人的政治之"术"。同样由于这一缘故,老子关于"道"通过政治而实现于天下的手段或方式,在现实性上就不可能具有公开性与公共性,并且在实际的"操作"过程当中,也是不可避免地会陷入统治者个人"以智力把持天下"的困境的(尽管老子在公开的舆论上是竭力反对"以智力把持天下"的)。

与此不同的是,儒家尽管也强调政治的全部目的即在"道"于天下的普遍实现,并且也强调"道"的本然实在状态及其固有秩序需要被转换为现实政治的手段,政治的本原即在于"道",但特别要注意的是,儒家是强调把"道"的自然秩序转换为"制度"的。这一转换的结果,即是代表了人道秩序的"礼乐制度"。正是由于这一制度转换,"天道"被转换成了"人道","礼乐制度"即代表了"人道"的秩序原理及其最高价值。正是儒家的这一制度的根本诉求,使"道"在向现实政治领域的转换过程中避免了成为统治者个人的政治之"术",因为制度的转换,并不是统治者的"个人事务",而是社会共同体的公共事务。制度的转换一旦完成,包括"君臣"在内以至于天下人民,都是必须共同遵循的。那么也就是说,"礼乐制度"是生活共同体的公共法则,是共同体的政治秩序以及生活秩序得以充分实现的制度保证,是具有普遍的公开性与公共性的。所以在儒家那里,天下大治的实现,不是统治者之"玄德"运用的结果,而是人人之"明德"被实现出来的结果,是包括统治者在内的全体社会成员各明其德、各循其礼所体现的公共成效,是即为"人道"秩序的普遍实现。因此就"道"在全社会的普遍实现而言,其真实意义在儒、道两家是不同的。

在老子那里,"道"之显著于天下、"无为而治"的实现,是统治者个人之"治术"的胜利,是其个人的"无为"所导致的"无不为";在儒家那里,则是作为制度的"人道"秩序的胜利,是社会共同体中的每一个成员皆基于其"明德"的重新开明而自觉地遵循礼义,从而在社会的公共交往中,人人皆自觉地实现对其言行的自我管理的结果。"一日克己复礼,天下归仁焉",这种结果一旦被实现,那就不仅是人道秩序的终极回归,而且是"仁"这一最高的人道价值的普遍实现。正由于这种根本差别的存在,所以在儒家那里,大道的普遍实现与流行,便必然是"大道之行也,天下为公",而在老子那里,唯"小国寡民"的自然秩序才算是理想的境界。

六十六章

江海所以能为百谷王者，以其善下之，故能为百谷王。是以欲上民，必以言下之；欲先民，必以身后之。是以圣人处上而民不重，处前而民不害，是以天下乐推而不厌。以其不争，故天下莫能与之争。

本章再次强调统治者须以"处下"为手段而实现其"无上"，以"不争"为手段而实现"天下莫能与之争"的目的。

"江海"、"川谷"之喻早就出现过了。"江海所以能为百谷王者，以其善下之，故能为百谷王。""江海"为"百谷"之"王"，因为一切川谷之水都汇聚于江海；而江海之所以能够容纳一切川谷之众水，则由于江海善于处下，地位最低。这一特殊的意象表达，其隐含的喻义是清晰的：若"圣人"要想成为真正意义上的"王"，就应当如江海一般"善下"。"善下"因此即成为实现"王"的手段。"是以欲上民，必以言下之；欲先民，必以身后之。"帛书甲、乙本"以"下有"圣人"二字，表明这是就"圣人"而言的。"圣人"如欲居于民上，获得人民的无上尊重，那么就需要在言语上、在舆论上对人民表示谦下；如欲"先民"，即成为人民的领导者，那么就需要"以身后之"，即在物质利益的享受等方面居于人民之后。如果能在舆论上对人民谦下，在利益上以人民优先，那么就能做到"处上而民不重，处前而民不害"，也即虽居于最上的统治地位，但人民不会感到有沉重的压力；虽居于无前的优先地位，但人民不会感到有所侵害。民众无重压、无侵害，则统治者就会受到人民的爱戴，"是以天下乐推而不厌"，天下人民都乐于推尊之而不倦。"不厌"不是"不厌弃"，而是"不疲倦"之意。大概古代的帝王，许多人在创业之初都是深明这般"主术"的。

讲个故事：明代朱元璋攻下婺州，访到地方上有刘基、宋濂、章溢三个人物，朱元璋便对他们十分谦下，还专门造了个"三贤馆"来迎请他们，为自己赢得了礼贤下士的名声。朱元璋灭陈友谅，最终北定中原，大都出于刘基之谋，而明代开国的一代制度，则主要出于宋濂之手。等到朱元璋真正居于人上，地位稳固了，刘基"病"死，宋濂发配而死于半道之破庙。

"以其不争，故天下莫能与之争"，这句才是本章的核心要义。"不争"的实质是"无为"，而表现上则是态度，是手段，这一态度或手段所导致的最终结果则是"天下莫能与之争"，这是目的。读《老子》中的此类话语，我本人总觉得并不十分愉快。老子把"道"转换成"术"的倾向性是明显的，正是这一层转换，使老子思想呈现出了别样的一种面貌。儒家也讲"不争"，但儒家的"不争"本身即是一种德行，而不只是一种态度，更不是实现别样目的的手段。正因是德行，所以并不一味地"不争"，而是有所争有所不争。不争在利，所争在德；不争则真不争，所争则真争。例如《论语》中说："君子无所争，必也射乎！""无所争"是总说，若有所争，则于射争之。射以观德，所以于射之争，则以争德。《中庸》说："射有似乎君子。失诸正鹄，反求诸其身。"即其义也。从这些方面，大概是可以看出儒、道二家的差异性的。

六十七章

　　天下皆谓我道大，似不肖。夫唯大，故似不肖。若肖，久矣其细也夫！我有三宝，持而保之：一曰慈，二曰俭，三曰不敢为天下先。慈，故能勇；俭，故能广；不敢为天下先，故能成器长。今舍慈且勇，舍俭且广，舍后且先，死矣！夫慈，以战则胜，以守则固。天将救之，以慈卫之。

　　本章的解释，首先有一个文本上的问题。开头数句："天下皆谓我道大，似不肖。夫唯大，故似不肖。"朱谦之校本作"天下皆谓我大，不肖。""我"下无"道"字，二"不肖"上皆无"似"字。朱先生说："諿义，'不肖'上不应再有'似'字。"高明先生说："朱说诚是。帛书甲、乙本均无'似'字。今本中'似不肖'之'似'字，显然是'肖'字的古注文，后人误将古注文羼入经内。'不肖'犹不似，即今语不像。"朱、高二位先生之说，诚是。如果"似"字是对"肖"字的古注而误入正文，那么我也做一个大胆的猜测："皆谓我道大"一句中的"道"字，则是对"我"字的古注而误入正文。因这里的"我"，其实是就"道"而言的。苏辙注本也无"道"字。而关于这数句的解释，苏辙说："夫道旷然无形，颓然无名，充徧万物，而与物无一相似，此其所以为大也。若似于物，则亦一物耳，而何足大哉！"这一解释是恰当的。

　　"我大"，即"道大"，道之大，其大无外，而普遍在于一切万物，实为无形无象的无限者；正由于道本身存在的无限普遍性，所以任何具体现象皆与道本身不相似，因为道并不以任何单独的具体形象来显现它自己。换句话说，天下一切万物无不为道的呈现，是道体之真实存在的普遍证明，但任何单一事物都不是道体本身。正由于道体自身的实在具有其本然的无限普遍性，所以才不可能类似于任何具体事物。"若肖，久矣其细也夫"，"细"即是"小"，道如果类似于任何具体事物，那么它早就成为"小"，而不可能成其为"大"了。

开头这数句，似乎显得有些突兀，其意义好像与下文不相联属，所以陈鼓应先生便说："本章谈'慈'，这一段和下文的意义似不相应，疑是他章错简。"但陈先生又没有指明由何章错简。窃以为这是一种无端的怀疑。传世各本虽或文字有异，但皆有此一段，帛书甲、乙本也有此一段，则所谓"错简"之说，未必是也。陈先生有此怀疑，窃恐与本章主旨的理解有关。其实本章的主旨并不是"谈慈"，而是谈"不肖"：因其"不肖"，故能为"大"。实与前数章讲"处下"、"不争"有内容上的内在联系。所以按我的意见，则开头数句正是全章纲领，是切不可略去甚至删去的。

关键的问题在于："不肖"在本章中实有一层意义的转换，或者说有"双关"的意思。"不肖"以"不相似"为基本义，由此引申，子不似父，不能承继父业，也谓之"不肖"；再由此而引申，则所谓"不成器"、"不成才"，也都称为"不肖"。因有这层意义的转移，所以下文便接着谈论人们之所谓"不肖"之行，而"我"则以为"大宝"。故曰："我有三宝，持而保之：一曰慈，二曰俭，三曰不敢为天下先。"苏辙说："慈忍、俭约、廉退，此三者，皆世之所谓不肖者也。"苏氏得之矣！所谓"慈"，以上爱下之谓，故"慈"则能忍，"慈"则能和，"慈"则仁爱之心普遍，而"慈"也因此被人们认为软懦无勇；"俭"者，即所谓"啬"，"俭"则能敛，"俭"则能约，"俭"则能朴，而"俭"也因此被人们认为气量褊狭不广；"不敢为天下先"，即是谦退而居下、不争而处卑，但也因此而被人们认为"不成器"。正因此故，"慈"、"俭"、"不敢为天下先"三者，皆常人之所谓"不肖"，但在老子那里，却视为"三宝"。按他的见解，正因为有此三种"不肖"，所以才能实现其价值的根本转变："慈，故能勇；俭，故能广；不敢为天下先，故能成器长。""慈"而能仁，爱心普遍，则天下不能与争，故能勇也，勇者，非"暴虎冯河"之谓也；"俭"则收敛能啬，所谓"去甚，去奢，去泰"，非但俭约其财以广其业，而且也能含藏其精神而使其境界得以开廓，故能广也；"不敢为天下先"，则能持虚处后，天下乐推，故能"成器长"，成为众器之长也。"器长"，即是官长，所谓"朴散则为器,圣人用之,则为官长"。

"慈"、"俭"、"不敢为天下先"之所以为"三宝"而必须"保之",正在于它们在现实性上所可能转化出的价值是无上的,虽或拂于常人之情,却能契合乎道的玄德。如果不明达于此,任情妄为,则速之死地!所以说:"今舍慈且勇,舍俭且广,舍后且先,死矣!""且"的意思,王弼注:"且,犹取也。"高亨先生说:"且,读为挹。《方言》十:'挹,取也。'"可知作"取"义解,"且"是通"挹"字,其义可通。然窃以为"且"读为"徂",往也、就也。"且"、"徂"相通,是古书常例。如《诗·郑风·溱洧》:"士曰既且",陆德明《经典释文》:"且,音徂,往也。""舍慈且勇",是以"慈"为无勇,故弃"慈"而就"勇";"舍俭且广",是以"俭"为不广,故弃"俭"而就"广";"舍后且先",是以"后"为非所居之地,故弃"后"而就"先"。在老子看来,这一"舍"一"且"、一弃一就之间,正是生死之地。舍弃"三宝",不知保之,在表面上看起来似乎是改弱就强,但实质上却无异于迅速地把自己推向死亡的境地,所以说"死矣"!

"夫慈,以战则胜,以守则固。"这是承上文"舍且"之说,转以再论"慈"的妙用,其实也即是"柔弱胜刚强"之意。"慈"用于"战"则无战而不胜,用于"守"则无守而不固,是为"慈"的无上效用。"慈"是对一切人物的普遍博爱,"玄德"溥施,则人物皆化,故以"慈"而战,则天下不与之战,是不战而能胜;以"慈"而守,则人不攻之,是为能固。苏辙说:"以慈卫物,物之爱之如父母,虽为之效死而不辞,故可以战,可以守。"是又一解释。正因为"慈"是以软懦、柔弱为表现形式的,是不与人争强斗狠而能克敌制胜的,所以它是本然地合乎道的普遍法则的,是道之"玄德"的体现,因此能"慈"之人,便也必能获得道的庇护,所以说:"天将救之,以慈卫之。""卫"即是"护卫"、"庇佑"之意。天若将解救人,便必以"慈"来庇护他。反过来说,一个能"慈"的人,是定然能够得到天的护佑的。

本章主旨虽与前后数章无根本差别,乃以"不肖"为论而阐明"柔弱胜刚强"之理,但以"慈"、"俭"、"不敢为天下先"为论,实质上突出了慈爱之义,借以传扬博爱精神,批判社会,则体现出了老子之文化精神的别一面向。

六十八章

　　善为士者不武,善战者不怒,善胜敌者不与,善用人者为之下。是谓不争之德,是谓用人之力,是谓配天,古之极。

　　本章的基本意思是清楚明白的,并不难理解,其主要思想仍是提倡以谦退居下为表现形式的道之玄德。不过本章这一意思的表达,是专就军事领域而言的。

　　"善为士者不武",士指军事将领,普通兵士则谓之"卒",所以王弼说:"士,卒之帅也。"军事将领常以武勇为尚,以武勇为尚则以气凌人而好战,好战则以杀伐为事,侵夺别国土地人民,终至于田野荒芜,人民流徙,祸乱极矣。老子所处的时代,正是这样一个以武勇为尚、战争频仍、侵夺不已的时代,因此所谓"善为士者不武",实质上便包含着对当时以武勇为尚、以征伐为事之时代现实的批判。真正善于为军事将领的人,是不以武勇为尚的。"善战者不怒",真正善于作战的人,是不会因恚怒而发起战事的;"善胜敌者不与",真正善于克敌制胜的人,是不与敌相争的,"与"这里是"争夺"的意思;"善用人者为之下",真正善于用人的人,是懂得处于人下的。"不武"、"不怒"、"不与"、"之下",总之即是不与人争、自处卑下,这是只有深明道体的人才能做得到的,是本然地合乎道体本身的玄德的,所以说"是谓不争之德"。

　　"是谓用人之力"一句,今帛书甲、乙本均无"之力"二字,高明先生说:"今本中间多出'之力'二字,格局全非。"又说:"今本有此二字者乃为后人所增,或因古注文羼入。"那么也就是说,这句本当作"是谓用人",善于处人之下,即是善于用人,这自然文从字顺。不过若作"是谓用人之力",窃以为也未必不可,更未必就"格局全非"。"力"是"功"的意思。《周礼·夏官·司勋》："事功曰劳,治功曰力。"是"力"原有"功"义。如果这样,那么本句的意思即"是谓用人之功",即是指善于处人之下才能够收到用人的功效,似乎依然是讲得过去的。"是谓配天","配"义为"合",即指合于天之道、合于道之玄德。"古之极","极"即是"则"。"不武"、"不怒"、"不与"、"之下",既合乎天之道、合乎道之玄德,所以谓之"古之极",是自古以来的最高法则。

六十九章

用兵有言：“吾不敢为主而为客，不敢进寸而退尺。”是谓行无行，攘无臂，执无兵，乃无敌。祸莫大于轻敌，轻敌几丧吾宝。故抗兵相若，哀者胜矣。

老子所处的时代，战争是经常性的事件，而战争本身则是力量的最显著对抗，也是最具有功利性的。《老子》书中有不少地方对兵战之事有所论列，以至于古今的一些研究者甚至把《老子》视为“兵书”。不过显而易见的是，老子对军事的论述，几乎无有例外地是从“负面”来表达他的观点的，因此包括本章在内的许多关于军事的观点，哪怕从中可以读出某种“兵法”来，实际上却正好体现了他的反战思想。把《老子》视为“兵法之书”，恐怕是完全不符合《老子》文本之实际的，是并不中肯的。且如本章，其根本用意仍在强调唯谦退为合乎道的玄德，也唯谦退才能真正赢得战争的胜利。

“用兵有言：‘吾不敢为主而为客，不敢进寸而退尺。’”这里所谓“用兵有言”，盖是引用古来流传的“善于用兵者”的话。“不敢为主而为客，不敢进寸而退尺”，称“不敢”，即是谦退之意。正所谓“兵者不祥之器”，不至迫不得已则不可用。即便不得不用，便也不敢为“主”而为“客”，正为“不敢为天下先”之意。“为主”是主战的一方，“为客”则是迫不得已而应战的一方；“进”则有意于战、有意于凭藉战争而得利，“不敢进寸”即极言其无意于战，无意于从战争中获得利益。不敢为主而宁愿为客，不敢进寸而宁愿退尺，正强调战争本身并不是赢得利益的手段，即便迫不得已而卷入战争，也须以谦退为上，以不争不战的态度去对待战争。苏辙说：“主，造事者也;客,应敌者也。进者,有意于争者也;退者,无意于争者也。"迫不得已而应敌、无意于争,依老子看来,便是对待战争的正确态度,因为这是合乎道之玄德的。

这种合乎道之玄德的谦退态度,虽是看似柔弱,却能胜过刚强。"是谓行无行,攘无臂,执无兵,乃无敌",这数句是讲谦退者用兵的情形及其最终效用。"行无行",战争总要有行伍阵式,今则无行伍阵式;"攘无臂",战争总要攘臂相斗,今则无臂可攘;"执无兵",战争总要有兵器可执,今则无兵器可执。以"无行"、"无臂"、"无兵"而应战,则主战者便无法找到其作战的对象,是正所谓"不战而屈人之兵",故谓"乃无敌"。"乃无敌"三字,王弼本作"扔无敌",并且在"执无兵"一句之前。帛书甲、乙本均作"乃无敌",且在"执无兵"一句之后,据帛书本改。"乃无敌"是前三句,也即"行无行,攘无臂,执无兵"的结果。以无战阵而战,以不战而战,以无兵而战,实际上也就从根本上取消了战争中双方的敌对态势,是所谓"无敌"也。

"祸莫大于轻敌,轻敌几丧吾宝。""轻敌"则骄,骄则冒进而不知退,是不知天道之以谦退为尚,如此则丧失足以自保的根本原则,是所谓"几丧吾宝"。"吾宝"即六十七章的"慈"、"俭"、"不敢为天下先"之"三宝"。不过值得特别重视的是,这两句中的"轻敌",帛书甲、乙本均作"无敌"。高明先生认为应作"无敌","轻敌"乃为后人改动,"无敌"乃是《老子》本义。从句子的语序语气来看,作"无敌"与前一句"乃无敌"相顺承,更符合句子结构的内在逻辑。不过同样应当特别加以注意的是,"乃无敌"是"行无行"三句的"结果",是老子所肯定的,而"祸莫大于无敌,无敌几丧吾宝"的所谓"无敌",则显然为老子所批评,是他所不取的。那么也即是说,"乃无敌"与后二句的"无敌",意义并不相同,已经有了意义上的转移。"乃无敌"是以谦退不争的态度去取消敌对而实现的"无敌",是为柔弱的胜利,是"玄德"的胜利;而"祸莫大于无敌,无敌几丧吾宝"的"无敌",则是自以为刚强有力而凭势凌人、蔑视对方的所谓"无敌"。在这种"无敌"心态的主导之下,急功而冒进、贪得而争夺自是势所必然,而因其违背于道、违背于道之玄德,所以祸莫大焉,"几丧吾宝"矣。

正因为哪怕是在战争中也必以谦退居下为尚,必不可恃强凌弱,而以保守"吾之三宝"为制胜的原则,所以说"抗兵相若,哀者胜矣"。"抗兵"犹言"举兵","相若"则指双方的军事力量旗鼓相当,相差不多。"相若",王弼本作"相加",然其注曰:"抗,举也。当也。"楼宇烈先生说:"'加'字无'当'义,当作'若'。傅奕本《老子》经文及长沙马王堆三号汉墓出土帛书《老子》甲乙本经文'相加',均作'相若'。"今即据以改。"哀者"即所谓"哀兵",而"哀"的意思,则是"爱怜"、"慈悯",如《吕氏春秋·报更》:"人主胡可以不务哀士?"高诱注:"哀,爱也。"所以"哀"即"三宝"之所谓"慈"。"哀兵"不是战争的主动方,是无意于战的被动一方,是"被战者",所以他不会以强势的姿态出现,而是以柔弱的姿态出现,如此便会清楚地、审慎地考虑自身所处的一切不利情况,而预为之备;富有慈爱之心,不以杀伐为胜,则合乎道之玄德,应乎普遍人心。道义归之,柔弱之胜刚强,必矣,故"哀者胜矣"。

七十章

吾言甚易知，甚易行。天下莫能知，莫能行。言有宗，事有君。夫唯无知，是以不我知。知我者希，则我者贵。是以圣人被褐怀玉。

本章的理解与阐释，向来都以章中的"吾"、"我"作为老子自谓，虽然这一理解不算错，但遮蔽了本章的一层重要意思：老子是"为道立言"。章中的"吾"、"我"，虽然可以看作是老子自谓，但更本原的意思，其实即是"道"。六十七章说"天下皆谓我大"，"我大"便即是"道大"。在本章中，"吾言"即是"道言"，"不我知"即是"不知道"，"知我"、"则我"即是"知道"、"则道"。老子是以"知道者"、"体道者"的身份而为道立言，故"我"与"道"同一。

"吾言甚易知，甚易行。天下莫能知，莫能行。"老子所言，皆无非道；道之在天下，如大路然，坦然显然，明白无隐，一切万物之"现在"，无不为道之本然实在的明证，原无隐幽，本无隐晦，是所谓"甚易知"；人若本其自然之天真，顺天而动，自然无为，不须造作，不假矫揉，是即行道，故谓"甚易行"。然而天下之人却因其锢蔽于一己之私心，执妄为真，循私妄作，不肯遵于大道，却入邪僻小径；大道原本无隐，却因众人之私意障蔽、行险侥幸而不得开显其本真面目，所以说"天下莫能知，莫能行"。大道之言原本显明，大道之行原本坦易，而"天下莫能知，莫能行"，这是老子的无限感慨，体现出了一种无限的寂寥与孤独！一个真正对宇宙真理有深刻领悟的人，一个真正能知道、体道、明道、达道而与道同一的人，是一个超出了世情的缠绕羁绊而转进于生命自在之绝对境域的人，他也必定会因此而感受到一种莫名的孤独。孔子"莫我知也夫"的感叹，又何尝不是一种圣人的孤独呢！

"言有宗，事有君"，"宗"、"君"互文，都是"主"义。"言有宗"对前"甚易知"而言，"事有君"对前"甚易行"而言。凡有所言，皆本于道，是为"言有宗"；凡有所行，皆本于道，是为"事有君"；"言有宗"则"易知"，"事有君"则"易行"。但天下之人皆"莫能知，莫能行"，究其根本原因，正在于天下之人对于道的无知。正因为对于道的无知，所以也就无法直契道体，洞达于道体无为而自然、自然而无为的真实存在状态，故谓"夫唯无知，是以不我知"。在本章中，"我"与"道"是同位同格同体同一的。

"知我者希，则我者贵"，"希"即是"稀"，少。尽管能摆脱世情的羁縻而"知道"的人极少，但若有真能以"道"本身的平坦简易、自然无为为立身处世之行动法则的人，将为天下所贵，是为"则我者贵"。

"是以圣人被褐怀玉"，这一句是承上"知我者希，则我者贵"而来。"褐"是粗布衣，为贫贱者之服。"被褐"即为表象上的"不贵"，"怀玉"则是实质上的"贵"；"圣人"因"被褐"而不为人所知，不为人所贵，但圣人所怀抱的"道"，却是天下之至贵。唯世人追慕浮华，见短褐而贱之，"是以不我知"；殊不知短褐之下，怀藏美玉，如有人穿透表象，洞达实质，体道而行，则为天下贵也。"圣人"之"被褐"，是浑然同于众人；而其"怀玉"，则又迥然异于众人。是"圣人"虽混迹于世俗之中，而其心灵则超拔于世俗之表。世人之"不我知"，便也正是对真理往往为世俗的偏见所掩覆的慨叹！

七十一章

　　知不知，上；不知知，病。夫唯病病，是以不病。圣人不病，以其病病，是以不病。

　　本章的内容，我觉得是与上一章有内在联系的，所以"知不知，上；不知知，病"，"知不知"，是指当知众人之所不知；"不知知"，是"不知"人之所应当知。众人之所不知的是道，所以知众人之所不知，即是知道；人之所应当知的还是道，所以不知人之所应当知，即是不知道。知道，是对宇宙之本原性实在的了解，是对世界之终极真理的洞达，自然为"上"；不知道，则蔽于现象之一隅而不能洞见真理，固执其见，滞于一偏，拘执相对以为绝对，妄作冥行，自然是"病"。若照此说，那么老子在这里就是清楚地表明：人是应当以真理的洞见与了达为最高使命的。洞达真理，还归事物的本然真相，便是最高知识。

　　当然，我提出自己的理解，并不是说其他的解释都错了，没有这个意思。这两句的通常解释是说："知不知"，是自己知道却不自以为知道，或者知道自己有所不知道，这是最好的；"不知知"，自己不知道而自以为知道，这是毛病或缺点（参见任继愈、陈鼓应说）。这一理解就文句而言，也可谓文义通畅，当然是可以的。

　　"夫惟病病，是以不病"，"病病"是动宾结构，即以"病"为病；既以"病"为病，则须去"病"，如此便自然无病。从上一句可以晓得，"病"即是"不知知"，也即是不知道。只有去除这种"不知知"之"病"，而转进于"知不知"的境域，才可能是终究"不病"的，也即是没有忧患的。以不知道为耻，以不知道为"病"，是即所谓"病病"；既能"病病"，才可能终究"不病"。

　　"圣人"是没有忧患的，是"不病"的；"圣人"之所以"不病"，正是因为他能以"不知道"为"病"，所以才能以"知道"为己任，而最终通达于道的实在境域，"是以不病"。

"知道"即是对于宇宙一切万物之本原性实在的真实了知，即是对于真理的洞彻与通达。洞达真理，即是最高知识；寻求真理，即是对于道之玄德的内在体知与认同，是为真实美德。本章的重要性，我以为正在于老子阐明了这一观点。"知道"的过程，显然是一个不断解除关于现象存在之相对性的过程，是不断解除一切关于相对性之偏见的过程，也即是如荀子所说的不断"解蔽"的过程。"解蔽"所导向的最终状态，即是实在本身以它自身的原有状态真实地呈现出来，是即为真理的开显。既至于真理，既明达于道体，既得道体之真实开显，则一切现象的纷纭繁杂，一切纷纭繁杂的滞碍缠缚，便皆得焕然消解，于是天高云淡，山青水绿，物各付物，皆归本于自然，而又何病之有乎！

七十二章

民不畏威，则大威至。无狎其所居，无厌其所生。夫唯
不厌，是以不厌。是以圣人自知不自见，自爱不自贵。故去
彼取此。

本章是对统治者的劝言，所以是从统治者的角度来说的。"民不畏
威，则大威至"，第一个"威"是"权威"、"威势"之意，第二个"威"是"威胁"
之意。如果人民已经不再畏惧统治者的权威，那么对统治者来说，真正的
威胁也就来临了。"威"作"权威"、"威胁"讲，原是常义，照此解释也清楚
明白，似不必把"大威"的"威"解释为"可怕的事"或"祸乱"（见任继愈、陈
鼓应说）。

如果要避免来自民众的对于统治者的这种"威胁"，那么就统治者而
言，就应不用"权威"为治，要让民众有足够的生活空间，所以谓"无狎其所
居，无厌其所生"。"无"即是"毋"，不要。"狎"读为"狭"，作动词用。"厌"
即"压"字。不要侵夺人民的所居之地，以至于使其过于狭窄而无法安身；
不要压迫人民的生活，以至于使其不得安生。"狭其所居"则人民流离失
所，"厌其所生"则人民生活无所依赖，果真如此，那么对统治者而言，"则
大威至"矣！"夫唯不厌，是以不厌"，第一个"不厌"义为"不压"，第二个
"不厌"，则不厌恶之义。只要统治者对人民不形成压迫，那么人民也就不
会对统治者产生厌恶，自然也就不会加之以"大威"。这四句另一种可能
的解释，是把三个"厌"字均读为如字，为"厌倦"之意。"无狎其所居，无厌
其所生"，意即不要侵夺人民的所居之地，不要使人民对其生活感到厌倦；
"夫唯不厌，是以不厌"，只有人民对自己的生活不感到厌倦，那么他们也

就不会对统治者感到厌倦。照此讲来，也算是文义通畅。

"是以圣人自知不自见，自爱不自贵。""自知"，在老子那里，通常都含有基于道的内在体认而实现对自我内心状态的真实把握之意，正所谓"自知者明"。"自知"原是体道的方式，能"自知"，方能明见道体而实现自我生命的本然真实。因此一个能"自知"的人，便是能够对道以及道的玄德有所领悟的人，在现实的生活实践中他是能够懂得韬光养晦而不自求表现的。所以"自知不自见"，也即是说：圣人但求"自知"以体道，而不自求表现。若是"自见"，则是私欲炽盛，则是自我逞强，而非清静寡欲之道。"自爱不自贵"，"爱"即是"啬"，是收敛、保养之意。"自爱"即是自我收敛，把一切驰外之心收摄回来，还归于内心的清静无为；"不自贵"，即是不自以为贵，不自以为贵，则人贵之矣。"自知"、"自爱"，便能谦退居下而还归自我的本明，是乃合乎道的本然法则，是所当取；"自见"、"自贵"，则是私心妄作，背道而驰，是所当去。"故去彼取此"，即是去后者而取前者。

七十三章

　　勇于敢则杀，勇于不敢则活，此两者或利或害。天之所恶，孰知其故？是以圣人犹难之。天之道，不争而善胜，不言而善应，不召而自来，繟然而善谋。天网恢恢，疏而不失。

　　本章再讲柔弱之利、谦退之益。"勇于敢则杀，勇于不敢则活"，"杀"与"活"对，则"杀"的意思是"死"。"敢"是自恃刚强而逞血气之勇，孔子所谓"暴虎冯河"之类。"不敢"则是自居柔弱而谦退，"不敢为天下先"。以"敢"为勇，则自恃有力，逞其坚强，而实为背道妄作，是速之死地，故"则杀"；以"不敢"为勇，则谦卑自退，柔弱自居，守道而自固，是为顺天道之动，合乎道之玄德，故"则活"。"勇于敢"、"勇于不敢"，这两者都是"勇"，但由它们所实现出来的实际效用是大不相同的，前者为"害"，后者为"利"，所以说"此两者或利或害"。正因为或利或害的结果差别大相径庭，人们岂可不深思而谨慎乎！

　　世人之所以"勇于敢"，是相信现象上的刚强胜柔弱，以为"勇于敢"则活，不"勇于敢"则不活；但在老子看来，其实际结果恰好是相反的，"勇于敢则杀，勇于不敢则活"。那么也就是说，"勇于敢"虽为人之所好，却为"天之所恶"；"勇于不敢"虽为人之所恶，却为天之所好。所以接着说："天之所恶，孰知其故？"这是对两种"勇"所导致结果之不同的一种设问。"是以圣人犹难之"一句，正如奚侗、马叙伦、高亨、高明、陈鼓应诸先生所说，乃是第六十三章的错简复出，是不应在本章的，帛书甲、乙本也均无此句。

　　"天之道，不争而善胜，不言而善应，不召而自来，繟然而善谋"，这数句是对上文"孰知其故"之设问的回答。有谁能知晓天要厌弃"勇于敢"的人而使其至于"杀"的原故呢？原来，"天之道"本来就是"不争而善胜"的，是从不与物争却善于胜过一切竞争对手的；本来就是"不言而善应"的，虽不言语，却善于对人们的行为给予回应，分毫不爽的；本来就是"不召而自来"的，是以独特的回归性运动来呈现它自己，因而无需召唤，总能自然来临的；本来就是"繟然而善谋"的，是宽平舒缓而又善于筹谋的。"繟"，河上公注："宽也。"帛书甲本作"弹"，乙本作"单"，实皆为"坦"的借字，即"坦然"之意。

"天网恢恢，疏而不失。"所谓"天网"，实际上也即是道自身存在所展开的全部形式，是把自然世界一切万物都无有遗余地囊括在内的，所以谓之"恢恢"。"恢恢"即是恢宏而无限广大之意。天下一切万物，皆无有例外地从道那里获得其存在的本质，因此也就无有例外地要接受道的自然的必然性对它的化育与陶冶。"天网"或"天道之网"笼罩了一切万物，它是"恢恢"的、宏大的、无限广袤的、无形无象的，所以谓之"疏"。它似乎是粗疏而不细密的，但一切万物都绝无可能逃离于天道对它的主导，所以谓之"不失"。

本章值得特别加以注意的是，老子基于道体自身存在的绝对性及其"反"的自然运动的必然性体认，实际上表现出了把这一"自然"的必然性导向某种意义上的"宗教性"的转向。"勇于敢则杀"，若依别章仅就"自然"而论，则不当说"天之所恶"，因天无所恶，无善无不善；而本章则说"天之所恶"，是天已非纯粹"自然"，而已有所恶矣。"天之道"不争，柔弱胜刚强，仍然是基于道之"反动"的自然性立论，但说"不言而善应"，"善应"则是主动的行为，实质上已经包含着某种"报应"的观念在里面了；"天之道"为"自然"，自然则无为，而本章说"繟然而善谋"，"善谋"则已非自然无为矣。"天网恢恢，疏而不失"，是对上文"善胜"、"善应"、"自来"、"善谋"的总结。诸如"勇于敢"之类的背道妄行，是为"天之所恶"，所以也必无逃于"天网"的惩罚。由本章可以明显看出，天道的"自然"是一方面，天道的"必然"是另一方面，两者在天道那里是同时共在的。正是"自然"与"必然"的共在，并且"自然"实质上也即是"必然"，乃为老子思想可能获得其"宗教性"的内涵转向保留了足够的余地。这点似乎应当引起特别的关注。

七十四章

民不畏死，奈何以死惧之？若使民常畏死，而为奇者吾得执而杀之，熟敢？常有司杀者杀。夫代司杀者杀，是谓代大匠斲。夫代大匠斲者，希有不伤其手矣。

本章的主旨是对以杀戮为事的统治者提出严重警示。"民不畏死，奈何以死惧之？"这句话现在已经成了名言。如果统治者对人民的统治是采取专横的压制策略的，以至于使人民感受到死亡已经不再可畏，那么他们也就不再畏惧死亡了。如果人民到了不再畏惧死亡的地步，那么统治者还以死亡来恐吓他们，还有什么效用呢？所以说"民不畏死，奈何以死惧之"？政治统治而到了"民不畏死"的地步，实在也就是糟糕、堕落到无以复加的地步了。

稍好一点的情况，是人民还知"畏死"。因为知"畏死"，则表明人民还有"生趣"。当人民还有"生趣"之时，死亡的威胁自然会起到作用，所以说"若使民常畏死，而为奇者吾得执而杀之，孰敢"？在人民都知"畏死"的情况之下，若有"为奇者"，也即是行为奇特不遵循政治秩序的人，那么"吾"将他抓来杀掉，是会起到震慑作用的，还有谁会再为奇诡之行呢？

民有生趣而知"畏死"，虽比"不畏死"要稍好一点，但并不是真的好，因为统治者还用刑律，还在"杀之"。若是真好，则是刑律措之而弗用，无须统治者"杀"。这就有了本章最为关键的一句："常有司杀者杀。"这句话几乎都被现代的解释者理解为"经常有专管杀人的去杀"或"经常有专管杀人的人去执行杀的任务"，高明先生甚至把"有司"二字读到一起，认为下句的"司杀者"之"司"即是上句的"有司"，"皆指主管刑律之机关"，这样的读法我本人实在是不敢苟同。既有下句"司杀者",则"司杀者"为一词而不可能把"有司"二字读成一词,乃是最为浅显明白的了。本句的误解,实在是因不明了老子思想之全体而又受字面意思的误导引起的。

"常有司杀者杀",在本章中,其实是与前两种情况,即"民不畏死"与"民常畏死"相比较而言的,这是最好的一种政治状态,也即是老子所主张的无为政治的状态。在"无为"的政治状态之中,民不知"畏死",更不会"不畏死",因为生死皆为"自然"。在无为的自然状态,民当然也会"死",但只是死于"司杀者"之"杀",而不是死于统治者的人为之"杀"。所谓"司杀者",即是天道。若将"司杀者"理解为"专管杀人的人"或"主管刑律之机关",无论如何都是不得要领的。天道赋予一切万物以生命,而生命的完整过程,即是已经包含了生存毁亡的全部阶段的。所以说,道既是"生生者",也是"杀生者",只不过无论"生"、"杀",皆为自然而已。"杀"只是现象,现象必有原因,道即是原因,所以谓之"司杀者"。正如庄子所说:"杀生者不死,生生者不生。其为物,无不将也,无不迎也,无不毁也,无不成也。"道既是一切万物的成就者,同时也是一切万物的消解者,前者谓之"生",后者谓之"杀"。"常有司杀者杀",便是说处于无为的政治状态,自有作为"司杀者"的天道来对人们的生命生杀予夺,却完全用不着统治者人为的"杀",所以刑律是措之而弗用的。

但统治者往往不明了无为能达成自然之治、自然能达成无为之治,而往往动辄以"死"来恐吓人民,结果就不可避免地要"代司杀者杀"。"代司杀者杀",就好比是替代卓越的木匠去斫削木头,少有不自伤其手的;换言之,"代司杀者杀",即是有为的妄作,即是对于天道的僭越,是超越了人的自身权限的,因此也必定会遭受天道本然的必然性所带来的"反噬",是即所谓"希有不伤其手矣"。

本章的真实用意,仍在谈论无为而治。只有自然的无为或无为的自然,才能使政治走向谐和的秩序。无为既是天道的本然状态,也是政治的最高原理,同时也是统治者之行为及其权力使用的最终限度。超越这一限度,"代司杀者杀"、"代大匠斫",则必将导致其政治目的的根本背反。

七十五章

民之饥,以其上食税之多,是以饥。民之难治,以其上之有为,是以难治。民之轻死,以其求生之厚,是以轻死。夫唯无以生为者,是贤于贵生。

就现实的政治关系讨论现实政治的弊端并追溯其原因,在老子那里是一个重要话题。本章也谈论这一话题,而最终落实到寡欲的自然生命。"民之饥,以其上食税之多,是以饥。"这句话意思浅白,叫做"大实话"、"大白话",更没有什么难懂。人民是社会的生产者,生产者本身不能享有生产成果,以至于没有饭吃、饿肚子,就不是天灾,而是人祸,是统治者的税敛过重,或决策失误,才造成人民的饥饿。"民之难治,以其上之有为,是以难治。""民之难治"是现象,"上之有为"是实质,所以政治陷入困境的原因,不在民众,而在统治者本身。在老子的语境当中,"有为"即是"不道",即是对于道之自然秩序及其本然真实状态的人为颠覆。正因统治者的"有为",蔑弃大道,胡作非为,背道妄行,才实际造成政治局面之困境,所以实际上并非"民之难治",而是统治者之"有为"导致了政局的混乱,是为不道,"不道早已"。

"民之轻死,以其求生之厚,是以轻死。"这句是从民众的自身生活状况来讨论"民之轻死"的原因,与上一章"民不畏死"的语境不完全相同,这点首先应引起注意。苏辙说:"上以利欲先民,民亦争厚其生,故虽死而求利不厌。"苏氏"争厚其生"即是对"求生之厚"的解释,窃以为得之。上一句说"上之有为","有为"显然是包括了其"食税之多"以及奢靡其宫室、华丽其服饰、驰骋田猎、金石丝竹之类的所谓"生生之厚"在内的,上有所行,则下有所效,所以民也"求生之厚",争厚其生,以至于奔驰竞逐,皆为利往,利之所在,死生以之,"是以轻死"也。所以这句虽从民的方面而论,但实际上仍然把"民之轻死"的根源归诸统治者的"有为",是统治者"有为"而"见其可欲"所导致的结果。正由于这一缘故,我本人并不赞同今研究者据"别本"而把本句改为"以其上求生之厚"的做法。或许他们觉得这样一改,更能够体现出老子对于统治者的批判性,但事实上,老子对于"上"的批判,已然包含在对于民生之现实情态的论述之中了。帛书甲、乙本本句也均作"以其求生之厚也",明证本句原是毫无改动的必要的。

"夫唯无以生为者,是贤于贵生。"今人对这句的解释,基本路数是把"贤于"解释为"胜过"。如任继愈先生说:"不看重生命的人,比过分看重生命的人高明",后又修正为"不看重厚于保养生命的人,比看重厚于保养生命的人要高明"。陈鼓应先生说:"只有清静恬淡的人,才胜于奉养奢厚的人。"高明先生说:"保持清静恬淡之生活,胜过于富贵豪华的厚生。"窃以为尽管把"贤于"解释为"胜过",就词义解释来说是可以的,古书中多有其例,但照此解释所导致的结果,就必定是对于"贵生"的否定,也即是以"无以生为"来否定"贵生"。陈鼓应先生对"无以生为"的解释就说:"不把厚生奢侈作为追求的目标。即是不贵生,生活要能恬淡。"但大家都晓得,"贵生"的思想原是为老子所重视所肯定的,如把"贤于"解释为"胜过",便必然导致老子思想的内在牴牾。因此之故,我本人不取此说。我的理解是:只有"无以生为"的人,也即是不为生活之丰厚去有意作为,而能使生命处于其自然状态的人,才是真正善于"贵生"的人。"贤于"即是"善于","贤"、"善"互训,也是古书常例。这一解释的好处,至少是保持了老子关于"贵生"思想的一致性。统治者之"食税之多"、"有为",民众之"求生之厚",大抵皆在于所谓"贵生",但其结果实际上却导致了"贵生"的反面,以至于"轻死"而速生命之早殀。所以其所谓"贵生"者,非"贵生"也,唯有不以生命的物质厚养为目的,不"求生之厚","无以生为",而寡其欲望,恬淡其心,去其有为,还归生命存在之自然的本来真实,是真善于"贵生"矣。

七十六章

　　人之生也柔弱,其死也坚强。万物草木之生也柔脆,其死也枯槁。故坚强者死之徒,柔弱者生之徒。是以兵强则不胜,木强则共。强大处下,柔弱处上。

　　宇宙间一切万物,不论人、物,其自然的生命过程都必然遵循"道之动"的本然秩序。这一秩序的展开,简单说,即是由"柔弱"而转向"坚强",既至于"坚强",便即转向衰颓死亡,这一自然的秩序性是不可能以任何人为的方式来改变的。就人的生命现象而言,"人之生也柔弱,其死也坚强"。初生的婴儿,总是"柔弱"的,及至死亡,则无不骨骼"坚强"。"坚强"也即是"僵硬"。就万物的生命现象而言,且如草木,其初生也无不"柔脆","柔脆"也即是"柔弱",及至死亡,也无不"枯槁","枯槁"也即是"坚强"。由人、物之生命现象的普遍性,使老子得出这一结论:"坚强者死之徒,柔弱者生之徒。""徒"即是"类"。凡"坚强"者,属于死亡的一类;凡"柔弱"者,则属于生命的一类。由此而作类比的引申,"是以兵强则不胜,木强则共"。"共",王弼本作"兵",其义难通,当是传抄过程中因"共"、"兵"形近而讹。帛书甲本作"恒",乙本作"竞",高明先生说:"'共'字与'恒'、'竞'古读音相同,在此均当假借为'烘'。……'木强则烘',犹言木强则为樵者伐取,燎之于炷灶也。"其说似可从。但若作"共",则应通"拱",木强而至于"拱",则粗大而成材,人们便因其"材"而伐而取之,此义亦通。"兵强则不胜",因其自恃"坚强"而"勇于敢",故"不胜"而为"死之徒"矣;"木强则共",树木既强,则樵者伐之,或燎之于灶,或斫之以斧,是也为"死之徒"矣。

"强大处下，柔弱处上。"此所谓"处下"、"处上"，应当是包含价值判断意义的。任继愈先生译"处下"为"劣势"、"处上"为"优势"，可从。然所谓"优势"、"劣势"，并非单纯现象上的优劣，而是就其生命秩序的优先性所做的判断。老子往往给予初生力量以特别关注，因为初生力量更为充分地保持了生命之本初原始的生机，包含着未来生命发展的无限可能性。而既至于"强大"或"坚强"，则已然生机有限，其转趋于枯萎死亡是必然的。所谓"柔弱胜刚强"，原本不能脱离老子所独特领悟的生命的自然秩序。既然自然世界一切万物都以"柔弱"为"生之徒"、"坚强"为"死之徒"，那么人们当如何去对待自己的生命，其结论便是显而易见的。自居于"柔弱"而不失其"赤子之心"，避免自恃刚强与刚愎自用，才能保有自我精神生命之充沛的勃然生机。

七十七章

　　天之道，其犹张弓与！高者抑之，下者举之，有余者损之，不足者补之。天之道，损有余而补不足。人之道则不然，损不足以奉有余。孰能有余以奉天下？唯有道者。是以圣人为而不恃，功成而不处，其不欲见贤。

　　在政治的意义上，本章特别体现了老子关于政治公平的观点，是应当引起足够关注的。政治的理想状态，若依老子的观点，便是效法天道的无私，以实现天下的公平。道的法则，即是政治的当然性法则；而现实政治不能体现这一天道法则的当然性，便是对于天道的背离，便是不道。本章开头的比喻是奇妙的："天之道，其犹张弓与！高者抑之，下者举之，有余者损之，不足者补之。""与"即是"欤"，语气词。"张弓"，是把弓拉开，开弓当然是要射箭，所以下面几句所说，都是"瞄准"之事。"高者抑之，下者举之，有余者损之，不足者补之"，便是"瞄准"时，弓箭抬得太高了就压低一些，太低了就举高一些，弓张得太满了就放松一些，不够饱满就补足一些，这样才能击中目标，也即是达到"目的"。张弓射箭，如要达到目的，就必须要保持弓箭的"平准"、"中正"，因此也就必须要"损有余而补不足"。张弓射箭这一达到目的的唯一方式，老子随即把它转换为政治达成目的的根本方式。就政治而言，如以实现天下之治为目的，就同样必须要"损有余而补不足"，只有体现出"天之道"的平准、中正，才有可能实现"治"这一目的。

　　以"张弓"来说明政治须以"损有余而补不足"为原则，实在也是老子的一个奇妙设喻。射箭作为喻体，在儒家那里也常用，如《论语》说："君子无所争,必也射乎!《中庸》说:"射有似乎君子。失诸正鹄,反求诸其身。"只不过儒家从"射"所引导出来的,不是政治的平准中正原理,而是关于个体"反求诸己"的修身原理。同一喻体,是可以与不同的"本体"相联系的,取决于比喻者自身的意向。

在老子那里,"天之道"通过"损有余而补不足"实现了对于天下一切万物的平准中正,人应法天法道,所以"人之道"也应当如此,"损有余而补不足"。但事实上的"人之道"却与此相反,"损不足以奉有余"。显而易见,这里的"人之道"是对现实统治者的嘲讽与批判,是不能把它解释为"社会的一般律则"的,这样的解释,不能不说是一种严重失误。我们至少应当充分注意,这里的"人之道"与儒家所讲的"人之道"完全不是一回事,而是指现实生活中统治者的实际做法,实与"社会的一般律则"无关。统治者自求"生生之厚",以至于剥夺原本处于"不足"之中的天下人民,是即老子所批判的"损不足以奉有余"。社会既失其平准中正,既失乎"天之道",则政治之不能延续,自是当然之理。

所以老子在呼唤"天之道"的回归:"孰能有余以奉天下?"这句在帛书甲本作:"孰能有余而有以取奉于天者乎?"乙本作:"夫孰能又余而有以取奉于天者?"高明先生说:"'取奉于天'即'取法于天'。"不论是按通行本还是按帛书本,这里的意思虽有差别,但要求法天而行,"损有余而补不足",这一意思是完全一致的。能做到这一点的人,即是能深明"天之道"的人,即是能行道的人,所以说"唯有道者"。有道的"圣人",便与道合其玄德,所以再次强调"为而不恃,功成而不处"的无为之德。"其不欲见贤",是补充说明为什么要"为而不恃,功成而不处"的原因。"见"即"现","展示"、"显示"之意。"不欲见贤",即是不显现自己的"善","贤"即"善"义。如若"见贤",则非"玄德",而终归无德。法天而行,行天之道,"损有余而补不足",虽必有所行,却是遂顺乎道而行,是即"为无为";"为无为"则顺合乎道之玄德,不恃其能,不居其德,不显其善,而终归有德。

本章表明,在老子看来,"天之道"的平准中正,即是政治本身的中正原理,也是政治管理之合理性与合法性的"天然的"、本原性的、内在的本质制约。

七十八章

天下莫柔弱于水，而攻坚强者莫之能胜，其无以易之。弱之胜强，柔之胜刚，天下莫不知，莫能行。是以圣人云："受国之垢，是谓社稷主；受国不祥，是谓天下王。"正言若反。

"水"的比喻再次成为主题。"天下莫柔弱于水，而攻坚强者莫之能胜"，"胜"，有的本子作"先"。"其无以易之"，帛书甲、乙本"其"前均有"以"字，作"因为"解，义更明了。吕吉甫解释说："天下之物，唯水为能因物之曲直方圆而从之，则是柔弱莫过于水者也。而流大物，转大石，穿突陵谷，浮载天地，唯水为能，则是攻坚强者无以先之也。所以然者，以其虽曲折万变，而终不失其所以为水，是其无以易之也。"从这里可以看出，"其无以易之"一句，按吕吉甫的解释，"易"是"改变"之意，"水"的流动是有其特殊的"方向性"的，虽曲折万变，终究是不改变它的方向的，是没有任何东西使它不"下流"的，所以才终究能"以柔胜刚"，"攻坚强者莫之能胜"。今通常的解释，是把"无以易之"的"易"理解为"代替"，意思是水最为柔弱，但用以攻坚强，却没有什么别的东西能够代替它。我个人觉得吕吉甫的解释更胜一筹，因为他的解释突出了"水"以柔而胜刚的"过程性"，这一"过程性"本身的持续不断，便是"柔"中有"刚"，实际上这才是水之柔弱而真能"攻坚强"的原因。

从"水"虽"柔弱"而"攻坚强者莫之能胜"这一现象，老子领悟出了"弱之胜强，柔之胜刚"，并把它上升为一种普遍原理，因而感慨这一道理虽天下没有人不晓得，但没有人真能去实行。"天下莫不知，莫能行"，既是老子的感喟，更是对当时社会现实的批判，所以他又转而引古先"圣人"之言,来印证或阐明一个真正的君王,必须要具备"水"的品格:"受国之垢,是谓社稷主;受国不祥,是谓天下王。""垢"是污垢,引申为屈辱。"受国之垢"是说要能容受国人对他的诟病,使自己处于屈辱的地位,这样的人才能够成为真正的"社稷主",也就是国君。"不祥"是天所降的灾殃。"受国不祥",就是要能够承担国家所遭受的灾害、祸患、磨难,这样的人才能够成为真正的"天下王",也即是君王。照此说来,国家的统治者即是国家的基石,地位虽是最下,却能承当得社稷之重,担当得国家重任,须要有如天道般广大的胸怀,能够容纳天下人的批评与诟病,担当得起国家所遭受的灾害与磨难,这样,他的统治地位反而是不可动摇的。如果不能承受天下人的怨言,无法接受天下人的批评,总是自恃其功,不肯居下,甚至与天下人民争功争利,揽天下之功归于一身,这样的统治,按老子的观点,便肯定是无法长久的了。

所以最后总结说:"正言若反。"这四字受到人们的特别重视,被作为老子"辩证法"的典范性命题之一。苏辙说:"正言合道而反俗。俗以受垢为辱,受不祥为殃故也。"按此解释,则所谓"正言",是"合道"之言;所谓"若反",便是"反"于常俗。其真实内涵并不是简单地"正话反说"。高延第先生说:"此语并发明上下篇玄言之旨。凡篇中所谓'曲则全,枉则直,洼则盈,敝则新','柔弱胜强坚','不益生则久生','无为则有为','不争莫与争','知不言,言不知','损而益,益而损',言相反而理相成,皆正言也。"揣摩其意,窃以为"正言"之意,苏辙得之,即是"合道"之言,也即是"道言"。而所谓"若反",高延第先生得之,特指《老子》书中一种"否定的"表达法。"合道"之言,是体现了道之中正与恒常的,所以谓之"正言";而"正言"之所以"若反",则是因为"道之动"本身的"反"。换言之,只有用"若反"的方式来表达,才有可能传达出"正言"的真实有效性;或者说,"正言若反"的现实有效性,是"有待于"道本身的"反动"来实现的。正因为如此,"若反"之言,便是关于道体自身的实在及其回归性运动之真实把握的恰当表达。在相对的事物状态之中,由于道本身的回归性运动或"反动",事物必向其自身的相对面转化,因此只有用"若反"的言语来表达,才可能真实地传达出事物向其相对面转化的动态。从事物的相对一面或否定的一面来把握事物存在的真实状态,就必然导致"否定的"表达方式,是即为"正言若反"。试图通过"否定的"方式来接近或传达无限者自身的真实存在,的确应当算是一种特殊的东方智慧,在印度哲学以及佛教之中,这样的表达方式也是常见的。

七十九章

　　和大怨，必有余怨，安可以为善？是以圣人执左契，而不责于人。有德司契，无德司彻。天道无亲，常与善人。

　　本章涉及一些文字上的具体问题，但核心意思我觉得还是简明的，是希望统治者要实践道的玄德，最终以"天道无亲，常与善人"作结。"和大怨，必有余怨，安可以为善？""和"的意思是"调和"；若有重大的仇怨或怨恨产生，采用调和的方法去处理，未必是最终得当的。所谓"调和"，通常都会涉及妥协、让步、迁就之类的做法，但未必所有的"大怨"都可以通过调和来解决，也有可能在迁就、让步的过程中产生其他新的"怨"，所以说"必有余怨"，仍然会有部分怨恨遗留下来。既有"余怨"存在，便不是"怨"的终究化解，"和大怨"也就不是关于"怨"的终究稳妥可靠的处理方式，所以说"安可以为善"？

　　开头这几句，意思原是清楚的，不过陈鼓应先生据严灵峰先生之说，移六十三章"报怨以德"于"必有余怨"之后，反而使问题产生了一定的复杂性。我们首先要弄清楚的是，"报怨以德"究竟是老子所赞同的还是反对的。如果这是老子所赞同的，那么把"报怨以德"移到"必有余怨"之后，紧跟着"安可以为善"，那么显然"报怨以德"就被否定掉了。陈先生对这层意思是深明的，所以他说："'报怨以德'原在六十三章，但和上下文并无关联，疑是本章的错简，移入此处，文义相通。本段的意思是说：和解大怨，必然仍有余怨，所以老子认为以德来和解怨（报怨），仍非妥善的办法，最好是根本不和人民结怨。"那么在陈先生看来，"报怨以德"实际上就不是为老子所赞同的，而是为老子所批评的。我个人以为，"和大怨"是老子并不完全赞同的，因为"必有余怨"，而"报怨以德"则是老子所赞同的。

"报怨以德"一句在六十三章也并不是与上下文不关联,而是老子用来处理"德怨"之相对关系的方式,这点我在六十三章已经讲清楚了。正因为如此,所以我认为"报怨以德"乃是老子所肯定的观点或做法,因此我觉得把这句移到本章而置于"必有余怨"之后,并不妥当。帛书甲、乙本虽然其抄写的原始版本并不相同,但本章都无"报怨以德"一句,则严灵峰先生的"错简"之说,原本无据。当然,这也只是我个人的想法而已。

面对"大怨"之时,"和大怨"恐怕是常人一般都会想到的做法,但因"必有余怨",所以老子认为并非最终"善"的。那么最"善"的如何? 便是接着的一句:"是以圣人执左契,而不责于人。"关于"契"的意思,高明先生解释说:"'契',亦谓'券契',乃共事双方所订字据。朱骏声云:'契,大约也。从大韧,会意,韧亦声。凡质剂之书券,今言合同。……《易·系辞》:后世圣人易之以书契,郑注:以书书木,边言其事,刻于木谓之书契。《周礼·质人》:掌稽市之书契,注:取予市物之券也,其券之象,书两札刻其侧。'古'契'刻木为之,从中剖开,分为左右,双方各执其一。古人尊右卑左,以右为上。"由于高明先生持"右尊左卑"的观点,所以他认为本句的"执左契"应当从帛书甲本作"执右契"为是。高明先生又说:"右契位尊,乃贷人者所执。左契位卑,为贷于人者所执。圣人执右契而不以其责于人,施而不求报也。"但高亨先生说:"《说文》:'契,大约也。券,契也。'古者契券以右为尊。……圣人所执之契,必是尊者,何以此文云执左契? 今证三十一章曰:'吉事尚左,凶事尚右。'用契券者,自属吉事,可证老子必以左契为尊。盖左契右契,孰尊孰卑,因时因地而异,不尽同也。《说文》:'责,求也。'凡贷人者执左契,贷于人者执右契。贷人者可执左契以责贷于人者令其偿还。'圣人执左契而不责于人',即施而不求报也。"学者们的争议,主要在"左契"尊还是"右契"尊,尽管涉及文字何者为正的问题,但如果我们稍微简单一些,不去纠缠这一问题,那么本句的意思就仍然是清楚的:圣人在位,调均万物,燮理阴阳,使天下之民各遂其生,天下万物各得其性,群生熙然和处,共归朴茂天真;虽有莫大功绩,而功成弗居;虽有无限恩惠,而归之玄远之德;不自居功,不恃恩惠,犹放贷于人,虽有契券在手,而不责人偿还,是以无功无德而自处。这样的做法是合乎道的,所以为最善。

"有德司契，无德司彻。""彻"的意思，解释多歧。高明先生说："从其
经义以及与'契'字能成对文者分析，当以周代税法之说义胜。……'无德
司彻'之'彻'，乃指官府责取于民之税金，则不贷而取，不施而强求其报，
恰与'有德司契'相对，故谓'无德司彻'。""彻"为周代税法，取十一于民。
所谓"有德司契"，"司"是掌握、掌管之意。"司契"即是指上文所说的"执
左契而不责于人"，是为"有德"；"司彻"则是掌管税收，取税于民，不施而
求报，是为"无德"。

"无德"必定构怨，"无德"之甚，则必有"大怨"。何以解怨？"和大怨"
既非终极的办法，那么就唯有依道而行，循天之道，使天道的本然玄德普
遍地彰显出来，所以最后以"天道无亲，常与善人"一句作为本章的总结。
"天道无亲，常与善人"，天道之在，是自然的本然实在，其存在是普遍的、
周全的、无限的、无所不包的；没有私亲，即是大公；没有偏爱，即是至正，
是为"天道无亲"。正因天道原无私亲偏爱，原为大公至正，所以只有当人
的行为体现出了无偏无党的公正无私，才因本原地契合于天道自身实在
的本然真实，而与天道同在，是为"常与善人"。"善人"，就本章而言，即是
上文的"有德"者。"与"的意思，虽然被解释为"给予"或"佑助"是没有问
题的，但解释为"在"，或许更好。"常在善人"，因为"善人"的"有德"即是
对于天道的真实体现，因此天道即存在于"善人"对于天道的实践之中，所
以谓之"常与善人"。陈鼓应先生说："自然的规律是没有偏爱的，经常和
善人一起。"以"经常和善人一起"释"常与善人"，窃以为得之。

"天道无亲，常与善人"，或许是古来流传的"谚语"。《周书》说："皇天
无亲，惟德是辅"，《左传》说："黍稷非馨，明德惟馨"，都强调了"德"是本原
地契合于"天"或"天道"的，天道则是必须通过"德"的实践才获得其真实
体现的。今人或许愿意把"皇天"理解为有"主宰性"的"天命"，而认为老
子所言"天道"则是"自然规律"，似乎讲"自然规律"就一定是好的，恐怕也
是妄情猜度。其实"规律"一词源于西方，原是"规定的律则"之意，在西方
语境下讲"规律"，则一目了然，规定者乃为"上帝"。中国实在没有此类观
念，既谓之"自然"，则何者"规定"之乎？而"皇"也非有主宰义，"皇"者，光

辉明亮之义,"皇天"犹言"明明之天",所谓"惟德是辅",也是以德合天之意。这些观念,原是西周以来的公共观念,其实也最为深刻地体现了先秦文化的统一性。

这里我还想顺便指出一点:本章的"天道无亲"实际上也即是"天地不仁"。但"天地不仁"是就"天地"的角度来讲,而本章接一句"常与善人",则是从人的角度来讲。也正因为从人的角度来讲,所以本句与七十三章类似,包含着某种"宗教性"意义转向的意味。

八十章

　　小国寡民,使有什佰之器而不用,使民重死而不远徙。虽有舟舆,无所乘之;虽有甲兵,无所陈之。使人复结绳而用之。甘其食,美其服,安其居,乐其俗。邻国相望,鸡犬之声相闻,民至老死不相往来。

　　本章的内容大家都很熟悉,文字也没有太多困难。就老子思想的整体来说,本章的确是重要的,不仅体现了老子对社会现实一贯的批判态度,而且通过优美的文辞描画了一个秩序井然、敦朴天真、风俗淳美、安宁和平的理想社会。

　　"小国寡民",国土要小,人民要少。春秋以来各国间的战争,只有一个基本目的:扩张其土地,众多其人民,为土地、人民的争夺而战事频仍。而在老子看来,战争,尤其是主动发起战争,无论如何都是对于天之道的背离。因此"小国寡民"之作为"理想社会",在老子的语境之中,其实首先是用来批判当时的社会现实的。安乐和美的"小国寡民"图景,正与战争相继、死亡相藉的社会现实形成极其鲜明的对比,"去彼取此"之意,自然蕴含其中。

　　"使有什佰之器而不用,使民重死而不远徙","什佰之器",或作"什佰人之器",帛书甲、乙本皆作"十百人之器"。高明先生说:"'十百人之器',系指十倍百倍人工之器,非如俞樾独谓兵器也。经之下文云:'虽有舟舆,无所乘之;虽有甲兵,无所陈之,使人复结绳而用之。''舟舆'代步之器,跋涉千里可为十百人之工;'甲兵'争战之器,披坚执锐可抵十百人之力,可见'十'乃十倍,'百'乃百倍,'十百人之器'系指相当于十、百倍人工之器。"此据帛书而解"十百人之器",窃以为可从。不过传世的通行本作"什佰之器",并不一定就不行。"什佰之器"非必"兵器",也非必下文的"舟舆"、"甲兵",而可以指各种各样为便利生活而发明的工具与器物。《汉书·平帝纪》:"天下吏民亡得置什器储偫。"颜师古注:"军法:五人为伍,二伍为什,则共其器物。故通谓生生之具为什器。"焦竑说:"'舟舆'、'甲兵',举其重者言之。"任继愈先生说:"'什佰之器',旧注解为兵器,失之牵强。《一切经音义》:'什,众也,杂也,会数之名也。资生之物谓之什物。'又《史记·五帝本纪·索隐》以生活常用的器具数目众多,所以称为'什器'。'什物'、'什器'、'家什'在今天的口语中也还存在着。"虽然帛书本作"十百人之器",但按通行本作"什佰之器",在"生生之具"、"资生之物"的意义上来理解,而把"舟舆"、"甲兵"理解为"什佰之器"之"重者",我觉得可能是更为妥当的。"使民重死而不远徙","重死"即是"重生",即使民不"轻死"。"不远徙",不向远方迁徙,就是要安居而重迁。本句帛书甲、乙本作"重死而远徙",则"远"为动词,"远离迁徙",也即是"不徙",其义也通。这两句总体是说:使人民弃置各种各样为生活便利而发明的器具而不用,使人民重视生命而不向别处迁徙。按照老子的观点,人民只有不向外迁徙才可能安居,只有安居才可能重视生命,只有弃置各种器具而不用,才可能回归于原始的素朴天真。

所以接下来说:"虽有舟舆,无所乘之;虽有甲兵,无所陈之。使人复结绳而用之。""舟"是水上的交通工具,"舆"是陆地的交通工具,这两句是对"不远徙"而言。既"不远徙",则水陆交通工具自无所用,所以说"无所乘之"。"甲兵"是战争的器具,"陈"即是"阵"字,这两句是对"重死"而言。战争最是夺人生命,最令人"轻死",今既"重死",则当弃置"甲兵"。既无战事,亦无战阵,甲兵自然便无所用之,所以说"无所陈之"。既弃置一切"什佰之器",则民生归于原始的淳朴天真,所以说"使人复结绳而用之",使人民的生活重新回归到"结绳而用"的时代。

既归于"结绳"时代,则所谓文字、知识、智慧、礼仪、巧技、奇物等等,尽皆弃置而无用,这样才可能有下文所描画的祥和安宁的生活图景:"甘其食,美其服,安其居,乐其俗。邻国相望,鸡犬之声相闻,民至老死不相往来。"这是一个全然封闭的、不知有外部世界的"公社"。尽管其食物未必"甘",但人民"甘其食";尽管其服饰未必"美",但人民"美其服";尽管其所居未必广,但人民"安其居";人民乐享于原始的生活状态,安然于自然的生活秩序,是为"乐其俗"。这四句实是总说"无欲"。尽管"邻国相望",甚至"鸡犬之声相闻",但是"民至老死不相往来",这几句是总说"无知"。民若相往来,则必有"信息"的传递,必会相互比较,则攀比争夺之心生焉,由此而往,则必至于智巧诈伪纷然杂陈不止矣。只有人民处于"无知"、"无欲"之中,生活才是天真自然的,才是平宁安和的,才是合乎道的本然的自然状态的。

我们不必把老子的"小国寡民"说成是"向原始社会的倒退",或者说成是"倒退的历史观",我甚至也不认为这仅仅是老子关于小农村落的构想。事实上,从老子的描述之中,我们至少可以抽象出这样一些观念:这里没有统治者对人民的重压,人民的生活秩序与生产秩序都是"自组织"的;这里没有战争,没有生命的无谓消亡,人民是能够按其自有的本然状态来享有其生命之自然的;这里没有过多"物质文明"的诱惑,人民无知无欲,而乐享其质朴的天真;这里没有人与人之间的勾心斗角,而是人与人之间和睦、人与自然之间和谐,从而人民享有其本质意义上的和平。这样的"小国寡民",即是老子所期盼的"无为而治"的典范,也是"太上不知有之"的典范,他是要用这样的"小国寡民"来抗议现实中的"大国霸政"的。而在政治哲学的意义上,是由政府去组织人民生活,还是由人民自组织其生活,在中国历史上,老子是最早明确触及这一问题的人。"小国寡民"的"原始性",人们多有批判,但从另一方面来看,老子显然又触及了"物质文明"的发展限度问题。自然资源的过度开发利用,"物质文明"的过度丰富发达,为资源的争夺而战争频仍,为欲望的满足而不择手段,在老子看来,就完全有可能走向人类自身生命目的的根本背反。就此而言,老子其深远矣!

《礼运》中"大道之行也,天下为公"的"大同社会"与老子的"小国寡民",是中国文化整体所建立的两种理想社会的模型。有趣的是,这两种似乎极不相同的理想社会模型,本质上却都是"大道之行"的结果。如果

"天下为公"的"大同"激发了历史上无数志士仁人为之慷慨奋斗,而展现了一幕幕壮美的生命悲剧,那么老子的"小国寡民"则激发了人们远离政治干预与欲望漩涡的无限遐想,而为中国文化注入了生命的本真恬淡与安舒之美。

八十章

八十一章

信言不美，美言不信。善者不辩，辩者不善。知者不博，博者不知。圣人不积。既以为人，己愈有；既以与人，己愈多。天之道，利而不害；圣人之道，为而不争。

本章实际上有一个隐含的"主词"，即是"道"，所以在文本意义的理解上，"道"这个"主词"是不应缺席的，否则就很难领会其真实内涵。"信言不美，美言不信"，"信"者，实也，所以"信言"即是"实言"，既可以指一般意义上的所谓"真话"、"实话"，更是关于"道"的言说、对于真理的言说，"道"即是终极实在；"美言"则是指言辞的华丽。关于宇宙真理之道的真实言说，并不需词藻的华美，因为道原本是"朴"；而词藻华美的言语，往往并不关乎道，未必具有实在的真理性，所以谓之"不信"。"不信"即是"不实"。同样的，"美言"也可以指一般意义上的"巧言"，"巧言"美听而不实，孔子也说"巧言令色，鲜矣仁"。

"善者不辩，辩者不善"，"辩"是口齿伶俐，言辞辩给；"善者"是"善于为道者"，而未必是一般意义上的"善良的人"或"行为良善的人"。如果一般地说"行为良善的人不巧辩，巧辩的人不良善"，恐怕未必合乎经验事实。"善者不辩"，是说一个真正善于为道的人，他会致力于体道、明道的行为实践，而并不停留于口头，言辞辩给、雄辩滔滔。孔子也说"刚毅木讷近仁"。而一个口齿伶俐、能言善辩的人，往往并不是真实善于为道、致力于道的实践的人。道的体悟与实践，需要的是"朴实头"工夫。

"知者不博，博者不知"，"知者"是知于道者，"博者"是博于现象之知。一个真正能体道、明道、达道、行道的人，是已然穿越关于现象之意见的繁复博杂,而到达作为实在者之真理的人,道是唯一真实的终极实在,原是"独立"的"一",焉用博乎?所以说"知者不博"。而一个把自己仅仅停留于现象之知解的人,尽管可能具有关于现象的丰富知识,却未必是真能明达道体之人,所以说"博者不知"。孔子也说:"吾有知乎哉?无知也。有鄙夫问于我,空空如也。"真实的"知道"者,未必博知于现象的具体知识,所以也总以"无知"自居,而不会以博知自居。如孔子,便是"知者不博",虽真实知道而自以为"无知"的典范。庄子说:"吾生也有涯,而知也无涯。"具体的现象知识是无限的,是为"知无涯"。退一万步讲,哪怕我们把所有现象知识都穷尽了,其实也仍然是"一隅之见",如荀子所说:"万物为道一偏。"所以若要真实洞达宇宙全体的实相,反而必须要舍弃现象知识的"博"而明达于"道枢",深契于道体之自在的本然真实。这一回归于"道枢"的过程,便是弃"博"而从"约"的过程,也即是"为道日损"的过程。"知者不博,博者不知"这句话,如果把"知"一般地理解为关于现象的"知识",而认为"真有知识者即要专精,而博学的人往往只是对某种学问略知皮毛",这样的解释,恐怕未必十分妥当。

"圣人不积","圣人"是深契道体而明达道用之人;"积"是"积聚"、"储蓄",既指财物的储积,也指所谓"知识"、"才能"的储积。道体原是"虚体",原是无体,原是以天下一切万物为体,原是个"无限者",有何积聚?圣人知道、体道、明道、达道而与道为一,则其所行即道之行,其所为即道之为,焉用积乎?若有所"积",则是有私,则为非道,所以说"圣人不积"。

"既以为人,己愈有;既以与人,己愈多。"圣人法天而动,体道而行,道对一切万物都称物平施,无不施与其存在的本质,无不使其生长蓄育,无不成就其本然的自然生命;正是在对一切万物无有例外的、普遍的"生之长之,亭之毒之,养之覆之"的过程之中,成就了它自己作为绝对的无限者的真实存在,同时也使它自己的真实存在无有例外地、普遍地体现于一切万物。所以深契道体而明达道用的圣人,也当如此,在"为人"的过程当中成就他自己的真实存在,在"与人"的过程当中实现他自己生存的丰富性。"为人"者人也为之,所以"己愈有";"与人"者人也与之,所以"己愈多"。

"天之道,利而不害;圣人之道,为而不争。"天道无私亲而等视一切万物,以它自身无为而自然的本然实在使天下一切万物皆得生长蕃育,无不普施,无不博化,无不利益,无不成就,所以说"天之道,利而不害",是对众生群物给予普遍利益而不加害的。"圣人之道"是对"天之道"的效法摹拟。"天之道"衣养万物而不为主,生而不有,为而不恃,长而不宰,"圣人之道"也当如此,"为而不争"。循道之为,即是无为,是为自然;"不争"即是无私无欲,即是不有、不恃、不宰,是即对于"天之道"的实践。故"为而不争",即是"玄德"。

圣人是体道、悟道、知道、行道之人,他实现了对于天道之本原性的内在洞达,主动地、自觉地内契于道体自身的本然实在,而实现了与道体的纯粹同一。因于这种本体的纯粹同一,他实现了人的视域的本质转换,同时也实现了生命境界的本质跃迁。他不再局限于为人的私见,而是实现了个体性的自觉突破而转进于磅礴万物以为一的无等等的广大无限之境。他的全部言说与行为,无不为本体的自然流出,所以也无不自然地合乎天道之玄德。圣人之德与天道之德合一,故圣人之德的普遍实现,便即是天道之玄德的普遍实现。基于这种实现,人的全部世界,便即成为道的本原性价值与意义获得其充分显扬的世界。在先秦的时代语境之中,圣人与天地合德的观念在不同的思想家那里都是一致的,虽然圣人如何实现并体现与天道的合德,在不同的思想家或学派那里会有不同的阐释,但这种同一性的确认本身,则不仅提示了先秦诸子文化的内在统一性,而且成为中国古代哲学、古代全部思想文化当中一份最为厚重的遗产。

后　记

　　自 2006 年开始,我利用每周一个晚上 2—3 小时的时间,给我的硕士生、博士生讲读中国哲学原典,除了假期以及 2006 年的 8—10 月份我因出访哈佛燕京学社以及 2010 年的 9—10 月份我因出访比利时根特大学有过两次暂时中断以外,基本上没有间断过。至今为止,我已给同学们全文讲过《论语》、《中庸》、《大学》、《老子》、《庄子·内篇》、《传习录》、《心经》、《金刚经》、《大乘起信论》、《坛经》以及《礼记》的部分。因为是逐字逐句逐段地讲,所以颇耗时日。呈现在读者面前的这部《老子研读》,就是以我 2012 年为学生讲解《老子》时的录音为基础而修订的。我的博士生隋金波同学把录音整理成了文字,使我的修订工作有了一个很好的基础,首先要感谢隋金波同学的辛勤工作。在本书编辑出版的过程之中,中华书局编辑余瑾女士为之付出了诸多心血,尤其是指出了原稿在版本上的一些问题以及引用上的一些错误,特此谨致谢忱!

　　我先前并不太主张讲《老子》,原因大致有两方面:一是《老子》虽然篇幅简短,但义理难说,甚至可谓艰深晦涩,古来注本繁多,不下数百种,众解纷纭,莫衷一是,讲来颇费精神;二是《老子》的版本相当复杂,除各种传世文本以外,还有敦煌本、帛书本、竹书本等,要讲它,恐怕便免不了有时要纠缠到文本的考订之中去,艰难烦琐,同学们恐怕也不一定有兴趣。不过应同学们的要求,我现在也愿意来讲《老子》,原因也主要有二:一是现在《老子》在社会上似乎颇为流行,种种论说,往往莫测高深,却似有转说转迷之弊;二是《老子》一书实与中国文化传统关系至深,虽其文义艰深,见解多歧,但对一个研习中国哲学的学生来说,却实有必要深入其中而细加领会。古来的不同阐释,正为我们提供了同一文本而可有不同解释维度的范例,各位当然也可以对前人的不同解释加以体会而给出自己的观点。

任何一个独特的文化传统,在其历史传承的过程中都会形成属于该文化传统本身的"经典"文本。一个文本之所以成为"经典",则需要经过历史的拣择、淘汰与洗练。而一个文本之所以可能成为"经典",则大概需要具备这样一些基本条件:首先,这一文本所表达的思想内涵,不仅能与民族现实的生活方式保持高度契合,而且又能与民族生活的精神生活诉求保持高度契合,或者说,是直接体现了民族生活本身的精神价值诉求,并实际上对这一精神价值诉求起到现实的引导与规范作用的;其次,这一文本是直接参与于文化历史的自身建设过程的,在不同的历史阶段是经常被人提起并加以研究,从而形成其自身的研究历史的;第三,这一文本就其语言形式而言,往往是简练而又内涵丰富、具有解释空间的开放性,从而能够使人们常读常新,在不同时代的经验介入之下、在不同视域的解释维度上往往能开显或生成其新的意义的。在某种意义上,一个民族本身的文化传统,即是"经典"的形成以及对"经典"的传述、解释及其内涵的实践过程。在日常的现实生活当中,我们实际上时不时地会与"经典"碰面。我们或多或少地、或自觉或不自觉地、或显著或潜在地总是受到"经典"文本的影响,因为"经典"的内涵及其历史诠释是现实地进入我们自己的生活历史的。而对于一位从事古典思想文化研究的学者来说,则需要有进入"经典"文本世界的自觉。直接进入"经典"文本的世界,是深入民族文化之精神世界及其历史过程的最为便捷的途径,也是使自己进入思想家的精神世界而与之相契、使自己进入文化历史的最为便捷的途径。如果我们不能进入"经典"的文本世界,那么我们本质上就仍然游离于思想的历史之外,我们师心自用的一切理解或理论阐释,便极为可能仍然是"外围"性的,甚至是隔靴搔痒、不得要领的。

我开始这个关于经典的读书会,本来的目的也只是如此,想借此与我自己的硕、博士生们一起进入经典文本的世界,一起去领略古人的思想智慧,从而获得关于思想与文化的历史感。不过自读书会开始以来,却也不断吸引了不少其他专业的学生甚至校外的爱好者也来一起参与,还具备了一定的"规模"。学生们的热情,自然对我是一种鼓励,让我能够把这个读书会一直坚持下去,所以我这里也要感谢学生们的极大热情。

经典的文字有它特殊的魅力,经典的义理则有它解释维度上的独特空间。经典之所以可能常读常新,所谓言有尽而意无穷,其实也与解释者自身的生活经验与思想经验有莫大关系。在某种意义上,文本解释限度的有效性开展,乃取决于解释者自身的知识构造、不同"见地"之融合能力的限度及其生活实践的经验限度。所以在普泛的意义上,任何个人所提供的见地(实质上包括"经典"本身)都是"有限的",任何以理论方式来呈现的观点与见解,都不可能是"放之四海而皆准"的真理。那么毫无疑问,这部《老子研读》,也只能代表我自己关于《老子》这部经典在文本上的理解与诠释,也不过是一偏之见而已。

吾生也有涯,而知无涯。生命本身的有限性、生活经验的局限性,事实上就注定了我们作为一个经验个体而存在的"扁片性"。在思想的意义上,"扁片性"本身大概只是隘陋而未必是错误,但若把"扁片性"本身当作"全部",那就不仅是错误,而且是荒谬的了。意识到"扁片性"本身的存在,同时也即是对于"扁片性"的突破。破偏破边,则全体大现,是为中道。

只愿我的这部小书,在《老子》解释的众多精辟的见地之中,能再为提供浅陋的一偏一边之见而已。

是为记。

后记

董平

2014 年 5 月 15 日初稿

2014 年 10 月 15 日修改

2015 年 3 月 12 日三稿

主要参考书目

1、楼宇烈:《王弼集校释》,北京:中华书局,1980 年。

2、王卡:《老子道德经河上公章句》,北京:中华书局,1993 年。

3、饶宗颐:《老子想尔注校正》,上海:上海古籍出版社,1991 年。

4、陆德明:《老子道德经音义》,诸子集成(第三册),北京:中华书局,1954 年。

5、苏辙:《道德真经注》,上海:华东师范大学出版社,2010 年。

6、林希逸:《老子鬳斋口义》,上海:华东师范大学出版社,2010 年。

7、吴澄:《道德真经注》,文渊阁四库全书本。

8、焦竑:《老子翼》,上海:华东师范大学出版社,2011 年。

9、范应元:《老子道德经古本集注》,上海:华东师范大学出版社,2010 年。

10、王夫之:《老子衍》,北京:中华书局,1962 年。

11、魏源:《老子本义》,诸子集成(第三册),北京:中华书局,1954 年。

12、薛蕙:《老子集解》,惜阴轩丛书本,收入《老子集成》。

13、张纯一:《老子通释》,上海:商务印书馆,1946 年。

14、丁福保:《老子道德经笺注》,无锡丁氏藏版,1926 年,收入《老子集成》。

15、董思清:《老子道德经集解》,十万卷楼刊本,收入《老子集成》。

16、刘师培:《老子斠补》,一册,收入《老子集成》。

17、谭正璧:《老子读本》,上海:中华书局,1949 年。

18、曹聚仁:《老子集注》,梁溪图书馆(上海)印行,1926 年。

19、蒋锡昌:《老子校诂》,上海:商务印书馆,1937 年。

20、奚侗:《老子集解》,上海:上海世纪出版集团,2007 年。

21、马叙伦:《老子校诂》,北京:中华书局,1974 年。

22、高亨:《重订老子正诂》,北京:古籍出版社,1956 年。

23、朱谦之:《老子校释》,北京:中华书局,1984年。

24、徐梵澄:《老子臆解》,北京:中华书局,1988年。

25、高明:《帛书老子校注》,北京:中华书局,1996年。

26、任继愈:《老子新译》,上海:上海古籍出版社,1985年。

27、任继愈:《老子绎读》,北京:北京图书馆出版社,2006年。

28、陈鼓应:《老子今注今译》,北京:商务印书馆,2003年。

29、李零:《郭店楚简校读记》,北京:北京大学出版社,2002年。

30、韩巍编:《北京大学西汉竹书(老子卷)》,上海:上海古籍出版社,
    2012年。

31、刘笑敢:《老子古今:五种对勘与评析引论》,北京:中国社会科学出版
    社,2006年。